该成果获得北京市宣传文化高层次人才培养项目资助；同时受到国家社科基金重大项目（15ZDA022）支持。

组织行为学
前沿研究概论

（研究生教材）

武　文　张明玉◎主编

李代珩　刘　攀　张晓燕　夏宇寰◎副主编

ORGANIZATIONAL BEHAVIOR
RESEARCH FRONTIERS

经济管理出版社

ECONOMY & MANAGEMENT PUBLISHING HOUSE

图书在版编目（CIP）数据

组织行为学前沿研究概论/武文，张明玉主编 . —北京：经济管理出版社，2023. 3
研究生教材
ISBN 978-7-5096-8964-6

Ⅰ.①组⋯　Ⅱ.①武⋯ ②张⋯　Ⅲ.①组织行为学—研究生—教材　Ⅳ.①C936

中国国家版本馆 CIP 数据核字（2023）第 046203 号

组稿编辑：赵亚荣
责任编辑：赵亚荣
一审编辑：王虹茜
责任印制：黄章平
责任校对：陈　颖

出版发行：经济管理出版社
　　　　　（北京市海淀区北蜂窝 8 号中雅大厦 A 座 11 层　100038）
网　　址：www. E-mp. com. cn
电　　话：（010）51915602
印　　刷：唐山昊达印刷有限公司
经　　销：新华书店
开　　本：720mm×1000mm/16
印　　张：13. 25
字　　数：231 千字
版　　次：2023 年 3 月第 1 版　　2023 年 3 月第 1 次印刷
书　　号：ISBN 978-7-5096-8964-6
定　　价：68. 00 元

前　言

当前，随着经济全球化和信息科技高速发展，组织环境发生了巨大变化，组织管理面临着前所未有的变革和挑战。领导力早期发展、领导行为、领导力有效性、员工建言、个性化协议、新员工与组织社会化等成为组织管理者在新形势下面临的新课题。在对这些新问题的探讨和研究过程中，涌现出许多新的组织行为学理论。本书将对组织行为学管理领域的学术前沿进行追踪，汇集整理国内外学者的大量研究成果，总结分析具有代表性和影响力的相关理论，以帮助学生、教师、研究人员、实践管理者等开阔视野、丰富思路、提升素养，并为管理实践提供一定的理论参考。

全书结构如下：

第一章是对成长经历和领导力的讨论。本章从领导力早期发展问题的提出出发，了解其重要性及影响因素，着重分析家庭因素中的父母教养方式对领导力有效性的影响与作用机制，为早期领导力的培养与开发提供参考建议。

第二章重点探讨服务型领导风格，本章对服务型领导的内涵、维度和特征进行梳理，并对服务型领导的相关研究进行回顾，以探讨服务型领导的影响因素和作用效果。此外，本章还将着重讨论服务型领导对下属建言行为的影响，为现实中的管理实践提供一定参考。

第三章讨论领导角色效能、领导力认可和团队绩效之间的关系。本章对领导角色效能、领导力认可、团队绩效的概念进行梳理，并在前人研究的基础上总结领导角色效能的影响因素和作用效果、领导力认可的影响因素和评估意义，以及团队绩效的影响因素和评估要素，进而分析领导角色效能对领导力认可和团队绩效的影响和作用机制。

第四章对建言的内涵和相关研究进行梳理，包括建言的定义、特征以及不同类型建言的分类，对建言前因和结果变量进行梳理，总结影响建言的因素和建言在组织管理中的作用，并针对管理实践给出相应对策与建议。

第五章关注建言采纳的概念、测量及相关研究。本章在系统梳理建言采纳相关研究的基础上，着重阐述了建言采纳对下属行为的影响和作用机制，包括对下属工作投入和职场偏离行为的影响，进而提出管理者采纳建言的启示和建议。

第六章从社会比较的视角分析个性化工作协议，了解个性化工作协议的概念、特点以及分类与测量，分析个性化工作协议的影响因素，并对个性化工作协议对领导、团队及员工的影响展开深入讨论。

第七章主要了解新员工和组织社会化的概念，掌握组织社会化的影响因素和组织社会化的结果，讨论新员工主动行为对组织社会化的影响，探讨新员工建言与领导反应之间的关系并明确建言行为的重要性。

在充满变化和挑战的今天，组织行为学前沿理论的学习对理论研究和管理实践有着重要的意义。

目　录

第一章　成长经历与领导力 ………………………………………… 1

　第一节　领导力早期发展 …………………………………………… 1

　　一、领导力早期发展问题的提出 ………………………………… 1

　　二、领导力早期发展的相关理论 ………………………………… 3

　第二节　领导力早期发展的影响因素 …………………………… 6

　　一、早期发展因素与领导力 ……………………………………… 6

　　二、家庭因素与领导力 …………………………………………… 8

　　三、父母教养方式对领导力的影响 …………………………… 10

　　四、结论与启示 ………………………………………………… 18

　本章小结 ………………………………………………………… 23

　思考题 …………………………………………………………… 24

第二章　服务型领导 ……………………………………………… 26

　第一节　服务型领导的内涵 …………………………………… 26

　　一、服务型领导的概念 ………………………………………… 26

　　二、服务型领导的维度和特征 ………………………………… 29

　第二节　服务型领导的相关研究 ……………………………… 31

　　一、服务型领导的影响因素 …………………………………… 31

　　二、服务型领导的作用效果 …………………………………… 33

　第三节　服务型领导对下属建言行为的影响 ………………… 34

　　一、服务型领导的直接作用 …………………………………… 34

二、组织认同的中介效应 ·············· 35

　　三、工作卷入的中介效应 ·············· 38

　　四、角色宽度自我效能感的调节效应 ········ 40

　　五、结论与讨论 ··················· 42

本章小结 ······················· 44

思考题 ························· 45

第三章　领导力与团队绩效 ················· 46

第一节　领导角色效能概述 ·············· 46

　　一、领导角色效能的概念 ·············· 46

　　二、领导角色效能的影响因素 ··········· 47

　　三、领导角色效能的作用效果 ··········· 48

第二节　领导力认可概述 ··············· 50

　　一、领导力认可的概念 ··············· 50

　　二、领导力认可的影响因素 ············ 50

　　三、领导力认可评估的意义 ············ 52

第三节　团队绩效概述 ················ 53

　　一、团队绩效的概念 ················ 53

　　二、团队绩效的影响因素 ·············· 54

　　三、团队绩效的评估 ················ 56

第四节　领导角色效能、领导力认可与团队绩效 ··· 57

本章小结 ······················· 58

思考题 ························· 59

第四章　建言 ······················· 61

第一节　建言的定义与类型 ·············· 61

　　一、建言的定义 ··················· 61

　　二、建言的类型 ··················· 63

第二节　建言相关研究 ················ 65

　　一、建言的影响因素 ················ 65

　　二、建言的结果变量 ················ 69

第三节 管理对策与建议 ……………………………………… 70

本章小结 …………………………………………………………… 71

思考题 …………………………………………………………… 72

第五章 建言采纳 ……………………………………………… 73

第一节 建言采纳的概念与测量 ……………………………… 73

一、建言采纳的概念 ………………………………………… 73

二、建言采纳的测量 ………………………………………… 75

第二节 建言采纳的相关研究 ………………………………… 76

一、建言采纳的影响因素 …………………………………… 76

二、建言采纳的影响效果 …………………………………… 80

第三节 建言采纳对下属行为的影响 ………………………… 82

一、对工作投入的影响 ……………………………………… 82

二、对职场偏差行为的影响 ………………………………… 83

三、领导—成员交换关系的调节效应 ……………………… 85

第四节 管理启示 ……………………………………………… 86

本章小结 …………………………………………………………… 88

思考题 …………………………………………………………… 89

第六章 个性化协议 ……………………………………………… 90

第一节 社会比较理论 ………………………………………… 90

第二节 个性化工作协议 ……………………………………… 93

一、个性化工作协议的概念 ………………………………… 93

二、分类与测量 ……………………………………………… 94

三、影响因素 ………………………………………………… 98

第三节 个性化协议对领导、团队及员工的影响 …………… 103

一、对核心员工的影响 ……………………………………… 103

二、对同事的影响 …………………………………………… 109

三、个性化工作协议的调节效应 …………………………… 112

本章小结 …………………………………………………………… 114

思考题 …………………………………………………………… 115

组织行为学前沿研究概论

第七章　新员工与组织社会化 …………………………………………… 116

　第一节　新员工概述 ……………………………………………………… 116
　　一、新员工的概念 …………………………………………………… 116
　　二、新员工的特征 …………………………………………………… 117
　第二节　组织社会化概述 ………………………………………………… 117
　　一、组织社会化的概念 ……………………………………………… 117
　　二、组织社会化的内容 ……………………………………………… 119
　　三、组织社会化的影响因素 ………………………………………… 121
　　四、组织社会化的结果 ……………………………………………… 129
　第三节　新员工主动行为与组织社会化 ………………………………… 131
　第四节　新员工建言与领导反应 ………………………………………… 132
　　一、理论基础 ………………………………………………………… 132
　　二、员工建言与领导反应 …………………………………………… 135
　　三、新员工建言行为与领导反应 …………………………………… 136
　　四、建言建设性的重要性 …………………………………………… 137
　本章小结 ………………………………………………………………… 138
　思考题 …………………………………………………………………… 140

参考文献 …………………………………………………………………… 141

第一章　成长经历与领导力

长期以来，由于管理者在企业中所扮演的关键角色，领导力的相关研究一直吸引着学术界的持续关注。以往领导力发展的研究更多聚焦于成年期，较少涉及个体发展的早期阶段（0~18岁），但越来越多的研究表明，领导力的培养发展应该从早期开始。领导力早期发展是领导力生命全程发展的起点和基础，对个体领导力的毕生发展有着重要的影响。因此，在本章中，我们将从个体领导力的早期发展出发，了解其重要性及影响因素，着重分析家庭因素中的父母教养方式对领导力有效性的影响与作用机制，为早期领导力的培养与开发提供参考建议。

第一节　领导力早期发展

一、领导力早期发展问题的提出

在中国国内产业结构调整与企业开拓国外市场的背景下，具有高效领导力的管理人才成为各企业所追逐的对象。若要赢得长期的市场竞争，培养与发展管理者的领导力对于企业来说十分重要。有效的领导者需要向下属成员传递自身的想法，做出符合企业需要的决策，鼓励员工积极行动，尽力避免战略失误。企业在进行领导力培训时，往往会从思维方式优化、情绪管理、团队管理技巧等方面来提升管理者的领导力，以期达到提升组织运行效率的目的。然而，多项调查研究显示，尽管企业的领导力培训计划可以帮助管理者更好地发挥领导作用，让领导者们使用新的方式去思考与行动，但是总的来说这些培训的效果依然较为有限。

因此，在管理理论和实践中，必须打破当前所遇到的瓶颈与阻碍，从更深层次的角度去探索如何培养与发展高效的组织领导力。

领导力发展是指个体在遗传因素的基础上领导能力逐步增强的系统化、连续化过程，它包含了早期（0~18 岁）成长经历与成年后的工作管理经验等。领导力发展的相关研究源自对企业中员工领导能力的开发与培训。但是，相当多的管理者都认为，相较于企业中所组织的领导力培训，如果在更早的时间节点开展领导能力的提升工作，其成效会更加显著。企业员工很有可能在进入工作组织之前，就已拥有基础性的领导力发展经验，而这些经验对于成年阶段的管理工作是非常关键的。"全球青年领袖计划"是一项旨在为培养高中生以及大学生领导能力而设计的培训项目，其持续跟踪的结果表明，该项目已经培养出了一批具有高效领导力的管理人员。基于以上原因，学者们认为将关注点放在儿童与青少年阶段早期领导力的培养上意义重大。

现有文献证实，领导力的发展是一个可以跨越整个人生周期的过程，领导力的早期发展不容忽视。近年来，管理者的成长轨迹引起了领导力发展研究者的关注，有关遗传基因、家庭环境、亲子依恋等方面的长周期领导力研究正在逐步展开，相关实证研究显示，早期的成长经历对个体的领导力发展有着关键的作用。例如，Murphy 和 Johnson（2011）在分析人生周期领导力前因后果的基础上，从多个视角对与领导力发展相关的"种子"进行了研究，"种子"包含了家庭相关因素、早期的个体因素以及学习经历，它们在管理者成年之前的各个时期扎根并萌芽，对管理者的调节能力与社会意识的形成和发展产生深远的影响，进而作用于他们未来领导工作中的效能感水平。在管理者的成长过程中，源自父母的影响对他们早期的领导力发展更是具有举足轻重的作用。Zacharatos 等（2000）调查研究了青少年如何看待家长所表现出来的变革型领导行为，以及他们如何将学习到的变革型领导经验运用于提升自身在学校集体活动中的领导能力上。Liu 等（2019）研究发现，父母的过度养育对青少年的领导能力有着消极的影响，并指出应进一步探讨父母养育行为与青少年领导力发展之间的关系。

1. 领导者发展

领导者发展是指个体基于遗传、早期成长经历、工作经历等因素而构成的领导力持续发展过程。这是一个动态的过程，本质是多层次和纵向的（Day，2011）。具体来说，领导者发展涉及个体基因、技能、经验、学习、个性等方面，在发展过程中个体逐步理解自我和外部环境的组织原则，领导力也随着此过程的推移而获得发展和应用。在 Murphy 和 Johnson（2011）的模型框架中，领导者发展包括了遗传基因、父母的教养方式、亲子依恋类型、早期的学习经历等因素对个体知识和能力的持续塑造。

早期领导者发展的主要内容包括成长经历在领导者发展中扮演的角色，发展中的领导者面对问题时的处理方式，个体的特质（如性格、智力）对领导者发展的影响，早期领导者的培养是否有助于未来在组织中发展出高效的领导者等方面。

领导者发展的重点是与领导角色相关的个人知识和能力的发展，这些成为领导所必需的知识和能力，使个体能够以组织领导的方式思考和行动。与领导者发展相关的个体内在因素包括自我意识（如自我概念、自我信心）、自我调节（如自我控制、可信度、适应性），这些方面有助于增长个体的知识、信任和能力，被认为是领导力的基本要素。

2. 领导者涌现

领导者涌现是指广泛存在于组织中的一种领导身份识别现象，指组织中的个体是否或者多大程度上能够被组织成员视为领导者（Judge 等，2002）。在一个人可以影响他人实现共同目标之前，首先被视为组织的领导者，即作为领导者涌现，这十分重要，它是个体未来成为有效领导者的第一步（Liu 等，2019）。主要可以从三个方面来理解领导者涌现背后的含义：第一，只有当个体涌现为组织中的领导者之后，领导风格、领导行为、领导力的有效性等概念才能够显现出实际意义；第二，某个个体涌现为组织中的领导者，体现了组织成员对其基本领导素质的认可；第三，没有涌现为组织中领导者的个体，可能是因为存在个体自身、外部环境等限制因素。领导者涌现是领导者身份识别过程的起点，这是从新手到专家漫长而连续的过程。这个过程多起步在青少年时期，如大学阶段的班级、社团、学生会干部等，不仅是个体未来走向工作中组织领导的第一步，还是考查个体后续在组织中的领导力的基础。

二、领导力早期发展的相关理论

1. 人生领导发展周期理论

根据 Day（2011）以及 Murphy 和 Johnson（2011）的观点，人生领导发展周期（Life Span Leader Development）是管理者的领导力在整个生命周期中的长期持续性变化，早期经验与实践的发展（如家庭环境、学习经验）为未来的领导能力奠定了必要的基础，影响个体在组织中的领导工作。该理论指出，人生领导发展是个体长周期领导力变革的一种形式，领导力在此期间不改变就不能获得发展。这一理论涵盖了领导发展的两个方面：认识与变化。通过认识，个体在生活和工作过程中学习经验或改变做法，从而在一生之中不断促进自身领导力的发展。领导发展来源于人生周期中持续性的心理与行为的改变，从家庭、工作、社会等人生经验中获得的新思维方式，可以帮助领导者不断发展领导力。

Murphy 和 Johnson（2011）建立的领导力人生周期发展模型显示，早期家庭中的成长经历将改变个体领导力发展的潜在导向和轨迹。首先，领导力的发展发生在一个较为敏感的时期。许多研究显示，个人领导技能的提升在人生中并非匀速进行，在童年和青少年这些相对敏感的时期，领导力可以在父母适当地培养和干预下快速发展。这是因为个体在生命的早期经常会与父母接触和互动，父母的教养方式可以在无形中影响子女的心理和行为。此时，父母的引导为子女提供了领导力发展的根基，它在工作后逐渐稳定下来，很难再发生方向性的改变。

其次，领导力的发展与提升是一个能够自我强化的机制。研究显示，在领导力得到初步发展后，及时的正面评价将会增强对自我领导力评价的信心，让个体相信自身可以继续去承担领导职务与责任。此情况与滚雪球效应相类似，是一个自我强化的机制，个人在此期间收获了实现自我预言的效果。该理论阐明早期的家庭成长环境能够为未来的领导力发展提供持续的动力。根据人生领导发展周期理论，个体早期自我调节和社会机敏性的培养对领导力的发展尤为重要。其中，自我调节是领导力发展的首要条件，社会机敏性是领导力发展的另一个重要组成部分。此外，这两个因素均为领导力发展研究中所关注的因素，被认为与领导效能以及领导力有效性密切相关。

2. 社会学习理论

由心理学家 Bandura 和 Walters（1977）提出的社会学习理论，强调观察和模仿他人行为、态度和情绪反应的重要性。依据社会学习理论，环境和认知因素是相互作用以影响个体学习行为的。在社会学习理论中，有两个重要的观点：第一，行为是通过观察性过程从环境中学习的；第二，刺激和反应之间存在着中介过程。

首先，个体通过观察周围人员的各种行为方式从环境中学习。在社会中，个体被许多有影响力的人员所包围，如家庭中的父母、电视中的人物、同龄群体中的朋友和学校中的老师，这些人员为个体提供了观察和模仿的行为范例。个体会对他们的行为进行编码，并在以后的时间里模仿学习所观察到的行为。个体对他人的模仿学习主要有以下三个特征：第一，个体更有可能关注和模仿他们认为与自己相似的人。第二，个体周围的人员会对其模仿行为做出反应，并进一步奖励或惩罚该行为。如果个体的模仿行为是有奖励的，那么个体就有可能继续从事这种行为，个体的行为就得到了强化。强化可以是外部或内部的，也可以是积极或消极的。第三，个体在决定是否模仿某人的行为时，也会考虑他人的情况，即个体通过观察他人模仿行为的后果来进行学习。例如，妹妹观察到姐姐因某一行为受到奖赏，那么她自己也更有可能去重复此行为。这就是所谓的替代性强化。

其次，个体所接受的外部刺激与他们的反应之间存在着中介过程。社会学习理论关注心理认知因素是如何参与学习的。Bandura 和 Walters（1977）认为，个体是积极的信息处理者，在个体的行为与后果之间存在着联系；除非个体的认知过程在起作用，否则观察性学习就不能够发生。这些心理因素在学习过程中发挥着中介作用，并决定个体是否获得了新的反应。因此，个体不会自动观察并学习模仿对象的行为。在模仿之前个体会有一些思考，这些思考被称为中介过程。根据社会学习理论，中介过程有以下四个阶段：第一个阶段是注意，个体需要注意他人的行为及其后果，并形成行为的心理表征。第二个阶段是保持力，个体需要保持对行为的记忆，以便以后的执行。第三个阶段是再现，个体需要再次展现他人的行为。第四个阶段是动机，个体需要具有执行行为的意愿。父母在养育子女的过程中会成为孩子学习的对象，伴随子女心理认知因素的中介过程，在他们的成长过程中不断强化所学习到的行为，这些行为可能进一步影响到子女的领导力发展。

3. 初级社会化理论

初级社会化是指个体在生命的早期阶段通过与周围互动和学习经验来建立自身的社会行为方式和人格特征。初级社会化过程通常始于家庭，在家庭中个体了解并学习知识、技能、语言、习俗、价值观等社会认可的规范与准则。通过家庭的初级社会化可以教育孩子如何建立人际关系，并理解人与人之间的爱、信任、团结等重要概念。以家庭为基础的初级社会化影响着孩子未来更为深入的社会化过程，他们在人生之中的长期社会化过程都建立在此基础之上。除了家庭，其他环境如学校教育、社会媒体对孩子也有较大的影响。例如，媒体就是一个十分有影响力的社会化方式，它可以提供关于不同文化和社会的大量知识与信息。通过这些过程，孩子们了解了在家中和公共场合的行为方式，并掌握了在不同环境中应如何适应社会的准则和价值观。

Parsons 和 Shils（2017）认为，家庭是孩子初级社会化过程中最重要的场所之一。家庭除了为孩子提供住所、食物和安全等基本生活条件外，还教育培养孩子一套文化与社会标准，并在孩子长大成人后指导他们的生活。此外，孩子不仅仅要学习这些标准和规范，还要能够将它们内化，否则孩子成年后就难以融入他们身处的文化或社会。初级社会化为孩子成年后的各种角色打下了基础，也对孩子的个性和情感状态有较强的影响。Putney 和 Bengtson（2002）指出，若父母不关注子女的初级社会化，社会规范就难以被孩子所了解。

McMurray 等（2011）指出，孩子与家庭和社会互动形成了他们初级的自我形象。他们认为孩子成长过程中十分关键的人员，如父母、朋友、老师等，会对个体思考事物和自我的方式有很大的影响。McMurray 等（2011）进一步提出了初级自我形象形成的三个步骤：在第一步中，个体想象关键人员是如何看待自己的。在第二步中，个体思考关键人员对自身的看法，并对他们的看法做出判断。在第三步中，基于个体所认为的关键人员是如何看待他们的判断，个体在心目中构建了一个自我形象。

一般来说，个体从出生一直到成年早期，都非常依赖家庭的支持与帮助，如食物、居住、养育和指导。因此，来自家庭中的多种影响会成为个体成长中的一部分。家庭将个体所处环境中的语言、文化、种族和阶级等赋予他们，所有这些概念都能够对个体的自我产生影响。关于初级社会化的研究指出，在这个过程中缺乏对规范的学习与掌握可能会导致个体成年后的偏差行为，如药物滥用。此外，在个体初级社会化的过程中，周围成年人的社会化水平也会影响个体的初级社会化过程。在整个成长过程中，个体建立了他们的核心身份，并通过社会经验形成了他们的初级自我意识与基础能力，这其中就包括了个人与人际基本能力的发展。

第二节　领导力早期发展的影响因素

一、早期发展因素与领导力

领导力的培养是一个动态和迭代的长期过程。近年来，多位学者探寻了个体领导力培养的早期发展因素。具体来说，遗传基因、出生顺序及年龄、学校教育、体育运动等均为个体领导力的培养奠定了基础。

1. 遗传基因

多项研究指出遗传基因是预测领导力的重要因素之一。Arvey 等（2007）借助同卵双胞胎和异卵双胞胎数据库进行的研究显示，领导力形成的部分内容可以追溯到遗传因素。一些学者则考察了变革型领导力、交易型领导力中的遗传成分，他们的研究表明领导力的风格特征中，有 30%~50% 的领导地位成就可以归因于遗传因素。De Neve 等（2013）研究指出，rs4950 基因与领导角色占据有显著的关联性。然而，领导力领域的相关研究者认为，虽然基因在决定领导力形成、领导角色占据等方面发挥着重要作用，但是这些结果中仍有 50%~70% 的差异性是由其他因素解释的。

2. 出生顺序及年龄

个体的出生顺序及年龄也会影响他们的领导力发展。Musch 和 Grondin（2001）的研究表明，部分足球和曲棍球运动员会因为他们比团队中的其他成员年长而更易成为队长。Dhuey 和 Lipscomb（2008）发现，在同一年级中，年龄较大的高中生更有可能成为班级内的领导者。此外，出生顺序也被证明会影响领导力。Bedard 和 Dhuey（2006）指出，每一学年前期过生日的学生，在班级内会给其他同学一种年龄较大的感觉，与那些每一学年后期过生日的学生相比，他们也更有可能成为班级内的领导者。

3. 学校教育

就教育而言，Matthews（2004）的研究关注了学校中的领导力培训对领导力结果的积极影响。学校为学生提供了多种机会来实践他们的领导力。例如，学生可以参与众多的社团组织并承担领导角色。学生们也可能会组织班级讨论，在小组中分工协作，以及在公开场合发言，这些均有利于学生领导力的培养。此外，Bartone 等（2007）研究发现，学生参与课外社团活动可以预测其未来的领导力发展。Brady（1948）认为，将领导力教学作为经验培养的一部分非常重要。Mitra（2006）研究指出，经常被老师授权分享他们自身观点的学生更有可能成为领导者。Ensher 和 Murphy（2005）认为，来自老师和学校领导的指导能够增强学生未来的领导力发展。

4. 体育运动

相关研究显示，许多领导力经验可以从体育运动中学习。Larson 等（2006）专门研究了与青少年团队体育运动相关的因素，发现与其他类型的团队活动相比，参与体育运动的青少年在主动性、情绪调节能力和团队合作经验方面表现更为突出。Chelladurai（2011）认为，与体育运动相关的素质能力有利于促进个体领导力的培养，这其中包括主动竞争、关注胜利、远见卓识、强烈的自我效能感、以团队和任务为导向等。

二、家庭因素与领导力

根据过往的研究，父母在孩子的领导力培养过程中发挥着重要作用。这是因为孩子的早期生活围绕着家庭，父母作为子女主要的社会代理人，一方面能帮助子女培养必要的技能，学习各种规范以及树立价值观，使孩子融入家庭与社会；另一方面还可以满足子女的各种需求（如情感需求与经济需求）。此外，父母对子女的自尊、观念认知、品德、兴趣爱好等方面均有所影响，进而影响到孩子的潜在领导力。比如，父母通过领导力的榜样作用，可以培养孩子的领导行为和经验。很多知名企业家在剖析自己为何能取得辉煌的事业成就时，往往把这归功于他们早年间所受到的父母的影响。例如，华为公司的主要创始人任正非，在他的《我的父亲母亲》一文中提到，父母在他的成长过程中，为他提供了很多的生活经验与学习机会，从小他就养成了自立自强和敢于承担责任的品格。

1. 亲子依恋

Popper（2002）研究发现，孩子在早期形成的对父母的依恋风格对未来的领导力有预测作用。Mack 等（2012）研究指出，安全型依恋的个体在成年后具有适应性的社会心理机能，他们拥有承担领导角色所需的心理资源。与之相反，不安全型依恋的个体缺乏领导力发展所需的心理资源，因而他们不会被认为是领导者，也不会担任领导职位。此外，安全型依恋的个体能够进行更为有效的领导工作，相关研究发现，此类型的个体往往具有较强的变革型领导力。

2. 示范作用

Zacharatos 等（2000）使用社会学习理论来阐释父母的示范作用对青少年领导力发展的影响。研究发现，如果青少年认为他们的父母表现出变革型领导行为，他们自己也会表现出这些行为，进而在学校团队环境中使用变革型领导行为的青少年会被他们的同伴和教练评价为更有效、更努力和更令人满意的领导者。该研究表明，变革型领导力的发展可以从青少年开始，并且部分由父母的示范作用所决定。Liu 等（2019）的研究证实，父母的过度养育对青少年的领导力有着消极的影响。基于中国人重视家庭的文化背景，张明玉等（2020）也在研究中指出，父母作为子女主要的社会代理人，对孩子的领导力发展有着至关重要的作用。

3. 父母教养方式

父母教养方式（Parenting Styles）被定义为父母在养育孩子过程中所使用的基本策略。一种特定的父母教养方式是传达给子女态度的集合体，它能够产生一种情感氛围，在这种氛围中，父母的思维过程和行为被表达出来。父母教养方式是一种心理结构，父母选择以惩罚、爱护或满足孩子需求等形式来教养子女，这些方式随着时间的推移逐渐变得稳定。父母是孩子的首任老师，中国历史典籍上有许多内容都论及了父母教养，如"孟母三迁"的故事。此外，传统启蒙教材《三字经》中也有"养不教，父之过"的说法。颜之推的《颜氏家训》中，亦有涉及父母教养的内容。

1930～1960 年的早期研究分析了亲子关系中的概念，如父母的态度、控制、拒绝、缺乏民主、过度保护等。Baumrind（1966）对体罚、高要求、不信任、严格控制等父母惩罚子女的做法进行了分析，首次提出了三种父母养育子女的原型，即权威型的父母亲教养（Authoritative Parenting）、专制型的父母亲教养（Authoritarian Parenting）以及放任型的父母亲教养（Permissive Parenting）。此后，Baumrind（1967）通过调查父母对学前子女的教养，将自信、自立、自控、有活力和拥有归属感的儿童，脱离群体、主动退缩和不信任他人的儿童，以及不能自立、缺乏自控力并倾向于从生活经历中退缩的儿童做了比较研究。研究发现，自信、自立、自控的儿童的父母对子女普遍是进行沟通、指定要求和充满爱意的；离群、退缩和缺乏信任的儿童的父母对子女普遍是控制和疏远的；缺乏自控能力或无法自立的儿童的父母对子女普遍是不控制和不做要求的。根据 Baumrind 的观察，父母教养方式与子女的社会化密切相关，子女在与父母互动时表现出三种不同类型的行为，这些行为与某种特定的教养方式相联系。由此 Baumrind 正式提出了父母教养方式的三种原型结构，即权威型、专制型和放任型，这些至今仍是最被广泛认可的父母教养方式的原型结构。

在 Baumrind 的原始框架的基础上，Maccoby 和 Martin（1983）增加了父母响应程度的概念，并提出了父母教养方式的四维度分类模型。Maccoby 和 Martin（1983）的教养方式划分是根据父母的要求程度和响应程度的高低来衡量的。要求程度是指父母对孩子行为的控制程度。响应程度是指父母对孩子情感发展需要的了解和接受程度。由此，他们在 Baumrind 建立的三种教养方式模型的基础上，根据响应程度的不同，将放任型教养方式分为两个类型，即放任型教养方式和忽视型教养方式。新的放任型教养方式体现了 Baumrind 对放任型教养方式的最初定义，即父母的低要求和高响应，而忽视型教养方式反映了父母对子女的低要求和低响应。采用忽视型教养方式的父母基本上既不参与孩子成长过程中思想与行为的构建，也不对孩子的情感需求表现出接受性。

父母可以根据养育子女的情况表现出不同的教养方式。也就是说，子女可能会经历不止一种教养方式。根据 September 等（2016）的研究，大多数父母并不完全遵守一种特定的教养方式。在多数情况下，这些教养方式中的一种会占主导地位并成为父母的首选养育方法。

三、父母教养方式对领导力的影响

根据已有文献，父母教养方式的三维建构已得到研究者的广泛认可，有关不同父母教养方式效果的研究结论却有所不同。由此，我们推断，权威型、专制型和放任型的父母教养方式将对领导工作中的领导力有效性产生不同的影响。为了探讨父母教养方式对领导力有效性的潜在影响，我们提出了一个以人生领导发展周期、社会学习和初级社会化理论为基础的模型。根据理论，子女未成年时期来自家庭中父母的教育与培养将对他们领导力的发展产生重大影响。因而认为，父母的教养方式将影响领导的角色效能。领导角色效能的高低取决于父母养育子女过程中的合理性与科学性。同时，作为领导力发展过程中个人与人际的基本能力，领导者的自我调节能力和社会机敏性对其组织中的领导力有效性起着重要作用。因此，我们将领导的个人与人际基本能力作为重要因素引入理论模型。针对权威型、专制型和放任型教养的不同特点，我们认为不同类型的父母教养方式对领导者的自我调节和社会机敏性有不同的影响，这导致了管理者领导角色效能的差异，并最终影响了领导力的有效性。此外，我们还尝试分析父母因素对领导力发展影响效果的边界条件。父母对子女领导力培养的效果不仅受到父母教养方式的影响，还受到子女对父母认同和接受程度的影响。因此，根据人生领导发展周期理论、社会学习理论和初级社会化理论，我们将父母认同感作为分析父母教养方式与管理者领导力发展之间关系的边界因素，以探索在何种情况下不同的父母教养方式能够产生更为积极的效果。

综上所述，本节内容旨在分析领导的父母教养方式对其领导力有效性的影响与作用机制。

由此，本书提出了如图 1-1 所示的理论模型。

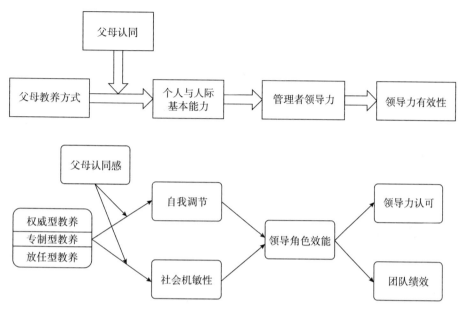

图 1-1 理论模型

1. 父母教养方式对自我调节的影响

根据人生领导发展周期和初级社会化理论，家庭是个体早期成长的主要环境，在与父母接触的过程中，如果孩子得到了温暖的照顾和自主性的训练，则有利于孩子的健康成长，这也会促进他们自我调节能力的培养。根据社会学习理论，如果个体能够很好地将家庭规范学习内化并整合到自身的价值体系中，他们往往会表现出更强的自我调节能力，进而取得更好的结果。子女如果学习掌握能够满足其先天心理需求的父母支持行为，就可以将该支持行为内化为自身的价值体系，同时他们可以将这种行为确认为一种自主形式的调节。相反，抑制子女先天心理需求满足的父母因素会阻碍内化的过程。当子女感到行动受到来自父亲和母亲的外部力量制约时，他们的自我调节可以被认为是很少或是没有的。

Darling 和 Steinberg（1993）研究发现，权威型教养方式的三个分解特征，即温暖包容、引导沟通以及鼓励自主是独立促进子女成长的预测因素，特别是对于他们自我调节能力的发展。Robinson 等（1995）的研究进一步指出，多种综合性因素使权威型父母成为促进子女自我调节能力发展的最佳选择。第一，权威型父母往往对子女的成熟行为有明确的期望和标准，他们帮助孩子知道该做什么，该遵守什么。第二，权威型父母为指导子女的学习活动，会持续且坚定地执行养育孩子的规则，即命令、制裁或惩罚的标准方法。第三，权威型父母的自主性支持鼓励子女发展个性和独立性。第四，权威型父母鼓励双向的、非等级性的沟通，从而培养子女对自主性和尊重的需求，并进一步提高孩子的学习积极性。第五，权威型父母与子女的交流沟通是精心设计的引导式对话，这可以提高孩子使用复杂语言形式的能力，有助于他们理解行动和结果之间的关系，从而促进子女的认知和调节能力的发展。第六，权威型父母尊重子女的权利，这可以在一定程度上减少父母和孩子之间潜在的敌意。上述六个要素作为一个整体，可以帮助父母有效地向子女传达符合家庭和社会环境的目标和价值观，也可以帮助孩子获得在成长过程中所需的认知和调节能力发展的途径。相关研究也表明，父母的权威型养育，如提供行动背后的理由、肯定子女的行为、理解子女的感受、为孩子提供选择等，有助于通过满足孩子的需求来促进他们心理和行为的学习内化过程，这能够进一步提升他们的自我调节能力。

然而，专制型父母对子女的自我调节会产生消极影响，其原因主要包括以下三点：首先，专制型父母强调自身的权威，并制定绝对标准来塑造和控制子女的行为。孩子们被要求服从和遵守，而没有对问题进行独立的判断。其次，专制型父母与子女的情感和关系需求相分离。最后，与权威型父母不同的是，专制型父母不采用引导或让步式的对话。这种父母通过使用命令或指令与孩子进行单边交流的模式是一种限制性沟通方式，他们不鼓励子女使用复杂的措辞或句子来进行交流。在这种等级制度的家庭中，简单的语言风格与命令以及指令的使用会对孩子的非认知发展（如自尊、个性和独立性）和认知发展（如自我调节能力）产生负面影响。从过往的文献资料来看，大量的实证研究支持上述结论，并发现专制型的父母教养方式和自我调节有负向关系。

关于放任型父母与子女的自我调节能力之间的联系，尽管一些研究表明，放任型父母的回应性，如温暖接纳和鼓励自主，可以促进孩子自我调节能力的发展，但是这种积极影响可能被低水平的行为控制所抵消。由于放任型父母没有在成熟和社会责任感两个方面提出要求，子女可能认为他们不成熟和不负责任的行为是能够被父母与社会所接受的。实证研究表明，父母的这种观念加剧了子女以自我为中心和不成熟的行为。由于这些孩子缺乏责任感、自我控制以及自力更生的能力，研究结果显示他们往往在认知和调节能力方面表现较差。

关于父母教养方式与子女自我调节之间关系的多项研究均认为，父母教养方式对自我调节有显著的影响。具体来说，以高要求以及高反应为特征的权威型教养对自我调节有积极的促进作用，而且这种积极作用超越了多种因素，如家庭结构、家庭社会经济地位、种族以及文化背景等。例如，Dornbusch 等（1987）所开展的一项早期横断面研究通过分析大规模调查数据发现，父母权威型教养与自我调节呈正相关，而专制型以及放任型教养与自我调节都呈负相关。之后的一些纵向研究表明，权威型教养有助于孩子对认知和行为进行调整，而非权威型教养（专制型和放任型）则令孩子不断积累有害的认知和行为后果。Nyarko（2011）研究发现，父母的权威型教养方式和子女的自我调节之间呈正相关。李洋和方平（2005）研究指出，由权威型父母养育的孩子往往自我调节能力较强，而由专制型和放任型父母养育的孩子的自我调节能力普遍较差。上述跨越近四十年的研究显示，父母教养方式对自我调节有很强的影响。具体来说，权威型的教养方式对自我调节有积极作用，而非权威型的教养方式（专制型和放任型）则对自我调节有消极作用。

2. 父母教养方式对社会机敏性的影响

根据人生领导发展周期理论，领导力的培养不仅需要自我调节个体因素，还依赖于人际间的社会意识。换句话说，个体需要在掌控自我的基础上，通过使用社交技能来影响他人，从而提升自身的领导能力。社会机敏性指的是个体精准探察他人的能力，具有高度社会机敏性的个体对社会中的人际沟通有更为精准且更为深刻的理解。他们善于观察他人，能够准确地理解他人在社会环境中的行为。

根据社会学习理论，积极的、建设性的亲子互动，如父母对行为背后理由的解释和引导，子女技能掌握过程中的指导性交流，以及子女学习父母处理任务的策略和行为，可以培养孩子有效解决问题期间的沟通技能。这进一步发展了子女的交流能力和社会意识，使得他们更易处理好人与人之间的关系。父母的权威型教养，如父母的温暖和支持、赞美和微笑、积极的回应、情感上的鼓励以及沟通交流的开放态度可以帮助子女把握人际之间的关系。相反地，在专制型和放任型教养方式下成长的孩子，由于他们缺乏对和谐的人际沟通与交流的学习，因此他们难以掌握通过运用语言与行动来影响他人的能力，并无法与自我调节能力一同成为培养和提升高效领导力的前提。根据这一论点，父母的权威型教养是子女有效的人际沟通基础搭建平台，能够在能力和情感上鼓励子女发展他们的社会机敏性，而专制型和放任型教养均无法做到。

人生领导发展周期理论和初级社会化理论也从理论上支持了权威型教养与社会机敏性之间的正相关关系，以及专制型和放任型教养与社会机敏性之间的负相关关系。这两种理论都认为，采用权威型教养方式的父母是显著的家庭内部力量，可以满足子女的沟通需求，帮助孩子更容易且更有效地内化人际交流的能力和具体的沟通习惯。相反地，这两个理论指出，父母较低的自主性支持和相对封闭的沟通态度，抑制了子女人际交流能力的内化过程，并进一步削弱了孩子的社会机敏性。多项研究均支持了父母的自主性支持、沟通态度和社会机敏性之间的这种联系。例如，Williams 和 Wahler（2010）研究发现，获得较少自主性支持的子女难以培养出人际沟通过程中所需的社会机敏性。Luyckx 等（2011）以及 Rinaldi 和 Howe（2012）也得出了类似的结论，他们的研究指出，父母对子女沟通需求的满足可以促进孩子人际交流能力的内化，进而有利于他们培养自身的社会机敏性。

部分研究探讨了父母教养方式和社会机敏性之间的关系。Chan 和 Koo（2011）研究发现，权威型教养与孩子的社会机敏性呈正相关，但专制型和放任型教养与社会机敏性呈负相关。Bassett 等（2013）的另一项研究也得出了类似的结论，通过实证分析发现，权威型的教养对社会机敏性有正向影响。一些研究更深入地考察了父母教养方式对社会机敏性影响的内在机理。例如，Strage 和 Brandt（1999）研究发现，权威型的教养方式可以影响孩子的社会机敏性，并指出父母的自主性支持和沟通态度对子女社会机敏性的预测能力高于指令性要求。Bartholomeu 等（2016）的研究在此基础上，补充说明了父母的自主性支持能够提升子女人际沟通的信心。因此，上述两项研究表明，权威型教养父母的自主性支持和沟通态度是培养子女社会机敏性的重要因素。综上所述，父母的权威型教养可以通过培养子女的积极情绪和内化人际沟通能力来帮助孩子发展社会机敏性。专制型和放任型教养与权威型教养相比，由于子女缺乏或抑制了上述能力的培养，因而成长在这种家庭环境中的孩子的社会机敏性难以在成长的关键时期获得发展。

3. 自我调节和社会机敏性对领导角色效能的影响

领导角色效能是指领导相信能够成功发挥自身的领导力，并在下属的配合和努力下，实现组织或团队所设定的预期目标。表现出良好自我调节能力的领导者，能够控制自身的情绪以及对他人和情况的反应。他们思维缜密，以身作则，不纠结于现状，不会轻易做出判断，行动与自身的价值观保持一致。此外，他们适应性强，能够合理看待全局，可以在多变的组织情境中与不同的员工合作。总的来说，自我调节能力强的领导者在花时间思考后会做出审慎决定，并根据逻辑和经验行事。

在人生领导发展周期理论或社会学习理论的建构下，针对青少年或成人进行的一些研究证实了自我调节对领导角色效能的预测作用。例如，De Carlo 等（2014）研究发现，青少年的自我调节能力与他们的领导者涌现有显著的正向联系。此外，Ladegard 和 Gjerde（2014）的研究探索了不同类型的调节动机和领导角色效能之间的联系，结果发现与那些行动受到内外部力量制约的领导（即无动机、限制性的动机）相比，行动不受内外部力量制约的领导（即内在的、外在的动机）具有更高的领导角色效能，如更好的领导成果和更低的决策失误可能性。此结论得到了元分析的进一步证实。Karadaǧ 等（2015）研究指出，领导自主调节下的行为，特别是由内在动机激励的行动，与领导者更高的角色效能显著相关。另一项针对 109 项研究的元分析发现，自我调节对领导的角色效能具有显著的正向影响。

除自我调节外，领导的同理心以及出色的社交技巧等较强的社会机敏性可以促使他们充满自信地评估自身的领导能力。在领导力方面，社会机敏性是组织人际关系中情商的一种表现形式。它是一种社交能力，使领导有信心能够控制他们的领导策略，在面对下属时表现出可预测和冷静的行为，从而避免做出草率的决定，最终在工作中表现出高效的领导力。社会机敏性强的领导能够客观地看待自己和下属，坚定地专注于调动下属工作的积极性，这意味着领导能够有效地进行对自身领导力、下属工作能力、工作目标实现情况等方面的评估。通过合理化的评估，他们既拥有了高水平的协调与下属工作关系的能力，也能够增强自身掌控组织环境的信心和对执行领导行为的信念，最终提高他们的领导角色效能。

多项研究显示，社会机敏性较强的领导往往有更高的领导角色效能。例如，Liu 等（2007）研究表明，在控制了性格特质后，拥有高社会机敏性的管理者对于自身的领导能力更有信心。一项由张明玉等（2020）进行的研究证实，社会机敏性的发展不仅停留在家庭成长的初级阶段，而且随着时间的推移会不断深化，并指出组织中领导者社会机敏性的增强可以预测其领导角色效能的提升趋势，反之，领导者社会机敏性的减弱可以预测其领导角色效能的下降趋势。Brown 和 May（2012）研究发现，在进行管理者的社会机敏性培训后，先前社会机敏性较低的管理者的领导角色效能得到明显提高。综上所述，自我调节和社会机敏性的发展与培养对其领导角色效能的提升具有关键性的影响。

尽管几乎没有研究考察过父母教养方式、自我调节和领导角色效能之间的相互关系，但是上述对人生领导发展周期理论和父母教养方式的探讨为研究了解父母教养方式、自我调节和领导角色效能之间的关系机制提供了内在机理的解释。本书所分析的权威型、专制型以及放任型这三种类型的父母教养方式，可以从多个方面影响子女的自我调节能力和组织中的领导角色效能。首先，父母回应性的高低，如温暖接纳和鼓励自主的强弱，关系着父母和子女之间能否建立良好的关系，并影响着他们与孩子之间的关联感。其次，不同的父母教养方式对子女自主选择的尊重程度不同，这关系着未来能否诱发孩子的自主意识。最后，不同的父母教养方式还通过情感态度和双向沟通的顺畅性来影响子女自我效能感的强弱。因此，不同类型的父母教养方式能否满足子女的三种心理需求（关联感、自主性和效能感），关系着子女长期的自我调节水平的高低，进而影响他们成年工作后组织管理过程中的领导角色效能。

关于父母教养方式、社会机敏性和领导角色效能之间的相互关系，只有少量的研究进行了探讨。Harrell 等（2009）研究指出，社会机敏性可以中介父母教养方式和自我效能感的关系。然而，此项研究并没有考察这些因素在组织环境中的相互关系，即研究只考察了子女的一般自我效能感，没有阐述它们与领导角色效能之间的相互关系和作用机制。因此，类似地，本书仍然需要借助人生领导发展周期理论和社会学习理论来分析父母教养方式、社会机敏性和领导角色效能之间的相互关系。与专制型和放任型教养方式相比，只有权威型教养方式与个体的社会机敏性有着正相关性。父母回应性的养育因素，如微笑和赞美的积极影响，对子女的情绪做出反馈，以及非等级性的沟通，能够为子女提供安全的家庭情感环境并引导他们内化对特定人际关系的理解与把握，这些均对学习和发展贯穿人生周期的社会机敏性具有支持与强化作用。因此，由父母养育发展出的子女沟通交流技能，满足了他们的关联感和效能感等心理需求，关系着子女长期的社会机敏性水平的高低，进而影响他们工作后组织管理过程中的领导角色效能。

4. 父母认同感的调节作用

父母认同感是指孩子对父母行为与价值观的态度和理解程度。根据社会学习理论，个体会选择他们所认为的具有更强的能力、更高的权威或更大的权力的个体作为模仿对象，通过学习他们的情感和行为来获得人生经验。比如，家庭范围中的父母，学校范围中的老师、朋友和同学，以及社会范围中的明星等人员往往都是孩子学习的典型人员。因此，与父母认同感较低的个体不同，父母认同感较高的孩子认为与父母的关系比与其他人的关系更为重要。他们往往投入更多的时间学习父母的行为和价值观，在情感上更接近父母。根据初级社会化理论，父母教养这类子女的方式对他们的认知和行为有着更为深刻的影响。此外，父母认同感高的孩子更有可能将父母的价值体系作为他们未来在社会关系中的行动指南。在个体的成长期，高水平的父母认同感会给他们后来的自我和社会关系管理留下深刻的印记。

Barling 等（1998）研究表明，父母认同感调节了父母教养方式与子女自我管理和人际关系管理之间的关系。父母认同感的水平越高，父母养育子女时所采用的行为方式对孩子的自我管理能力的影响程度越大。同时，父母认同感也正向调节了父母教养方式对孩子人际关系管理能力的影响。因此，由于父母认同感较高的孩子会更多地遵循父母的行为和价值观，并将父母作为模仿对象，父母的养育行为对这些孩子的影响将更大。与父母认同感较低的孩子相比，父母认同感较高的孩子会放大父母教养方式对他们自我调节和社会机敏性的影响。这意味着，有着较强的父母认同感的孩子，更会依据父母的价值体系来指导他们的自我管理技能和人际关系管理技能的培养，即自我调节和社会机敏性的发展。

基于上述观点，可进一步提出父母认同感的调节中介效应。具体来说，父母认同感可以调节父母教养方式通过自我调节对领导角色效能的间接作用，以及父母教养方式通过社会机敏性对领导角色效能的间接影响。根据前文的论述，父母不同的教养方式能够影响孩子的自我调节能力，进而导致他们在组织管理中的领导角色效能的水平有所不同。当孩子有较高的父母认同感时，他们会有意识或无意识地将不同程度的父母价值理念应用于他们自身的心理和行为，进而影响他们在工作中完成管理任务的自信心。根据人生领导发展周期理论和初级社会化理论，子女对父母认同感的水平越高，父母对子女自我调节的发展的影响就越大，因而在作为管理者时其领导角色效能受父母教养方式的影响也就越大。

类似地，父母不同的教养方式能影响子女的社会机敏性，进而导致他们在组织管理中的领导角色效能的水平有所不同。根据人生领导发展周期理论和初级社会化理论，子女对父母的认同水平越高，父母的印记越易于从家庭关系转移到社会人际关系中，进而导致他们在工作中完成管理任务的自信心水平有所不同。比如采用权威型方式养育的子女，他们对父母的认同感越高，在人际交往中与他人的互动和沟通就会越积极主动。此外，他们也有能力和意愿处理密切的组织上下级关系，这些能力是在他们过去的家庭互动中逐步发展起来的。因此，子女的父母认同感水平越高，父母对子女社会机敏性发展的影响就越大，在承担管理任务时的领导角色效能受到来自父母养育行为的影响也就越大。

5. 领导角色效能对领导力有效性的影响

领导力有效性是以领导者自上而下影响、协调和控制下属和团队的能力来衡量的。其中，领导力认可和团队绩效是管理学研究中反映领导力有效性的关键指标。领导力认可取决于下属对上级领导能力的看法和认同程度，它反映了领导对下属的影响力。管理者的领导角色效能越高，他们对自身的领导能力也就越有信心。上级能够以激励和鼓舞人心的方式向下属传达他们在推动组织工作方面的作用，以及他们的计划、领导、决策等行为。下属对上级领导工作的目标、步骤以及任务处理和完成程度越了解，他们对领导的信任感和认可度也就越高。此外，效能感较高的领导者可以激发下属的创造力与参与热情。他们能够从容地指导下属并激发他们的工作动力，进而获得来自下属的对自身领导力的认可。Ladegard 和 Gjerde（2014）研究指出，管理者在组织中的领导角色效能尤为重要，它在较大程度上关系着下属对上级领导力的看法和认同程度。因此，管理者的领导角色效能对下属的领导力认可有着十分重要的影响。

团队绩效反映了团队完成特定任务的进度、效率与质量。管理者的领导角色效能越高，他们越相信自身有能力成功地对团队进行领导。作为高自我效能感的领导者，他们有能力及时地与整个团队沟通目标、计划和基准等方面的工作内容。高效的团队领导意味着能够让拥有不同观点和经历的下属一起协作完成工作任务，领导者需要有能力为团队提供其所需的支持，以应对团队可能经历的各种变化，并最终为所领导团队的绩效带来正向影响。Buenaventura-Vera（2017）研究发现，当管理者的领导角色效能处于高水平的状态时，领导者就能够融入团队成员之中，并充分听取团队各方的意见。也就是说，领导者通过建立透明沟通、彼此信任、相互尊重和友爱的环境，让团队成员们感到坦诚相待，这会带动整个团队工作绩效的提升。因此，管理者的领导角色效能对整个团队的工作绩效有着关键性的影响。

四、结论与启示

1. 研究结论

企业赢得长期激烈的市场竞争，必须要拥有具备良好领导能力和优秀领导素质的管理人才。领导力的发展并非一朝一夕之功，研究和实践也不应仅限于企业内部的领导能力培训，而是要在个体的人生周期中不断地培养和发展。认识领导者早期成长的过程，特别是家庭养育经历对领导力发展的影响，已成为学术与企业界逐渐开始关注的研究课题。鉴于此，我们在人生领导发展周期理论、社会学习理论以及初级社会化理论的基础上，以自我调节、社会机敏性和领导角色效能为中介变量，以父母认同感为调节变量，建立了父母教养方式影响领导力有效性的理论模型。

根据经典的三维建构，本节将父母教养方式分为权威型、专制型和放任型三种类型。在理论模型中，权威型教养会正向影响自我调节与社会机敏性，而专制型教养和放任型教养会负向影响自我调节与社会机敏性。作为人生领导发展周期过程中的个人与人际的基本能力，自我调节和社会机敏性能够在家庭父母养育期间持续发展并走向更深层次的社会化，从而促进在组织中的领导角色效能提升。父母认同感会相应地调节这些关系：父母认同感能够增强父母教养方式与自我调节之间的关系，也能够增强父母教养方式与社会机敏性之间的关系。此外，父母认同感还强化了父母教养方式对领导角色效能的间接作用。管理者在拥有较高的领导角色效能后，便能够有效地展示自身的高效领导力，最终得到下属对自身领导力的认可并提升整个团队的绩效。

总结前文，可以得出如下结论：

（1）父母教养方式对管理者的领导力有效性有着至关重要的影响。关于领导力的前因的现有研究主要集中在性格、组织支持、家庭工作冲突等方面。Rubin 等（2005）研究发现，领导的不同性格会对其领导力的有效性产生不同程度的影响。Hammer 等（2011）研究发现，领导的家庭工作冲突会对其领导力的有效性产生负向影响。此外，还有研究指出来自组织的支持能够提高管理者的领导力有效性。然而，这些研究忽略了领导力的起源。一些研究者指出，与家庭有关的人生早期经历是个体心理和行为模式形成的关键阶段。我们认为，父母的养育经历为子女早期的社会化提供了基础，这些个人与人际基本能力会影响他们成为组织管理者后的领导力有效性。为验证此观点，我们将父母教养方式作为研究前因进行了理论研究。

前述的分析结果表明，父母教养方式对管理者的领导力有效性有着至关重要的影响。具体而言，权威型教养有助于提升管理者的领导力有效性，而专制型教养和放任型教养则有碍于管理者的领导力有效性。根据人生领导发展周期理论，管理者的领导力能够在整个生命周期中发生长期持续性的变化，早期的家庭经历为未来的领导打下了必要的基础，并会影响其在组织中的领导工作。我们发现，父母教养方式关系着孩子的个人与人际基本能力，进而会影响其在组织管理工作中的领导角色效能，并最终影响其领导力的有效性。权威型教养满足了子女在成长过程中的调节和社交两种领导基本能力的发展，因而他们在承担组织管理任务时相信自己能够成功发挥自身的领导力，促进下属认可其领导力并提升整个团队的绩效。与之相反，专制型教养和放任型教养的子女不断积累了不利于领导基本能力发展的因素，进而导致他们缺乏执行领导角色的信心，从而不利于下属认可其领导力以及整个团队绩效的提升。

（2）父母权威型教养是发展子女领导力的最佳养育方式。关于父母教养方式与子女成长和发展之间的联系，大部分研究认为权威型教养是不同类型的父母教养方式中的最佳形式。本书得出的结果与这些研究相呼应，并进一步探讨了三种父母教养方式与领导力有效性之间的关系。通过对比分析，我们发现相较于专制型教养和放任型教养，权威型教养对子女未来工作中的领导力有效性是唯一积极且最理想的，父母权威型教养是发展子女领导力的最佳养育方式。

权威型教养父母的低水平控制，能够引起子女对特定规范的遵守，可以最大限度地增强对规范的内化，并进一步帮助孩子在执行该特定规范时形成自我激励。同时，在子女成长过程中，由于对自主性和尊重的需求提高，他们更易于接受父母的积极回应，如自主性支持和温暖关怀。权威型教养的父母通过其低水平的控制和高水平的回应，向子女提供行动背后的理由，肯定子女的行为，理解子女的感受，并为孩子提供选择。权威型教养满足了孩子的成长需求并促进了他们心理和行为的学习内化过程，这能够提升他们的调节能力。此外，权威型教养通过培养子女的积极情绪和内化人际沟通能力来帮助孩子发展社会机敏性。这些基础性的领导力培养会对子女在组织管理工作中的领导角色效能产生积极影响，并进一步提升其领导力的有效性。总之，权威型教养是三种教养方式中唯一的正向影响因素。因此，父母权威型的教养方式对于子女领导力的提升与发展是最为理想的。

（3）高父母认同感的子女成为领导后会放大其父母养育经历的影响。前述分析表明，父母认同感能够强化权威型教养对自我调节和社会机敏性的正向作用，父母认同感能够强化专制型教养对自我调节和社会机敏性的负向作用。因此，父母认同感可以增强权威型和专制型父母教养方式对子女个人与人际基本能力的影响。根据初级社会化理论，在子女的成长期间，高水平的父母认同感会给他们后来的自我和社会关系管理留下深刻的印记。父母认同感较高的孩子会更多地遵循父母的价值观与行为，并将父母作为模仿对象，父母的教养方式对这些孩子的影响更大。与父母认同感较低的孩子相比，父母认同感较高的孩子会放大父母的权威型和专制型养育行为对他们自我调节与社会机敏性的影响。这意味着，有着较高父母认同感的孩子，会依据父母的价值体系来指导他们的自我管理和人际关系管理技能的培养，即自我调节和社会机敏性的发展。因此，父母认同感有助于放大权威型和专制型教养方式对自我调节与社会机敏性的影响。

此外，我们说明了父母认同感的间接调节作用。父母认同感反映了子女对父母价值观和行为的理解程度与态度。孩子在成长过程中往往会选择父母作为模仿对象，通过学习他们的情感和行为来获得人生经验。父母认同感较高的孩子认为与父母的关系比与其他人的关系更为重要，他们往往投入更多的时间和精力学习父母的价值观，因而在情感和行为上更接近父母。因此，当孩子有较高的父母认同感时，他们会有意识或无意识地将父母价值理念不同程度地应用于他们自身的心理和行为，进而影响其在工作中完成管理任务的信心与能力。

（4）领导角色效能可以显著地提升领导力的有效性。本节的分析表明，领导角色效能与领导力认可及团队绩效之间有着显著的正向关系。这显示了管理者的领导角色效能对其领导力的有效性有着十分重要的影响。此结论和当前领导力方面的相关研究保持一致，即领导角色效能可以显著地提升领导力的有效性。

研究结果显示，父母教养方式最终是通过领导角色效能对领导力的有效性起作用的。因而，领导角色效能对子女发挥其成长阶段所逐渐培养起来的领导力具有关键性的作用。管理者作为组织中的关键节点，他们对自身领导能力的信心和判断，会对下属与团队产生重要的影响。在组织中，领导扮演着指导、帮助团队及其成员的角色。本节的分析显示，领导角色效能可以显著提升管理者的领导力有效性。具体来说，一方面，当管理者的领导角色效能较高时，他们易与下属建立彼此信任和相互尊重的高效工作环境，让团队成员之间坦诚相待，进而带动整个团队工作绩效的提升。另一方面，效能感较高的领导者能够从容地指导下属并适当地沟通和分享，以激发员工的工作动力，最终获得来自下属的对自身领导力的认可。先前的研究也表明，领导角色效能有助于提升团队的绩效和增加下属对领导力的认可程度。

2. 实践启示

（1）企业应关注领导成长过程中的父母养育经历，做到有的放矢。本节的研究结果显示了来自父母的养育经历对子女成年后领导力的重要性。因此，企业应向管理者提供心理咨询与评估，通过沟通了解领导的早期父母养育经历。如果领导在专制型或放任型教养的家庭环境中成长，就有必要在后期持续关注他们的心理健康和领导行为，并尽早采取行动提升他们的领导角色效能。企业通过提供支持和帮助，找出导致管理者领导角色效能较低的早期父母养育因素，通过分析问题的症结，寻求解决该问题的办法。同时，企业需要定期组织安排领导和下属之间的团队建设活动。这样可以加强在专制型或放任型教养的家庭环境中成长起来的领导与下属的沟通和理解，增强下属对管理者领导力的认可程度，以营造和谐的团队氛围。此外，企业还应鼓励领导对下属的指导、帮助与反馈行为，并将与下属接触频繁的领导岗位更多地分配给在权威型教养的家庭环境中成长起来的领导，以优化组织的人力资源配置。

（2）企业应全面审视人生周期中的领导力，加大领导力发展项目的投入。目前，学术界与企业界对于领导力的开发和培训仍是以已工作的组织人员为重点。但是，本节的分析显示，在个体成长的早期，领导力的发展就已经开始了。因而，企业与社会需要改变当前领导力速成的观念，把有关领导力发展的理论成果应用至实践工作，全面审视与探索个体人生早期发展高效领导力的因素，增加对于儿童与青少年领导力提升项目的资金投入，为领导者培养奠定良好的外部基础，并向企业提供充足的领导者后备遴选人才。

（3）领导应理解父母养育经历对领导力的影响，主动调整自身的心理与行为。通过分析发现，由于早期的父母教养方式塑造了领导的自我调节能力和社会机敏性，进而对他们在企业中的领导角色效能以及最终的领导力有效性产生影响，因而当领导注意到父母教养方式与领导力之间的联系时，有助于他们调整工作中的心理和行为，采取行动增强自身承担领导角色的信心，并培养与下属的积极工作关系。例如，领导可以花更多时间与下属沟通，了解他们的工作状态，给予他们充分的指导和帮助，为他们提供良好的团队工作氛围。这样一来，即使领导在专制型教养或放任型教养的家庭环境中长大，其负面影响也能够在一定程度上得到缓解。

（4）父母应把握孩子的成长规律，在子女小时候就培养他们的领导力。在孩子的成长过程中，父母要为他们创造一种温馨的环境，并对他们进行积极的引导与鼓励。这样做不仅能满足子女基本的心理需求，而且有助于其个人与人际基本能力不断地向更深层次提升，进而有利于其领导力的早期培养阶段顺畅度过。具体来说，父母应当以温暖的态度接纳孩子，给予孩子充分的自由发展空间，尊重子女的情绪表达与个人意愿，增强亲子之间的交流互动，在子女成长的过程中，积极引导他们去解决问题，为孩子的领导力发展营造一种温暖且幸福的家庭环境。

（5）父母应关注子女成长期间领导力发展的敏感时期。我们发现，相较于成年之后，管理者成长的早期阶段是其自我调节和社会机敏性发展的相对敏感的时期。根据人生领导发展周期理论，个体领导技能的发展在人生中并非匀速进行，在童年和青少年这些相对敏感时期，领导力可以在父母适当的培养下快速发展。因而，处于成长早期的孩子更易于接受外部环境的领导力干预。父母合理地把握孩子领导力发展的敏感时期，可以帮助他们获取到提升领导能力的宝贵经验。

本章小结

（1）领导力早期发展是领导力生命全程发展的起点和基础，对个体领导力的毕生发展有着重要的影响。

（2）领导者发展是指个体基于遗传、早期成长经历、工作经历等因素而构成的领导力持续发展过程。

（3）领导者涌现是指广泛存在于组织中的一种领导身份识别现象，指组织中的个体是否或者多大程度上能够被组织成员视为领导者。

（4）人生领导发展周期是管理者的领导力在整个生命周期中的长期持续性变化，早期经验与实践的发展（如家庭环境、学习经验）为未来的领导能力奠定了必要的基础，影响个体组织中的领导工作。

（5）个体通过观察周围人员的各种行为方式从环境中学习，其所接受的刺激和反应之间存在着中介过程。

（6）初级社会化是指个体在生命的早期阶段通过与周围互动和学习经验来建立自身的社会行为方式和人格特征。初级社会化过程通常始于家庭，在家庭中个体了解并学习知识、技能、语言、习俗、价值观等社会认可的规范与准则。

（7）个体领导力的发展受到遗传基因、出生顺序及年龄、学校教育、体育运动等早期发展因素的影响，更受亲子依恋、示范作用、父母教养方式等家庭因素影响。

（8）父母教养方式可分为权威型的父母亲教养、专制型的父母亲教养以及放任型的父母亲教养。

（9）不同类型的父母教养方式对领导的自我调节和社会机敏性有不同的影响，这导致了管理者领导角色效能的差异，并最终影响了领导力的有效性。具体而言，权威型教养与自我调节之间存在正相关关系，专制型和放任型教养与自我调节之间存在负相关关系；权威型教养与社会机敏性之间存在正相关关系，专制型和放任型教养与社会机敏性之间存在负相关关系；自我调节和社会机敏性与领导角色效能之间存在正相关关系；权威型、专制型、放任型三种父母教养方式通过自我调节和社会机敏性的中介作用对领导角色效能产生影响。值得注意的是，父母对子女领导力培养的效果不仅受到父母教养方式的影响，还受到子女对父母认同和接受程度的影响。父母认同感能够增强父母教养方式与自我调节之间的关系，也能够增强父母教养方式与社会机敏性之间的关系。此外，父母认同感还强化了父母教养方式对领导角色效能的间接作用。管理者的领导角色效能越高，越能获得下属对其领导能力的认可并提升整个团队的绩效，进而达到更高的领导力有效性。

（10）父母教养方式对管理者的领导力有效性有着至关重要的影响；父母权威型教养是发展子女领导力的最佳养育方式；高父母认同感的子女成为领导后会放大其父母养育经历的影响；领导角色效能可以显著地提升领导力的有效性。

（11）为了培养和开发早期领导力，企业应关注领导成长过程中的父母养育经历，做到有的放矢；企业应全面审视人生周期中的领导力，加大领导力发展项目的投入；领导应理解父母养育经历对领导力的影响，主动调整自身的心理与行为；父母应把握孩子的成长规律，在子女小时候就培养他们的领导力；父母应关注子女成长期间领导力发展的敏感时期。

思考题

1. 什么是领导者发展和领导者涌现？

2. 简述人生领导发展周期理论、社会学习理论、初级社会化理论的基本观点。

3. 简要回答领导力早期发展的影响因素。

4. 简述不同类型的父母教养方式对领导力的影响及作用机制。

5. 结合实际，谈谈如何培养和开发早期领导力。

第二章　服务型领导

在管理实践中，管理者的个人领导风格作为关键因素在应对组织内外部环境变化和企业变革的过程中发挥着越来越重要的作用，因此也越来越受到组织管理者的重视。回顾过去十几年领导力的相关研究，我们可以发现，越来越多学者的注意力开始从以个人主义、自利主义为基础的领导方式向关系导向的领导方式转移，同时组织经营者也越来越认可那些更亲社会和亲他人导向的服务他人利益的积极领导方式，如服务型领导（或仆人式领导，Servant Leadership），在理论界和实践界都引起了广泛关注。在本章中，我们将对服务型领导的内涵、维度和特征进行梳理，并对服务型领导的相关研究进行回顾，以探讨服务型领导的影响因素和作用效果。此外，我们还将着重讨论服务型领导对下属建言行为的影响，以期为管理实践提供一定的参考。

第一节　服务型领导的内涵

一、服务型领导的概念

人们在听到"服务型领导"一词时常常会感到困惑，"服务"和"领导"这两个词在较为传统的观念及较早的研究中往往被当成两个相互矛盾的概念，很少有人将两者联系在一起。那么到底什么是服务型领导呢？

Hermann Hesse 在 1932 年创作的《东方之旅》中讲述了这么一个故事，有一群人前往东方探险，团队中的每一个人都很有主见，并愿意充当领导的角色。服务于他们的是一位叫 Leo 的仆人，他负责为所有人提供帮助和服务，并在旅行中鼓舞陪伴着团队，使得这一次探险旅行非常顺利。但是有一天，Leo 突然消失不见，整个团队立刻陷入一片混乱之中，所有人都试图说服别人听从自己的建议，但是没有一个人能够获得别人的信任，最后整个探险活动被迫终止。人们忽然发现：虽然 Leo 刚开始以服务者的身份出现，但是最后却变成了大家认可的领导者，失去了仆人 Leo，团队就失去了领导。

这个简单的故事后来引发了一场管理学的革命，主人公 Leo 的所作所为和所思所想启发了美国电话电报公司的高管罗伯特·K. 格林利夫（Robert K. Greenleaf），据此，Greenleaf 于 1977 年在《仆人式领导》（*The Servant as Leader*）一书中正式提出"服务型领导"的思想，改变了人们对领导者的传统看法。Greenleaf 认为"在本质上是服务者的人，才会被视为领导者，服务者的本质让他成为真正的领导者，不是被授予的，也不是假设的，也不能被带走"，即一个成功的领导者首先应当是一名伟大的"仆人"，为他们的追随者服务，具体地讲，他认为服务型领导者秉承"服务为先"的理念，关爱他人，急他人之所需，强调为他人服务、全方位推动团队的工作、促进团队的认同感以及在决策时权力的下放。

Greenleaf 提出这一概念后，引起了诸多学者对服务型领导更进一步的探讨。Spears 和 Lawrence（2002）将服务型领导定义为一种行为，即领导者在持续为团队服务的愿望影响下所开展的尊重下属的尊严和价值观的行为。Laub（1999）给出的服务型领导的定义是将下属的利益置于领导者自身利益之上的领导认知行为和实践活动，领导者为了组织中下属的利益、组织的利益以及顾客的利益而分享权力和地位。Birkenmeier（2003）把服务型领导看成一种超越个人利益，努力满足下属的生理、心理和情感需求的领导活动。Hale 和 Fields（2007）将服务型领导定义为把下属的利益置于自身利益之上，强调下属的进步，弱化对领导者自身颂扬的领导方式。不难看出，服务型领导的一些核心特点如服务下属、注重下属的发展和利益等得到了诸多学者的认可。

虽然不同的学者对服务型领导有不同的定义，且对服务型领导特征的界定也不完全一致，但是我们可以发现，服务型领导的本质特征是利他与服务。相较于传统的领导方式，服务型领导扮演着"管家"的角色，负责组织的信任，更关注下属的需求和利益，把组织管理和自身利益放在其后。同时，服务型领导平等对待员工，不再以权压人，而是以理服人。这意味着服务型领导超越了私利，其权力不再仅仅用于指挥和控制，更多的是为了服务他人，进而在服务中提高领导效能。可见，在服务型领导的理念中，领导动机与服务需求是紧密结合的，服务他人是比权力更为重要的因素（Luthans & Avolio，2003），而权力则成为服务他人的可能。

Van Dierendonck（2011）对服务型领导进行了系统的梳理，归纳出了一个比较完整的服务型领导概念模型。基于 Greenleaf 的思想，他提出了理论框架，如图 2-1 所示。该框架综合了现有研究中较新的理论观点，有助于更好地了解服务型领导的产生及对下属的自我实现（包括工作态度和绩效）影响的全过程。该模型指出：服务型领导的基石在于领导动机与服务他人相结合，同时考虑到了与动机相关的个人特点和文化背景。服务型领导的特征如授权并发展他人、谦恭、指引他人，既对上下级关系，也对团队或组织的整体心理氛围产生积极的正向影响。高质量的上下级关系和整体的信任心理气氛反过来会在三个层面上影响下属，包括：自我实现、积极的工作态度和绩效提升（个人层面）；增加团队效能（团队层面）；增强公司对社会责任和可持续性发展的关注（组织层面）。

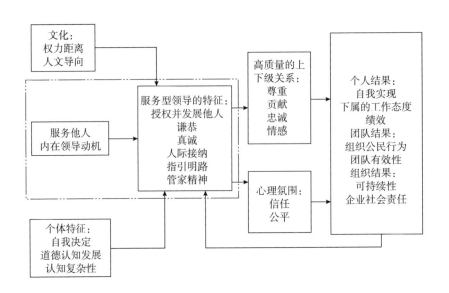

图 2-1　服务型领导概念模型

综上所述，我们可以下一个定义，服务型领导，又称仆人式领导，是一种典型的以下属的成长为重心的领导方式，强调个人正直、下属的需求和强烈的道德界限，具有授权并发展员工、谦恭、真诚、人际接纳、指明方向、管家精神等特征。

二、服务型领导的维度和特征

自服务型领导这一概念被提出以后，学者们围绕服务型领导的维度和特征开展了大量的研究和分析。Greenleaf 作为服务型领导理论的提出者，首先指出服务型领导主要具备以下十个主要特征：倾听、同情心、认知、治疗、善于说服他人、有远见、全局观、管家精神、服务者以及社区建设（Greenleaf，1970，1977）。而 Spears 和 Lawrence（2022）则认为服务型领导主要包含如下十个特征：倾听、移情、治疗、认知、说服力、概念化技能、预见性、服务者、愿意培养他人以及社团建设。此外，基于对服务型领导的解读以及现有研究（Barbuto & Wheeler，2006；Page & Wong，2000；Spears & Lawrence，2002），Liden 等（2008）确定了服务型领导的九个特征：抚慰心灵、为社区创造价值、概念技能、授权、帮助下属成长和成功、把下属放在优先位置、道德行为、关系、服务。在中国组织情境下，汪纯孝等（2009）通过对 619 份有效问卷的分析，认为服务型领导应包括 11 个维度：关心员工、尊重员工、帮助员工发展、构思愿景、指导员工工作、清正廉洁、平易近人、开拓进取、甘于奉献、承担社会责任和授权。尽管现有文献在服务型领导的特征上不尽相同，但是大多数研究者认可授权并发展员工、谦恭、真诚、人际接纳、指明方向、管家精神等为服务型领导的主要特征（见表 2-1）。

表 2-1　服务型领导主要特征汇总

主要特征	Laub (1999)	Wong 和 Davey (2007)	Barbuto 和 Wheeler (2006)	Dennis 和 Bocarnea (2005)	Liden、Wayne、Zhao 和 Henderson (2008)	Sendjaya、Sarros 和 Santora (2008)	Van Dierendonck 和 Nuijten (2011)	汪纯孝等 (2009)
• 授权并发展员工	• 发展员工	• 服务并发展他人 • 咨询和接纳他人		• 授权 • 信任	• 授权 • 帮助下属成长和成功	• 转化影响力	• 授权	• 关心员工 • 帮助员工发展 • 授权

续表

主要特征	Laub (1999)	Wong 和 Davey (2007)	Barbuto 和 Wheeler (2006)	Dennis 和 Bocarnea (2005)	Liden、Wayne、Zhao 和 Henderson (2008)	Sendjaya、Sarros 和 Santora (2008)	Van Dierendonck 和 Nuijten (2011)	汪纯孝等 (2009)
●谦恭	●领导力共享	●谦逊无私	●号召利他	●谦逊	●把下属置于首位	自愿服从	●谦逊 ●坚强支持	●领导者尊重员工 ●与员工同甘共苦 ●平易近人
●真诚	●展现真诚	●树立正直和可靠性的榜样				●真实自我 ●超越精神	●真诚	●以身作则 ●热爱工作 ●清正廉洁
●人际接纳	●重视员工		●心灵治愈	●无条件的关爱	●心灵治愈	●契约关系	●宽恕	●甘于奉献
●指明方向	●提供领导力	●启发并影响他人	●清晰蓝图描绘	●愿景	●概念技能		●勇气 ●责任	●构思愿景 ●开拓进取 ●指导员工工作 ●敢于负责
●管家精神	●打造社区		●组织管家精神 ●智慧		●为社区创立价值观 ●行为 ●践行道德	●责任道德感	●管家精神	●承担社会责任
研究对象	来自41个组织的847名人员	24名领导的自评；1157位来自各种背景的研究对象	领导力培训课上的388名员工对其领导的评分	来自不同职业背景的250、406及300名员工	298位本科学生；在生产和配送公司的182名员工	277名本科学生	来自两个国家的具有不同职业背景的1571名员工	中山大学管理学院的在职MBA班学生和广州市一家酒店的服务人员

服务型领导的这些特征使得其在领导方法中具备独特性，不同于其他的领导风格，如变革型领导。变革型领导和服务型领导都重视下属，但服务型领导着眼于他人的需求和利益，而变革型领导更重视组织目标的实现。此外，与变革型领导相比，服务型领导还鼓励下属遵守道德伦理，而且他们的责任范围更广，不仅包括实现组织的目标和下属的个人发展，还包括一个更广泛的组织利益相关者，即广泛的社区。

第二节 服务型领导的相关研究

一、服务型领导的影响因素

服务型领导的影响因素主要可以分为个人特质因素和情境因素两个方面。

1. 个人特质因素

领导者个人特质方面主要包括领导者的价值观、人格特质、个人能力和自身认知，这些对于领导者是否能产生服务型领导行为以及产生的程度均有较大的影响。

（1）价值观。领导者的价值观是服务型领导活动的来源和动机之一。服务型领导具备尊重欣赏他人、以身作则、分享权力的想法以及乐于服务等价值观（Russell，2002）。

（2）人格特质。领导者的品质（如同理心、正直感、平等观念）能够正向影响服务型领导的产生（Mittal & Doorfman，2012），除此之外，领导的利他性人格也能促进服务型领导的产生（Judge et al.，2002；Joseph & Winston，2005），Gregory 等（2004）在研究中也表明了正直和真诚的品格对服务型领导具有正向影响。

（3）能力。Farling 等（1999）研究发现，规划和变革能力与服务型领导正相关。较强的专业能力能够使他们更好地为下属服务，提出更有针对性的解决方案（Krouze & Posner，1990）。同时，领导者的情绪智力也较大程度地影响着服务型领导行为的产生，领导者的情绪智力越高，其服务型领导特征越明显（Parolini，2005）。

（4）自身认知。Sun（2013）重点探讨了领导者在组织中采用服务型领导风格的心理因素，他认为领导者之所以展现服务型领导行为是因为领导者把服务者的身份视为自我概念的一个重要部分。如图 2-2 所示，服务身份的框架包括两个部分：一个是认知倾向，即领导者对服务属性的认知过程；另一个是行为倾向，即领导者在何种程度上规范自己的行为，以符合服务属性。Sun（2013）研究发现认知倾向围绕领导认知中比较显著的四个服务身份属性（号召、谦逊、移情和博爱）展开。当领导者加工社会信息时，这些属性就会浮现出来，给服务型领导提供参考并定义领导者的自我意识，导致他们规范自己的行为，在社会环境中确保自我一致性。进一步地，Sun 根据身份的连续性、多元性和统一性把服务型领导的领导风格分为服务—综合型领导和服务—划分型领导，进而更加深刻地理解领导效能。

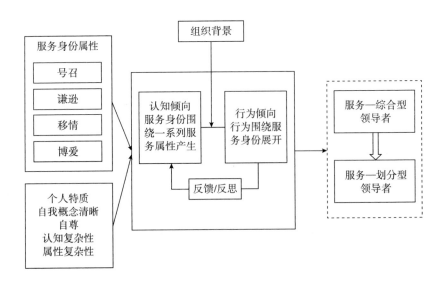

图 2-2　服务身份框架图

资料来源：Sun（2013）。

2. 情境因素

情境因素方面主要包含组织特征和社会文化，Horsman（2001）认为组织特征和服务型领导存在较强的相关性，Lin 和 Johnson（2015）研究发现，相较于中学和大学校长的服务型领导行为，小学校长的服务型领导行为更加显著。领导者的职位层级对服务型领导也存在着至关重要的影响，服务型领导行为会随着职位级别的提升而增加（Horsman，2001；Herman，2008）。Mittal 和 Doorfman（2012）研究发现，社会文化环境能够影响服务型领导的产生。沈舒琪（2010）研究了环境的动态性对服务型领导的影响，说明了两者之间的负相关关系，而静态环境比动态环境更容易形成服务型领导。

二、服务型领导的作用效果

综合国内外学者的现有研究发现，服务型领导的作用效果主要体现在服务型领导对下属的创新行为、工作绩效、工作满意度、角色外行为以及下属对领导的信任等的影响。

Reinke（2004）通过实验验证了服务型领导对于员工的信任水平有显著的正向影响。类似地，Joseph 和 Winston（2005）研究发现，服务型领导行为与下属对领导和组织的信任积极相关。

有学者的研究表明服务型领导能激励员工主动采取积极行为。例如，Neubert 等（2008）研究发现，服务型领导可以增强下属的促进焦点，进而对下属的帮助行为和创新行为产生正向影响；段锦云等（2017）研究发现，服务型领导能够增加员工建言行为的产生。

Walumbwa 等（2010）探讨了服务型领导对员工态度和组织公民行为的影响，其研究表明，服务型领导与员工组织公民行为正相关，且主管承诺、自我效能感和程序公平气氛部分中介服务型领导与组织公民行为之间的关系。

Hunter 等（2013）的跨层次模型从多利益相关者的角度探究了领导的宜人性和外倾性如何影响服务型领导的行为展现与服务型领导在个人和团队层面的多层次结果，发现服务型领导对下属助人行为、高质量顾客服务和减少退缩行为产生积极影响。具体而言，在个人层面，服务型领导与下属的离职意向和减少参与呈负相关；在团队层面，服务型领导通过营造一个相互服务循环圈，使得员工学习如何相互帮助，进而帮助顾客和广泛的社区，可见服务型领导在团队层面积极作用于下属的帮助行为。Hunter 等（2013）研究发现，服务氛围在服务型领导与追随者离职倾向、助人行为以及销售行为的关系之间起中介作用。

服务型领导能够正向预测员工工作满意度。Mayer 等（2008）通过实验证实服务型领导能够促进组织内形成公平的氛围，进而提高员工的工作满意度，除此之外，服务型领导还能够满足员工动态的需求。

在中国背景下对服务型领导的研究相对较少。通过对中国 30 家发型沙龙的238 个发型师样本和 470 个客户的调查，Chen 等（2015）发现，把变革型领导的影响考虑进去后，自我认同（即自我效能感和群体认同）部分中介团队管理人员的服务型领导风格对设计师服务绩效的正向作用。

也有一些学者从其他角度对服务型领导的作用进行了研究，如 Hu 和 Liden

（2008）在结合自我调节理论和领导风格相关研究的基础上，把目标、过程的透明度和服务型领导视为团队效力和团队有效性（体现在团队绩效和组织公民行为上）的3个前因变量。采用来自5家银行71个团队的304名员工作为研究对象，结果表明，团队层面的目标、过程的透明度以及服务型领导正向影响团队效力和团队有效性。此外，他们还发现，服务型领导调节目标清晰度及过程清晰度对团队效力的影响，在服务型领导的作用下，目标清晰度及过程清晰度对团队效力的影响都会增强。

第三节　服务型领导对下属建言行为的影响

员工的行为可以看作个体和环境交互影响的结果，而建言行为作为一种以变革为导向的角色外行为同样受到个人和情境的影响。其中，领导风格是员工建言的重要情境因素，目前已有大量学者对不同类型的领导风格与建言行为的内在联系展开了研究，并提出正向的领导风格（如授权型领导、变革型领导等）会促进员工的建言行为，而负向的领导风格（如辱虐型领导、权威型领导等）一般会抑制员工的建言行为。本节以服务型领导风格为例，试图从理论方面探索服务型领导对下属建言行为的影响及影响机制，并从管理学视角探讨员工建言行为的现实意义。

一、服务型领导的直接作用

作为员工建言的主要对象，领导对员工选择建言或沉默有重要影响。首先，建言的目的是与相关的管理者或负责人分享员工的看法，以此引起组织注意并应用组织的资源解决所涉及的问题。其次，领导决定着组织中的奖惩和任务分配，因此领导风格和行为会直接影响员工的行为。

服务型领导作为一种特殊的领导风格，授权下属、真诚关心下属需求并为其提供支持和帮助，有助于促进下属的建言行为。首先，服务型领导给予下属工作上较大的自主权和自由度，并根据下属的能力、需要和付出给他们匹配合适的职责，使他们能更好地扮演他们的工作角色，积极提出有助于改进工作的建议。其次，服务型领导以下属利益为先，聆听下属的需求并提供成长机会，这些支持和帮助的行为会让员工感受到组织和领导的支持，使其自信心增加并建立对领导的信任。于是，在这种组织氛围下，下属会觉得建言是安全的且在组织中建言是正确的事情，当员工发现有助于提升自己工作的建议或者想法时，他们敢于提出与自己工作相关的建言。另外，服务型领导还很注重服务团体以及目标清晰的重要性，鼓励团队内工作角色的扩展，因此服务型领导行为可以鼓励员工参与自身工作以外的角色外行为，包括在组织内部对与自己工作没有直接关系的事情积极建言。

综上所述，服务型领导对员工建言行为有正向影响，这种影响不光体现在与员工的自身工作相关的建言行为上，还与自身工作无关的建言行为有较大关联。

二、组织认同的中介效应

1. 组织认同

"认同"一词最早出现在哲学领域，表示事物与其自身保持内在的一致性，后经心理学、社会心理学等学科的引用和拓展，从个体的"自我认同"进一步发展到"社会认同"。根据研究取向的不同，认同理论包含两个重要的分支：角色认同理论和社会认同理论。

角色认同以"个体"为研究对象，指个体在不同社会结构中扮演不同角色的自我认知或自我概念，而这种认知往往在与他人的互动和社会的连接中被赋予意义和期望，并且随着角色的持续融入，与角色相一致的行为会因角色认同而展现出来，以确认和增强特定角色。

在社会认同理论中，自我概念的解释不再局限于个人身份（包括个人的特性，如能力和兴趣），还拓展到了社会身份（包括明显的群体分类）上。当个体依据从成员身上归结或抽象出来的典型特征（如年龄、性别等）定义某一群体并认识到其作为群体成员且具有群体归属性时，社会认同便存在了。因此，社会认同可以定义为个体对他归属于特定社会群体的一种感知。这种感知能带给个体作为群体成员的情感和价值意义，并驱使个人将自身与群体的命运捆绑，把群体的成败看作个人的成败，愿意以超越自身的力量去追求群体的成功，甚至牺牲自我利益，以帮助更大的自我。

角色认同理论和社会认同理论都是关于自我概念的社会基础和规范性行为的本质的理论，其中角色认同理论聚焦于个体，用社会分类来描述"我是谁"，从个体自我角度解释认同，可以预测与角色相关的行为和影响，而社会认同理论以群体为研究单位，认为认同是人们对群体中的自我进行定义，探讨"我们是谁"的问题，关注的焦点是个体和群体之间的行为和关系。

组织认同可以看作是社会认同在组织背景下的一种具体形式。当员工认为他们的组织身份是独特的、以自我为中心的、持久的，他们会把自我概念融入组织，从而形成强烈的组织认同。组织认同是指个体基于组织成员身份将自我归属于某个组织群体的一种感知，这种感知使得个人和组织在价值观上保持一致，并产生情感归属。此外，还有学者把组织认同定义为人们以组织成员身份定义自我的一种过程和结果，并在这个过程中认同组织的使命、价值观和目标，在各项活动中考虑组织利益。虽然学术界对"组织认同"这一概念并没有一个统一的定义，但是我们可以从众多学者不同视角下的解释中总结出共同点：从认知的角度来看，它强调了个人与组织在价值观上的一致性；从社会学的角度来看，它强调的是个人身份与组织身份的融合程度，特别是个体自我概念对于组织特征和身份的接受程度。

尽管角色认同和组织认同是两个相对不同的概念，但是两者是可以兼容的，且在某些情况下个人的认同是可以转化为组织认同的。此外，个人在组织中的角色认同并不唯一，而是多方面的。因此，本节试图融合这两大认同理论，认为员工在组织中至少有两种认同，一个是依附于组织的角色认同（组织认同），另一个是依附于工作的角色认同。

2. 组织认同的中介作用

研究表明，员工的心理和行为都会受到不同领导风格的影响。组织认同作为连接组织和员工的心理纽带，能够很好地将领导的影响传递给员工，解释和预测员工的行为。服务型领导可以通过自己的领导风格，促进员工对组织的认知和认同，进而影响员工的建言行为，即组织认同在服务型领导和员工建言之间起中介作用。其中，服务型领导能够提升下属的组织认同，这主要通过促进员工的自我类化和自我提升来实现。

（1）自我类化。自我定义和自我类化是组织认同过程中的两大步骤。员工通过判断别人如何对待他/她形成自己的自我概念和自我定义。领导作为组织的代理人，代表组织及其价值观，其对待下属的方式很有可能影响下属在组织中的自我概念，改变下属的自我认知。服务型领导超越自我利益，将员工当前及未来的利益和职业发展视为重点，并与他们资源共享，寻求与员工共同进步，因此员工的不确定感和对未来的担忧会得到减少。此外，这种以员工为重心的领导方式能够帮助员工增加对"我是谁"的了解，在自我概念里更好地自我类化为组织的成员，接受组织的价值观和期望并将其融入自己的角色认同和自我概念中。

（2）自我提升。根据社会认同理论，人们通过组织认同来提升自尊。代表着组织核心价值的服务型领导将组织成员作为服务的对象，致力于为组织成员提供最好的工作环境和职业发展机会，这能让员工感受到组织的发展能提升自身的自尊，提升对组织的归属感和自我价值。服务型领导将下属和组织成员的利益置于个人利益之上，倡导正向的价值观，并且能够为了组织成员的利益以及组织整体的利益而分享权力。这些行为都有助于满足下属在组织中自我提升和自我实现的动机，他们会把组织的特性融入自我概念中，并产生对组织的强烈认同。这一点还可以从角色认同的角度来解释。Stryker还指出个人的具体角色自尊也会影响对应的角色认同。具体角色自尊是指一个人对在某个具体角色中自我实现的评估。某个人的具体角色自尊越高，对该角色的认同会越显著。服务型领导的上述特点，如在组织中以下属的发展和能力提升为重点，并不断加强对下属的指导，这些显然能够提升下属的组织角色自尊和依附于组织的角色认同，进而提升其组织认同。

而在一些组织认同的相关实证研究中，不少学者发现组织认同对员工建言有显著的正向作用，相对于外部的声誉和内部的其他因素，组织认同更能直接预测员工建言。

首先，组织认同较高的员工有较高的组织承诺，他们认为自己是组织中不可缺少的一员，他们的利益和组织的命运紧密相关。他们在情感上和组织交织在一起，在谈到组织时，他们用"我们"而不是"你们"或者"他们"。更重要的是，承诺和角色定义存在正向关系，员工的组织认同所带来的组织承诺将会把其建言角色认知拓宽到组织的层面上（即较宽的建言角色）。

其次，由于组织的规范和价值观能融入高组织认同员工的自我概念，他们很大程度上会用组织的规范和价值观规范自己的行为。组织认同让员工千方百计地追求组织的成功，为了帮助"大我"甚至牺牲"小我"。另外，他们会在很大程度上意识到在组织中保留重要意见或看法的成本。因此，虽然建言对个人来说是一种有风险的行为，但是当遇到严重威胁组织利益或者阻碍组织发展的问题时，高组织认同的员工可能会把针对这些问题或现象进行的建言作为一种有利于组织的、自己角色内的义务，而不管这些问题是否与他们的工作直接相关。

三、工作卷入的中介效应

1. 工作卷入

企业的生存发展除了和企业的核心竞争力有关以外，员工的行为和态度也是重要的影响因素。随着对员工行为和态度研究的不断深入，人们发现个体如果在心理上认同其组织及工作，这种认同感将会对员工的工作绩效等产生积极影响，在此基础上，工作卷入受到了越来越多学者及管理者的关注。

现有文献对于工作卷入（Job Involvement）还没有达成统一的定义。萨利赫和霍谢克在现有研究的基础上，对工作卷入的概念进行了梳理，把工作卷入的各种概念划分为四大类型。表 2-2 对工作卷入的定义进行了汇总。

表 2-2　工作卷入定义汇总

学者（年份）	工作卷入的定义
Dubin（1956，1968）	工作在个人"核心生活兴趣"中的程度，即是否能作为促进个人重要需求满意度提升的主要来源
Allport（1943）	组织成员参与其工作的程度及工作满足其声誉、自尊、自主性和自爱的程度
French 和 Kahn（1962）	员工把工作表现置于自我概念中心的程度，即影响自尊的程度
Vroom（1962，1964）	在何种程度上员工认为自身的工作表现与自我概念的核心特征保持一致

（1）Dubin 把工作卷入看作工作在个人"核心生活兴趣"中的程度，即是否能作为促进个人重要需求满意度提升的主要来源。

（2）Allport 认为工作卷入是组织成员参与其工作的程度及工作满足其声誉、自尊、自主性和自爱的程度。

（3）French 和 Kahn 把工作卷入定义为成员把工作表现置于自我概念中心的程度，即影响个人自尊的程度。

（4）Vroom 提出工作卷入是指在何种程度上员工认为其工作表现与自我概念的核心特征保持一致。

根据上述各种定义，我们可以总结出工作卷入可表现出来的四种情境：①当工作成为核心生活兴趣时；②当积极参与工作时；③当感知到工作表现是自尊心的核心时；④当感知到工作表现与自我概念保持一致时。当员工表现出上述四种情境的时候，我们就可以说工作卷入发挥了作用。

根据以上内容，工作卷入可以定义为一个人或者个体对其工作认知的心理认同状态，其为自我形象定义提供了强有力的支持。这里采用自我形象定义有三个优势：①它能比自尊的概念做出更好的预测；②能够对个人和情境变量进行有效的预测；③它可以区别于其他相关行为。

在我们的日常生活当中，经常听到领导要求员工投入到工作当中，要理解工作卷入，可以比较工作投入和工作卷入的不同之处。工作卷入可以体现为两个层次：首先，在心理学层面上，工作卷入表现为个体在心理上对现在工作的热爱程度；其次，在工作层面上，工作卷入表现为个体在工作中取得的成就对其自尊的影响程度。由此可以看出，工作卷入是一种认知上的判断，是个体判断某项工作是否满足自己需求的程度。工作投入与工作卷入的不同之处在于：工作投入强调个体在工作上如何控制自我，即除了认知成分之外，还包含了情感和行为层面的内容，是一种动态的视角。而工作卷入是比较静态的视角，个体有可能认识到工作已经满足了自己的需求，从而产生不投入的情况。

2. 工作卷入的中介作用

目前，在工作卷入的研究领域，大多数学者都认可工作卷入是一种对工作的心理认同。这里我们将工作卷入定义为员工对工作心理认同的一种认知状态。从这个角度来看，服务型领导与工作卷入的正向关系具体表现在以下三个方面：

（1）促进下属的相关工作角色清晰化，为工作卷入创造条件。服务型领导协助员工提升工作能力，增加员工对工作期望的了解，有助于减少他们的角色冲突和角色模糊。服务型领导可以为员工提供概念技能，绘制蓝图，制定长远目标，为组织提供明确的目标和任务方向。围绕这些任务、目标和战略，他们可以给员工指出清晰的方向，从而让员工清楚未来发展的方向和取得成功的关键。这不仅可以使下属对自己的能力充满信心，也可以提升他们的角色定位和角色清晰度。因此，服务型领导通过帮助员工建立明确的角色定位，为其开展工作提供清晰的目标，协助其提升完成目标的能力，进而增加员工对工作的心理认同。

（2）促进下属对工作角色认同的承诺，增加工作卷入的程度。角色认同理论的一个核心观点是角色承诺可以解释角色认同对行为和情感的影响。这里的承诺包含两个维度：个人融入该群体的程度和个人在此群体中主观认知他人是否重要。服务型领导强调服务组织和目标清晰的重要性，鼓励组织内的工作角色宽度的扩展，鼓励相互帮助和内部协作，因此服务型领导行为可以促进员工融入工作角色。虽然其他领导风格也有类似的提法，但是"超越自身的利益"是服务型领导理论的核心定位。服务型领导超越个人利益，把下属的利益和发展作为追求的重要目标，使下属的利益最大化，与那些把完成组织目标或实现组织利益视为最终领导目标的领导风格有着本质的不同，服务型领导对员工的关心和帮助是发自内心的，并把下属的成长和进步放在第一位，因此服务型领导的这些特征能促进下属对工作的情感承诺。工作角色承诺可以增加工作角色在自我认知和心理上的认同。

（3）提升下属的工作角色认同自尊，进而影响工作卷入程度。Stryker（1980，1987）指出，个人的具体角色自尊也会影响角色相关的态度和行为。工作卷入的一个重要内容是内化对工作有益的价值观。服务型领导在工作上给予下属指导说明，帮助下属提升技术和能力，展示和传授给下属工作上需要的知识，以帮助其解决工作上的问题。同时，他们敢于授权，使员工具有更大的自决权。这样，员工不仅在技能上能得到提升，而且在工作上有足够的空间去发挥能力，实现自我价值。当员工感到能对工作做出有意义的贡献时，他们能够意识到工作的意义所在，对工作的心理卷入会增加。

四、角色宽度自我效能感的调节效应

1. 角色宽度自我效能感

面临复杂多变的外部环境，企业越来越希望有能力的员工能够主动承担更宽泛的工作角色，并且能够接受和适应变革。这就需要去关注员工产生这些行为的动机或认知过程。研究发现，员工之所以会耗费自身资源去做职责之外的工作以帮助组织高效运转，正是基于一种积极的心理状态，即角色宽度自我效能感。

自我效能感（Self-efficacy）是个人为完成特定目标，对自身组织和执行相关行动能力的信念。自我效能感也是个人在面临困难时，设定具有挑战性的目标、不断持续付出努力的主要激励因素。具有较高自我效能感的个人倾向于设立并坚持挑战现状的目标，提出新颖的和有价值的观点。在追求这些目标时，具有较高自我效能感的人会付出更多的努力，即使在面临困难和失败时也能够坚持不懈。与任务相关的自我效能感增加时，人们在应对挑战性任务时其努力就会增加，因此他们完成这些任务的可能性就会增加。有诸多证据表明自我效能感可以激发具体的行为，如自我效能感和工作绩效显著正相关。而自我效能感与背景绩

效之间的关系也存在明显的相关性。

此外，那些具有较高自我效能感的员工能更加积极主动地寻找创新性的办法，参与创新性的活动，并拥有较高的创新绩效。自我效能感是个人参与创新性工作的持续驱动力。

作为自我效能感的一种类型，角色宽度自我效能感（Role-breadth Self-efficacy）描述了在何种程度上人们相信他们能够开展更广泛的工作并扮演更主动的角色，能够促进员工开展更广泛的工作并扮演更积极的角色。当前的研究结果显示，角色宽度自我效能感的影响后效主要集中在员工在工作中的行为表现上。由于角色宽度自我效能感是一种"认知—动机"变量，当外部某种情景或者个人认知对角色宽度自我效能感产生了某种影响时，个体就会产生某种动机，从而产生一系列行为。

这一概念比其他形式的自我效能感（通常涉及一个特定的任务或活动）所关注的范围更广泛。角色宽度自我效能感聚焦于一系列积极的、综合的和人际关系的活动所构成的一个宽泛的角色，比如解决长期存在的问题、设计优化的程序、与客户和供应商联系等。角色宽度自我效能感描述了个体对采取主动的、广泛的和人际关系等任务的能力的自信。由于具有较高角色宽度自我效能感的员工参与主动行为时，相信自身成功的可能性很大，因此角色宽度自我效能会促使员工参与主动性行为。同时，角色宽度自我效能感较高的员工对自己在团队中承担新的角色，以及对组织目标做出更广泛的贡献充满信心。作为反映员工完成宽泛角色信心的核心心理状态，角色宽度自我效能感是连接工作控制和主动行为的核心机制。

2. 角色宽度自我效能感的调节作用

角色认同理论在强调角色认同与行为重要关系的同时，也强调它们之间的关系会受到其他因素的影响，比如员工对自身能力的认知。换言之，对自身成功开展某些行为能力的自信程度可以直接影响角色认知对具体行为的影响。霍尔特的研究表明，角色中的能力和表现中的积极评估可以提升角色的显著性和促进角色的实施。因此，为了更好地考查具有角色认同的员工是如何开展相应行为（即建言）的，本书不仅考虑了相关的角色认同，而且也把员工个体在角色认知上的差异——角色宽度自我效能感纳入了研究范围。

角色宽度自我效能感可以调节中介变量与两种建言之间的关系。首先，角色宽度自我效能感可以增加建言者对于建言和处理建言后果的能力的信心，使员工减少对风险的顾虑，进而强化组织认同和工作认同对建言的作用。对自身的胜任力充满信心的员工往往认为有难度的任务更具挑战性，而不是把这些任务看成对自己的威胁。如前文所述，建言对员工来说是有风险的，对风险的顾虑是员工保持沉默的主要原因之一。由于自我效能感较高的人对于掌控建言效果的能力有充分的信心，这样的员工对建言风险的评估比较客观，不会主观夸大建言的风险。相反，由于对自身能力和应对建言风险的能力缺乏自信，具有较低的自我效能感的员工可能把建言视为给自身带来威胁的行为。所以本书认为，角色宽度自我效能感较高的员工将能更好地管控建言带来的风险，因为这些员工相信他们能够在组织内产生影响，而低自我效能感的员工往往倾向于认为建言对他们个人的风险比较大。因此，在其他条件等同的情况下，角色宽度自我效能感越高，组织认同和工作卷入度对其对应的建言行为的作用会越大。

除此之外，角色宽度自我效能感较高的员工在其行动的过程中能够坚持不懈，能够促进角色期望转化为具体的行动。自我效能感的内容包括个人在充满了不确定性和潜在障碍的行动中要付出坚持不懈的努力。具有较高的自我效能信念的人更倾向于设定和坚持具有挑战性的目标，以改变现状。为实现设立的目标，在行动的过程中，他们持之以恒、努力奋斗，即使在困难和失败面前也坚持不懈、不轻言放弃，因为自我效能感能使人即使在繁重和逆境的情况下也能表现出较强的抗压能力和自我激励。所以，在建言的过程中，面对建言的风险和出乎意料的结果（如上级的拒绝、误解等负面反馈），自我效能感较高的员工能积极面对，主动想办法解决障碍。与此相反，自我效能感较低的员工把工作上的事情看成是不可控制的，他们往往受到外部力量（如主管）的推动才开展某些事情。在面对建言可能带来的风险时，他们可能会陷入消极状态。所以，角色宽度自我效能感较高时，组织认同和工作卷入对建言的作用要比角色宽度自我效能感较低时大。

五、结论与讨论

本节根据社会认同理论和角色认同理论将服务型领导与员工建言行为联系起来，并建立服务型领导对员工建言行为的影响机制模型（见图2-3），最终得出以下结论：

服务型领导对员工的建言行为具有显著的正向影响。建言行为作为一种自愿性质的角色外行为，是员工对组织的改进和完善积极分析思考并建言献策的结果，而以服务导向、利他导向、授权导向、亲社会导向为重要特征的服务型领导对其具有重要的积极影响。

组织认同和工作卷入在服务型领导和员工建言行为之间起中介作用。服务型领导通过注重下属的发展和利益，致力于为组织成员提供支持和服务，增强员工的自我类化和自我提升，从而使其产生对组织的强烈认同。而组织认同带来的组织承诺和对组织成功的追求，能够帮助下属降低建言的风险预期，并将建言行为拓展到组织层面。此外，服务型领导通过清晰化下属的工作角色、促进下属的工作角色承诺以及提升工作角色认同自尊，增加了员工对工作的心理认同，即工作卷入。而高工作卷入的员工对他们的工作有更强烈的心理认同和工作承诺，这驱使他们扩大角色认知，从事更多的角色外的事务，以促进其工作能力的提升。同时，他们在工作上往往有丰富的经验和专业的知识，对工作认知结构更广泛，可能会把其与工作相关的建言定义为角色内行为。因此，工作卷入对与自身工作相关的建言行为具有正向影响。

同时，角色宽度自我效能感作为边界条件对组织认同和工作卷入的中介效果产生调节作用，即当下属的角色宽度自我效能感较高时，组织认同和工作卷入对建言的作用要比角色宽度自我效能感较低时大。

以服务下属为中心的服务型领导，能有效满足下属的生理、心理和情感需求，提高他们对组织的认同及其工作卷入程度，激发员工的建言行为，因此组织要重视"服务"理念，实行和推广服务型领导行为，促进企业在复杂的竞争中依靠全员智慧得到更好的发展。此外，在管理实践中要注重下属的组织认同和工作卷入，并积极增强下属的角色宽度自我效能感，以促进服务型领导对下属建言行为的影响。

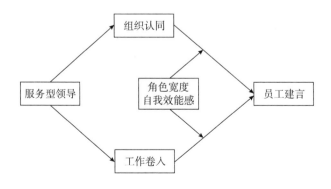

图 2-3 服务型领导对员工建言行为的影响机制模型

本章小结

（1）服务型领导，又称仆人式领导，是一种典型的以下属的成长为重心的领导方式，强调个人正直、下属的需求和强烈的道德界限，具有授权并发展员工、谦恭、真诚、人际接纳、指明方向、管家精神等特征。

（2）服务型领导的影响因素主要可以分为个人特质因素和情境因素两个方面，个人特质因素包括价值观、人格特质、能力和自身认知，情境因素方面主要包含组织特征和社会文化。

（3）服务型领导的作用效果主要体现在服务型领导对下属的创新行为、工作绩效、工作满意度、角色外行为以及下属对领导的信任等的影响。

（4）服务型领导通过合理授权、明确员工需求、注重员工利益、鼓励员工角色外行为等方式对员工建言行为（包括与自身工作相关的建言和与自身工作无关的建言）产生显著正向影响。进一步的研究表明，基于角色认同理论和组织认同理论，服务型领导通过"服务他人"的领导风格，促进员工对组织的认知和认同并提高员工的工作卷入程度，进而影响员工的建言行为，即组织认同和工作卷入在服务型领导和员工建言之间起中介作用。其中，组织认同中介服务型领导与自身工作相关的建言和与自身工作无关的建言之间的关系，而工作卷入仅中介服务型领导与自身工作相关的建言之间的关系。此外，角色宽度自我效能感作为边界条件能够正向调节组织认同和工作卷入对员工建言的作用。

（5）组织要重视"服务"理念，实行和推广服务型领导行为，促进企业在复杂的竞争中依靠全员智慧得到更好的发展。此外，在管理实践中要注重下属的组织认同和工作卷入，并积极增强下属的角色宽度自我效能感，以促进服务型领导对下属建言行为的影响。

思考题

1. 什么是服务型领导？主要特征有哪些？
2. 影响服务型领导的因素有哪些？
3. 服务型领导的作用效果可以体现在哪些方面？
4. 简述服务型领导对下属建言行为的影响及作用机制。

第三章　领导力与团队绩效

自 20 世纪 70 年代以来，团队成为了流行的工作方式，团队合作已成为一个重要的趋势。在本章中，我们将了解领导角色效能、领导力认可、团队绩效的概念，在前人研究的基础上总结领导角色效能的影响因素和作用效果，领导力认可的影响因素和评估意义，团队绩效的影响因素和评估要素，进而分析领导角色效能对领导力认可和团队绩效的影响和作用机制。

第一节　领导角色效能概述

一、领导角色效能的概念

领导角色效能（Leader Role-efficacy）的概念是和自我效能感紧密相连的。班杜拉于 1977 年提出自我效能感的概念，它是指个体对自身行为达到某一目标领域所需能力的信心。自我效能感一经提出，就受到了许多学者的关注，众多心理学家广泛而深入地对它进行了分析。同时，对自我效能感的探索也使得自我内部因素对行为的影响受到了越来越多的重视。领导角色效能是自我效能感在领导力研究领域的延伸。领导者对自身管理能力以及领导能力的自信程度反映了其领导角色效能的高低。Bass 等（2003）指出，一位成功的领导者必须相信自身的领导能力。其他领导力的相关文献也显示，自信是成功领导必备的素质。基于自我效能感的概念，陆昌勤等（2004）将领导角色效能定义为领导对自身能否利用所拥有的能力去完成管理任务的自信程度。

领导角色效能的概念体现在三个方面：一是领导角色效能体现管理者的行为选择。管理者会回避那些他们觉得自身能力不足的工作，而是去从事他们觉得可以完成的事情。二是领导角色效能体现管理者行为的坚持性以及持久性。在面临困境的时候，那些质疑自身能力的管理者会停止努力，甚至干脆放弃，而那些具备较强领导角色效能的管理者在面对挑战时则会更加努力。三是领导角色效能体现管理者的情感反应模式与思维模式。领导角色效能较低的管理者更多地关注潜在的失败与不良的结果，忽视了如何有效利用自身能力来达到目的；而领导角色效能较高的管理者会专注于工作，当面临困境时，他们能够展现出良好的领导能力。我们认为，领导角色效能是基础性的自我效能感在领导领域的应用，它反映了领导者对自身执行构成领导角色行为能力的信心判断。

二、领导角色效能的影响因素

有研究指出，不同性别个体的领导角色效能存在着一定差异。Carleton 等（2018）探析了变革型领导力对领导角色效能的影响，发现它们的关系随性别而异，对于男性它们呈显著的正向关系，而对于女性它们之间的关系并不显著。陆昌勤等（2001）认为，由于中国还存在重男轻女的思想，性别可能对管理者的领导角色效能有显著影响。还有一些研究指出性别角色认同对领导角色效能存在影响。Wang 等（2010）研究认为，性别角色认同作为个体的差异化特征，能够影响领导角色效能的形成过程。

此外，有研究显示了其他因素和领导角色效能之间的关系。Armstrong 和 Mc-Cain（2021）研究发现，职位对管理者的领导角色效能有显著影响，而年龄和处于领导职位上的时间两个变量对其不具有显著影响。Dugan 等（2013）研究表明，受教育程度和所学专业对领导角色效能具有显著影响。综上，将领导角色效能的影响因素的相关研究进行汇总，如表 3-1 所示。

表 3-1　领导角色效能的影响因素

学者	年份	研究观点
陆昌勤	2001	由于中国仍存在重男轻女的思想，性别对领导角色效能有显著影响
Wang 等	2010	性别角色认同作为个体差异化特征，能影响领导角色效能的形成过程
Dugan 等	2013	受教育程度和所学专业对领导角色效能具有显著影响

学者	年份	研究观点
Carleton 等	2018	对于男性，变革型领导力和领导角色效能之间呈显著正相关；对于女性，变革型领导力和领导角色效能之间无显著相关性
Armstrong 和 McCain	2021	职位对管理者的领导角色效能有显著影响，年龄和处于领导职位上的时间对领导角色效能不具有显著影响

三、领导角色效能的作用效果

由于领导角色效能在组织领导力研究中的重要地位，其作用效果得到了学者们的普遍重视。根据现有研究，领导角色效能的作用效果主要包括工作绩效、团队和组织绩效、工作态度以及心理健康等，相关研究如表3-2所示。

表3-2 领导角色效能的作用效果

作用效果	学者	年份	研究观点
工作绩效	Ng 等	2008	领导角色效能对工作绩效的预测效果最好，超过了反馈、目标设置、大五人格、工作满意度等变量
	Khorakian 和 Sharifirad	2019	领导角色效能与员工的工作绩效显著正相关
团队和组织绩效	McCormick	2001	领导角色效能与组织绩效显著正相关
	Strauss 等	2009	管理者的领导角色效能与其所管理的团队的绩效正相关
	Walumbwa 等	2011	领导角色效能与组织绩效呈高度的正相关
	Buenaventura-Vera	2017	领导角色效能能够预测领导、团队和机构绩效
工作态度	Walumbwa 等	2005	领导角色效能与目标承诺和工作满意度显著正相关
	陆昌勤等	2006	领导角色效能与工作满意度和工作投入度显著正相关，与职业紧张水平显著负相关
	Machida 和 Schaubroeck	2011	领导角色效能与承诺水平、工作投入度和工作满意度显著正相关，与离职意愿和工作懒散显著负相关
心理健康	Hoyt 和 Blascovich	2007	女性的领导角色效能与主观幸福感显著正相关
	Gregersen 等	2014	领导角色效能与主观幸福感、生活满意度呈正相关
其他作用效果	Paglis 和 Green	2002	管理者的领导角色效能和自尊水平对下属的工作自主权与业绩有正向影响
	Spurk 和 Abele	2014	领导角色效能是影响女性经理职业成功的关键因素
	Seibert 等	2017	领导角色效能对员工获得期望领导职位有显著影响

领导角色效能可以预测工作绩效。在组织和职业领域，领导角色效能被认为是预测绩效的良好指标。Ng 等（2008）研究指出，领导角色效能对工作绩效的预测效果最好，超过了反馈、目标设置、大五人格、工作满意度等变量。Khorakian 和 Sharifirad（2019）采取现场研究的方式探讨了管理者领导角色效能与工作绩效的关系，研究结果发现领导角色效能与员工的工作绩效显著正相关。

领导角色效能也能够促进团队和组织绩效。Strauss 等（2009）研究发现，管理者的领导角色效能正向影响其所管理团队的绩效。McCormick（2001）研究表明，管理者的领导角色效能对组织绩效有显著的正向影响。Walumbwa 等（2011）运用电脑仿真软件对领导角色效能和组织绩效的关系进行了分析，以具有实际管理经验的本科生或研究生为调研对象，研究发现领导角色效能正向影响组织的绩效。Buenaventura-Vera（2017）研究表明，领导角色效能能够预测领导绩效、团队绩效和机构绩效。

领导角色效能和工作态度有关。Machida 和 Schaubroeck（2011）研究发现，领导角色效能与工作投入度、工作满意度以及承诺水平存在正相关关系，与工作懒散与离职意愿呈负相关关系。Walumbwa 等（2005）研究发现，高水平的领导角色效能有助于管理者在从事具有挑战性的工作时，展现出更高的目标承诺，并提升工作满意度。陆昌勤等（2006）研究指出，在中国社会文化背景下，领导角色效能高的管理者，往往拥有更多的管理革新与更好的管理成效，对工作有较低的紧张水平，并具有较高的投入度与满意度。

领导角色效能有助于心理健康。多项研究指出，领导角色效能和个体的身体与心理健康显著关联。Gregersen 等（2014）研究发现，领导角色效能与生活满意度、主观幸福感呈显著正相关。Hoyt 和 Blascovich（2007）的实证研究证实，女性的领导角色效能作为边界条件调节着刻板印象对个体的影响。女性拥有高水平的领导角色效能可以在面对性别偏见与刻板印象时表现出更高的主观幸福感，研究展现了分析女性领导角色效能的积极意义。

除了上述研究，领导角色效能还有其他方面的正向作用。Spurk 和 Abele（2014）通过对荷兰女性管理者的调查发现，领导角色效能是影响女性管理者职业取得成功的关键因素。Seibert 等（2017）在对普通员工调研后指出，领导角色效能可以对员工获得期望的领导职位产生显著的影响，这说明领导角色效能可以提升个体对自身作为管理者的积极期待。Paglis 和 Green（2002）的研究结果表明，上级的领导角色效能和自尊水平对下属的工作自主权与业绩有正向影响。

第二节 领导力认可概述

一、领导力认可的概念

领导力认可（Leadership Endorsement）是指下属对上级领导能力的看法和认同程度。领导力认可反映了下属是否认同领导具有带领团队及其成员的能力。领导力认可是一种主观认知，它体现了普通员工对管理者领导能力的看法，一般通过下属评价上级的领导力来反映。部分学者认为，没有下属构念的管理行为无法显示更高和更多的领导力。领导力包括了领导行为的参与，可以与更广泛的因素相关联，从而使其含义更为丰富。从这个角度来看，领导力认可是连接下属与领导及其领导力间接线索的一项概念。

领导力认可能够全面、系统地描述管理者领导力的整体成效。下属的领导力认可主要表现在以下三个方面：第一，对管理者领导行为方式的认可。领导行为方式关系到管理者的领导行为能否与企业的内部和外部环境相适应以及能否促进企业目标的达成。第二，对管理者影响力的认可。管理者影响力涉及领导者的言语和行动是否能够得到团队下属成员的认同与接受，关系到管理者的意图能否顺利实现。第三，对管理者是否经常处于积极创新状态的认可。领导行为是一种需要不断创造，并依靠策略来进行运筹的工作。如果管理者不能创新，就不能使企业的价值最大化，也不能圆满实现企业的目标，进而无法使下属的需求得到应有的满足。

二、领导力认可的影响因素

领导力认可是管理学和组织行为学研究中较为关注的方向。学者们对于领导力认可的研究，多是从下属的角度进行探讨。多数研究者以领导行为对下属产生的感知结果的影响作为评价领导力认可程度的指标。Platow 和 Van Knippenberg（2001）认为决定领导力认可的主要因素是下属对领导的满意程度。Chou（2018）认为可以通过下属对管理者领导能力的感知情况衡量其对管理者领导力的认可程度。国内外对于领导力认可的研究主要从领导特质、领导行为和领导情境三个范畴展开，相关研究如表 3-3 所示。

表 3-3　领导力认可的影响因素

影响因素	学者	年份	研究观点
领导特质	Rasinski 等	1985	领导者的性格、气质、魄力、修养、风度等因素对获得来自下属的领导力认可十分重要
	Platow 等	1997	诚信、灵活性、自信心、稳定性等 9 种特质对领导力认可有正向影响
	Huang 等	2011	积极的领导者特质有助于领导的产生和领导力感知，进而影响领导力认可
领导行为	Hohman 等	2010	参与领导力培训是获得下属领导力认可的重要因素
	Spisak 等	2014	影响领导力认可的关键因素是下属对领导行为的感知状况及其最终结果
领导情境	Tyler 等	1985	管理者所面对的情境因素影响领导力认可
	Subasic 等	2011	正式职权、工作组等环境因素会对领导力认可产生影响
	Thomas 等	2013	领导行为和风格适应下属员工和工作情境有助于提高领导力认可的程度
	Platow 等	2015	职位权力和领导成员交换均与领导力认可显著正相关

1. 领导特质

领导特质包含了可以提升下属领导力认可程度的各种特质。学者通过一系列的特质或特点来研究它们对领导力认可的影响。Rasinski 等（1985）研究认为，领导者的性格、气质、魄力、修养、风度等因素对获得来自下属的领导力认可十分重要。Platow 等（1997）认为能够获得下属领导力认可的管理者具有 9 种特质，即支配、高活力、内外控倾向、诚信、灵活性、自信心、稳定性、高智商和对他人的敏感度。此外，Platow 等（1997）还指出有能力的领导者往往具有特质支配性，而该种特质能够影响到其他与领导力认可相关的特质。Huang 等（2011）研究发现，积极的领导者特质有助于领导的产生和领导力感知，它既可以直接影响领导力认可，也可以通过影响领导行为从而影响领导力认可。

2. 领导行为

Platow 和 Van Knippenberg（2001）通过实证研究证明，有效的领导行为能够增强下属对管理者领导力认可的程度。Hohman 等（2010）认为，领导力培训是获得下属领导力认可的重要因素。Spisak 等（2014）研究指出，衡量领导力认可的关键指标是组织相关成员的心理状态（包含下属的期望、动机、感觉、情感与态度等），而领导行为对组织相关成员心理状态的影响最具有直接性，即影响领导力认可的关键因素是下属对领导行为的感知状况及其最终结果。

3. 领导情境

领导情境包含了工作特点、外部环境以及下属、同事、上司等因素。Tyler 等（1985）研究认为，管理者所面对的情境因素对其获得来自下属的领导力认可十分重要。Thomas 等（2013）指出，为了提高领导力认可的程度，需要使领导的风格与行为适应工作情境以及下属员工。Platow 等（2015）研究了职位权力与领导成员交换对领导力认可的影响，并证实了职位权力和领导成员交换均与领导力认可有显著的正向关系。Subasic 等（2011）基于正式职权、工作组等环境因素，研究了这些情境与领导力认可之间的关系。此外，他们还从权力主义、控制倾向和工作能力等员工特点出发，研究了管理者的领导方式对领导力认可的影响机制。

三、领导力认可评估的意义

多项研究指出，领导力认可在领导活动中具有关键性的地位和作用，对团队的进步和组织的发展有着重要的意义。根据领导力认可的相关研究，下属及时、合理评估领导力的意义主要体现在以下三个方面：

1. 领导力认可是评估领导职务成败的关键尺度

领导工作的失败或成功对组织的发展有着关键性的影响，评估领导活动的标准是多样的，领导力认可是其中具有说服力的尺度。Platow 和 Van Knippenberg（2001）研究指出，下属对领导力认可的程度直接表明领导活动的成败。下属对管理者的领导力认可水平高表明领导工作是成功且有效的，领导方法是合理的，管理者是称职且有能力的。反之，下属对管理者领导力认可的水平低在一定程度上反映了领导方法亟须改进，领导活动未获得成功，以及管理者的能力有待增强。

2. 领导力认可是选拔、评价、任用领导干部的关键依据

下属评估其对领导力认可程度的过程，就是评价领导者的过程。任何领导工作都是管理者思想意志、素质能力的外化。Subasic 等（2011）研究指出，通过对领导力认可的评估，不仅能够了解管理者的价值理念、领导作风、能力状况，还可以发现管理者的培养前途、潜在能力等。此外，通过对领导力认可的评估，

能够较为全面、客观地了解管理者的能力与素质。上述这些方面，均为识别、考查、选拔领导干部提供了关键依据。

3. 领导力认可是领导发展的驱动力

领导力认可是推动管理者不断前进的基础和动力。根据领导力认可的相关研究，具有责任心的管理者，总是以获得来自下属的认可作为工作目标。这种目标的实现，既是管理者自身价值的展示，也是其不断创造更高绩效的基础和动力。此外，Koivisto 和 Rice（2016）研究指出，管理者所收获的领导力认可往往能够起到促进、影响和鞭策其他管理者效仿的作用，有助于全体管理者领导水平与能力的提升，进而从整体范围上增强组织的领导水平。合理的领导力认可评估对于促进管理者的领导力发展具有推动力。

第三节　团队绩效概述

一、团队绩效的概念

团队绩效（Team Performance）作为重要的群体特征，自团队作为组织的主要运作形式开始，就受到了学者们的持续关注。团队绩效并不是单纯的团队员工绩效的加总，而是团队个体之间通过开展交互活动而显示出的整体成效。团队绩效指团队完成特定任务的进度、效率和质量。Devine 和 Philips（2001）认为，团队绩效指的是团队完成任务或达成目标的程度。团队绩效还可以包含多项团队隐性特征，如团队适应性、团队技能水平、团队知识储备以及团队个体间的满意度和认同感。Schaubroeck 等（2011）指出，团队绩效体现了团队完成目标的情况，包含团队及其成员工作能力的提升、团队产出的成效等方面。刘冰等（2011）整合国内外的相关研究后指出，团队绩效作为一项复合概念，涵盖了满意度、成员义务和团体产出等方面。

通过文献回顾能够看出，团队绩效可以系统、全面地反映团队结果的整体特征。团队绩效的基本特征主要体现在两个方面：一是团队绩效具有多维度的结构。团队绩效并不只是达成任务目标这一显性的团队特征，它还包括了团队成员之间的关系、团队成员的能力提升水平等隐性因素。二是团队绩效反映了动态的群体行为。虽然团队绩效可以体现团队对特定工作的完成情况，但是由于团队所处的外部与内部环境不断改变，因而团队的绩效水平也会在较长时间内出现一定的波动。

二、团队绩效的影响因素

团队绩效是团队外部与内部诸多因素综合作用的结果，在梳理国内外团队绩效相关研究的基础上，发现团队绩效的高低受团队投入与过程等多种因素的影响，相关研究如表 3-4 所示。

表 3-4　团队绩效的影响因素

影响因素	学者	年份	研究观点
团队投入	Pelled 等	1999	团队多样性导致团队冲突并影响团队绩效
	Mohammed 和 Angell	2003	团队异质性与团队规模正向影响团队绩效
	赵西萍等	2008	一般异质性能够对团队绩效产生直接影响，专长异质性通过记忆交互机制对团队绩效产生影响
	张燕和章振	2012	团队成员的多样性能够增强团队绩效
	Mohammed 和 Harrison	2013	组织情境、团队成员特征与团队任务特征等均对团队绩效有显著影响
	李楠和葛宝山	2018	团队认知多样性通过知识分享与情感支持影响团队绩效认知多样性经情感支持和知识分享对团队绩效产生影响
	卫旭华等	2018	成员的特征差异负向影响团队绩效
团队行为过程	陈晓红	2010	冲突的竞争型管理能够增强关系冲突并负向影响团队绩效，冲突的任务型管理对团队绩效有正向影响
	Van Breukelen 等	2012	团队公平氛围可以正向影响团队绩效
	吴隆增等	2013	辱虐行为与团队绩效之间存在负向关系
	De Hoogh 等	2015	团队领导者的独裁和集权行为负向影响团队绩效
团队情感过程	Mullen 和 Copper	1994	高凝聚力有助于提升团队的绩效水平
	陈国权等	2008	团队学习能力中介团队心理安全和团队绩效之间的关系
	郑鸿和徐勇	2017	团队信任与团队绩效呈正相关
团队认知过程	Hirst 和 Mann	2004	团队反思可以正向影响团队绩效
	莫申江和谢小云	2009	团队学习可以对团队绩效产生正向影响
	孙卫等	2011	变革型领导在团队反思的中介作用下增强团队绩效
	王国猛等	2011	团队心理授权可以正向影响团队绩效

1. 团队投入

团队投入包含组织背景、团队规模、团队结构与成员异质性等要素。Mohammed 和 Angell（2003）研究发现，较高的团队异质性以及较大的团队规模有利于增强团队绩效。Dionne 等（2010）的实证研究证实，团队规模显著正向影响团队绩效，但团队成员的特长以及背景的异质性与团队绩效无显著关系。Mohammed 和 Harrison（2013）指出，组织情境、团队成员特征与团队任务特征等均对团队绩效有显著影响。Maloney 和 Zellmer-Bruhn（2006）研究发现，团队异质性有利于增强团队的整体绩效。Pelled 等（1999）探析了团队冲突、团队多样性对团队绩效的影响机制，研究结果显示，团队多样性导致团队冲突并影响团队的绩效水平。O'Neill 和 Allen（2011）的研究指出，人格特征可以预测团队绩效的高低。Sauer（2011）对认知能力进行控制后，发现团队成员的人格特征可以成功预测团队的绩效水平。

白新文等（2006）在对大五人格和团队绩效的关系进行研究后，指出团队人格特征能够影响团队绩效。赵西萍等（2008）构建了成员异质性和团队绩效的实证模型，研究结果显示，一般异质性能够对团队绩效产生直接影响，而专长异质性通过记忆交互机制对团队绩效产生影响。张燕和章振（2012）认为，团队成员的多样性能够增强团队绩效，而且不会被工作年限等因素干扰。卫旭华等（2018）通过元分析发现，成员的特征差异负向影响团队绩效。李楠和葛宝山（2018）针对创业团队进行了调查，研究结果显示，认知方面的多样性通过情感支持和知识分享对团队绩效产生影响，而且观念多样性可以调节情感支持与知识分享在多样性认知和团队绩效中的间接作用。

2. 团队过程

根据相关文献，团队研究领域包含的过程变量主要可以分成三个类别，即行为过程、情感过程和认知过程。

（1）行为过程。行为过程主要包含团队沟通、团队冲突、团队领导行为等变量对团队绩效的影响。Srivastava 等（2006）研究发现，授权型领导与团队绩效呈正相关关系。De Hoogh 等（2015）指出，团队领导者的独裁和集权行为使成员之间难以通过决策达成共识，进而会降低团队的工作效率，并负向影响团队成员的满意度。陈晓红（2010）关于冲突管理、工作团队冲突以及团队绩效的实证研究显示，冲突的竞争型管理能够增强关系冲突并负向影响团队绩效，而冲突的任务型管理对团队绩效有正向影响。杨凯和马剑虹（2009）认为，交易型领导和变革型领导都对团队绩效存在正向影响。王永丽等（2009）研究指出，授权型领导的共享式领导和垂直式领导都对团队绩效有正向影响，且共享式领导对团队绩效的影响程度更大，研究还证实了团队沟通可以正向调节垂直式领导与团队绩效之间的关系。Van Breukelen 等（2012）研究发现，团队公平氛围可以正向影响团队绩效。吴隆增等（2013）通过对制造业企业的调研，证实了辱虐行为与团队绩效之间存在负相关关系，且团队集体效能与团队沟通可以中介辱虐行为和团队绩效之间的关系。

（2）情感过程。情感过程主要包含团队认同、团队信任、团队凝聚力、团队心理安全等变量对团队绩效的影响。Mullen 和 Copper（1994）的元分析研究通过对比高凝聚力和低凝聚力的团队，发现高凝聚力有助于提升团队的绩效水平。Man 和 Lam（2003）认为，团队工作效率与团队精神可以中介团队凝聚力和团队绩效之间的关系。Mathieu 等（2015）研究发现，团队凝聚力可以正向影响团队绩效。陈国权等（2008）研究指出，团队学习能力能够中介团队心理安全和团队绩效之间的关系。曾圣钧（2010）研究发现，团队凝聚力能够直接正向影响团队绩效，也能够在组织公民行为的中介作用下增强团队的绩效水平。郑鸿和徐勇（2017）根据资源基础观和社会交换理论，在研究中证实团队信任与团队绩效呈正相关，且团队信任在互惠原则、沟通互动与团队绩效之间的关系中起着中介作用。

（3）认知过程。认知过程主要包含团队学习、团队反思、交互记忆系统等变量对团队绩效的影响。Hirst 和 Mann（2004）针对企业团队的调查研究显示，团队反思可以正向影响团队绩效。郎淳刚和曹瑄玮（2007）梳理了团队反思的相关研究，并建立了团队反思影响团队绩效的实证模型，研究发现团队反思可以直接正向影响团队绩效，也能够在团队冲突和团队沟通的中介作用下增强团队的绩效水平。莫申江和谢小云（2009）通过对项目团队的追踪研究，认为团队学习是具有动态性质的团队行为，可以对团队绩效产生正向影响。王国猛等（2011）研究指出，团队心理授权可以直接正向影响团队绩效，也能够在组织公民行为的中介作用下增强团队的绩效水平。孙卫等（2011）通过研究团队反思、领导方式和团队绩效之间的关系，证实交易型领导和变革型领导都能够直接正向影响团队绩效，变革型领导也可以在团队反思的中介作用下增强团队的绩效水平。

三、团队绩效的评估

团队绩效评估是以团队绩效为依据，对其进行量化分析，以更为有效、直接的方式反映团队的工作效率。随着团队心理研究的深入，学者们从团队绩效的影响因素入手，探索构建高效团队的方式。合理评估团队的绩效能够提升团队的管理效率。先前的绩效评估与评价指标的确定更多侧重于个人层面，基于对工作和职务的分析，以及岗位或职务的特征，通过职务和人员的匹配程度来评估绩效。而团队经营以团队绩效为目的，因而近年来有关团队绩效的研究多从组织和群体层面上对其进行评估。在评估团队绩效时，需要综合考虑团队绩效与个体绩效。此外，根据先前有关团队绩效评估的研究成果可知，影响团队绩效的因素较多，因而团队绩效评估的设计必须对团队的成员、任务、情境等进行全面的分析。

有研究指出，进行团队绩效的评估需要考虑团队能力、团队规模、团队动机、团队领导等因素。团队能力包括解决问题的方法、团队策略等。团队的构成与规模能够通过团队冲突协调、团队人际关系等因素对团队绩效施加影响。对于团队绩效评估的指标，应按照群体与组织的目标进行调整。只有理解团队绩效的各要素及其相互关系的重要性，才能建立起一套行之有效的评估指标体系。评估指标可按层级进行设计：首先，高层级的指标包括对导向性和战略性目标的评估；其次，中层级的指标包括生产率、市场占有率、销售量等可量化的目标；最后，软性指标包括工作满意度、组织声誉、员工士气等因素。本书对团队绩效的评估综合考虑员工的任务达成情况、工作成效、工作状况等方面的内容。

第四节　领导角色效能、领导力认可与团队绩效

领导力认可和团队绩效是管理学研究中反映领导力有效性的关键指标。领导力认可取决于下属对上级领导能力的看法和认同程度，它反映了领导对下属的影响力。管理者的领导角色效能越高，他们对自身的领导能力也就越有信心。上级能够以激励和鼓舞人心的方式向下属传达他们在推动组织工作方面的作用，以及他们的计划、领导、决策等。下属对上级领导工作的目标、步骤以及任务处理和完成程度越了解，他们对领导的信任感和认可度也就越高。此外，效能感较高的领导者可以激发下属的创造力与参与热情。他们能够从容地指导下属并激发他们

的工作动力，进而获得来自下属的对自身领导力的认可。Ladegard 和 Gjerde（2014）研究指出，管理者在组织中的领导角色效能尤为重要，它在较大程度上关系着下属对上级领导力的看法和认同程度。因此，管理者的领导角色效能对下属的领导力认可有着十分重要的影响。

团队绩效反映了团队完成特定任务的进度、效率与质量。管理者的领导角色效能越高，他们越相信自身有能力成功地对团队进行领导。作为高自我效能感的领导者，他们有动机和能力及时地与整个团队沟通目标、计划和基准等方面的工作内容。高效的团队领导意味着能够让拥有不同观点和经历的下属一起协作完成工作任务，领导者需要有能力为团队提供其所需的支持，以应对团队可能经历的各种变化，并最终为所领导团队的绩效带来正向影响。Buenaventura‐Vera（2017）研究发现，当管理者的领导角色效能处于高水平的状态时，领导者就能够融入到团队成员之中，并充分听取团队各方的意见。也就是说，领导者通过建立透明沟通、彼此信任、相互尊重和友爱的环境，让团队成员感到坦诚相待，这会带动整个团队工作绩效的提升。因此，管理者的领导角色效能对整个团队的工作绩效有着关键性的影响。

先前的研究表明，领导角色效能有助于提升团队的绩效以及增加下属对领导力的认可程度。我们的分析也表明，领导角色效能与领导力认可及团队绩效之间有着显著的正向关系。具体来说，一方面，当管理者的领导角色效能较高时，他们易于与下属建立彼此信任和相互尊重的高效工作环境，让团队成员之间坦诚相待，进而带动整个团队工作绩效的提升。另一方面，效能感较高的领导者能够从容地指导下属并适当地沟通和分享，以激发员工的工作动力，最终获得来自下属的对自身领导力的认可。这显示了管理者的领导角色效能对其领导力的有效性有着十分重要的影响。此结论和当前领导力方面的相关研究保持一致，即领导角色效能可以显著地提升领导力认可与团队绩效。

本章小结

（1）领导角色效能是领导者对自身管理能力以及领导能力的自信程度，是自我效能感在领导力研究领域的延伸。

（2）性别、职位、受教育程度和所学专业等会对领导角色效能产生显著影响。

（3）领导角色效能的作用效果主要包括工作绩效、团队和组织绩效、工作态度以及心理健康等。

（4）领导力认可是指下属对上级领导能力的看法和认同程度，主要包括对管理者领导行为方式的认可程度、对管理者影响力的认可程度和对管理者是否经常处于积极创新状态的认可程度。

（5）影响领导力认可的因素有领导特质、领导行为和领导情境。

（6）领导力认可是评估领导职务成败的关键尺度，是选拔、评价、任用领导干部的关键依据，是领导发展的驱动力，因此领导力认可在领导活动中具有关键性的地位和作用，对团队的进步和组织的发展有着重要的意义。

（7）团队绩效指团队完成特定任务的进度、效率和质量，具有多维度的结构并反映动态的群体行为。

（8）团队绩效的高低受团队投入（包含组织背景、团队规模、团队结构与成员异质性等要素）与团队过程（包含行为过程、情感过程以及认知过程）等多种因素的影响。

（9）团队绩效评估是以团队绩效为依据，对其进行量化分析，以更为有效、直接的方式反映团队的工作效率，主要考虑团队能力、团队规模、团队动机、团队领导等因素。

（10）领导力认可和团队绩效是管理学研究中反映领导力有效性的关键指标。领导角色效能可以显著地提升领导力认可与团队绩效，进而提升领导力有效性。

思考题

1. 什么是领导角色效能？

2. 哪些因素会影响领导角色效能？而领导角色效能又能作用于哪些方面？

3. 简要回答领导力认可的概念和影响因素。

4. 领导力认可评估的意义有哪些？

5. 什么是团队绩效？哪些因素会影响团队绩效？

6. 如何评估团队绩效？

7. 请说明领导角色效能是如何通过影响领导力认可和团队绩效最终影响团队有效性的。

第四章　建言

　　如今，组织面临的内外部环境随着经济全球化程度的加深而变得越来越多变、激烈和复杂，组织内可能会出现一些无法仅仅依靠领导者自身力量和能力就能解决的问题，此时员工积极主动提出建设性意见的重要性逐渐显现出来。员工建言能够为组织发展带来诸多积极效用，这一观点也被学者和管理者们普遍认可。因此，如何调动员工的主观能动性、促进建言行为逐渐成为理论研究和管理实践关注的热点。在本章中，我们将梳理建言的定义、特征以及不同类型建言的分类，对建言前因和结果变量进行研究，总结影响建言的因素和建言在组织管理中的作用效果。

第一节　建言的定义与类型

一、建言的定义

　　建言指提出建议，陈述主张或意见，[①] 在组织行为学领域，西方学术常用 Voice Behavior 来表示，国内学者多称之为员工声音、建言、谏言等。

　　学者们对建言的研究始于 20 世纪 70 年代，并在发展中逐渐形成两大流派：一是 EVLN 模型，认为建言是对组织不满的应对；二是角色外行为，认为建言是一种情境绩效。

---

① 参见《现代汉语词典（第 7 版）》。

1. EVLN 模型

建言的概念最初由 Albert Hirschman（1970）在其开创性著作《离职、建言与忠诚》中提出。当员工对组织不满时，除了表现出离职、换岗或默认容忍，组织成员还可能会为了改变某些事情敢于向上级提出意见，而不是消极地存在于无效或低效的状态中。这种努力改变而不是逃避的提出言论的行为被称为建言。基于此，Hirschman 提出 EVL（Exit-Voice-Loyalty）模型，认为员工对组织不满有三种反应方式：退出（离职或换岗）、建言、忠诚。"忠诚"表示员工对工作或组织的不满保持一种默认的态度，并相信一切都会变好。"建言"则是员工尝试改变组织现状而主动向组织表达意见的行为。而当令其不满的组织现状无法得到改善时，员工会做出"退出"的决策。Spencer（1986）也提出了相似的观点，认为建言是员工因对工作不满而尽力改变问题的现状，离职是离开或逃避现状。Rusbult 和 Farrell（1988）在 Hirschman 的研究基础上，认为当员工对组织产生不满时，除了"退出""建言""忠诚"三种行为外，还有一种回应方式，即"忽视"，由此提出 EVLN（Exit-Voice-Loyalty-Neglect）模型。其中，离职是主动的破坏性行为，建言是主动的建设性行为，忠诚是被动的建设性行为，忽视是被动的破坏性行为。EVL 和 EVLN 模型均认为，只有员工产生不满时才会进行建言以解决问题，改变现状。

2. 角色外行为

随后越来越多的学者投入建言的研究当中，另一流派在思想交流和碰撞中诞生，从角色外行为理论及组织公民行为理论入手，将建言看作一种角色外行为或将其作为一种情境绩效来研究（Van Dyne & LePine，1998），认为员工表达建议的行为并非仅仅出于对组织的不满，而是一种员工自发的、挑战性的行为。Van Dyne 和 LePine（1998）把建言定义为即使在别人不同意的情况下，组织成员仍愿意为了变革和修正标准流程表达建设性、挑战性和创新性建议，其目的是提高而非批评，并认为建言是一种促进型的、变革型的主动行为，包含为改进现状而进行的建设性变革导向交流。他们还根据这种定义开发了量表，用来测量组织中的建言行为。Detert 和 Burris（2007）认为员工建言是组织成员以改进现状为目的，向组织内管理者口头提供相关信息的一种自发行为。Tangirala 和 Ramanujam（2008）则把建言定义为"员工对于工作相关事务提出挑战性的建设性观点、顾虑或想法"。

综合上述学者们的概念界定和相关研究，我们可以给建言这样一个定义：建言是组织员工表达的建设性、挑战性建议，是提高而不是仅仅批评现状的促进行为。

为了更好地了解建言，我们有必要了解建言与其他角色外行为（例如帮助）的区别。在 Van Dyne 和 LePine 研究中，他们通过对 597 名员工样本的分析发现，帮助是一种亲和行为，强调人际关系的和谐并关心细节，其目的是合作而不是改变或批评现状，在组织中往往容易让人接受。而同样是促进型角色外行为的建言是在可能遭遇反对的情况下为变革现状表达的强调建设性挑战的言语行为。因此，与帮助行为相比，建言可能会破坏人际关系，是具有风险的。

综上所述，我们可以总结出建言的六大特征：

（1）一般不会正式地写在员工的工作职责或岗位描述上。

（2）在组织的正式奖励系统里没有明确规定。

（3）建言是挑战导向型行为（LePine & Van Dyne，1998），往往对现状提出挑战。

（4）员工在建言之前会进行权衡和思考，见机行事，当预期的风险小于收益时他们才会倾向于进行建言。

（5）建言的目的是改进现状，提升组织效率或者减少决策中的错误和风险。

（6）建言是有风险的，有可能给建言者带来诸如降职、负面形象或标签的影响（Ashforth & Humphrey，1995；Milliken et al.，2003），甚至造成社会资本缺失（Adler & Kwon，2002；Liu et al.，2010）。

二、建言的类型

许多学者在研究中指出，建言行为并不是单一维度的概念，而是由多维度构成的一个较为复杂的构念，依照不同的理论角度，我们可以将建言划分为不同的类型。

1. 按建言内容划分

Janssen、De Vries 和 Cozijnsen（1998）认为，建言行为可划分为传统性建言和创新性建言。传统性建言通过进一步细化主要的组织范式促进组织的变化，创新性建言则通过挑战普遍认可的组织范式促进组织变革。梁建（2012）从建言意图出发，提出了促进性建言和抑制性建言。促进性建言是指员工为促进所在团队或者组织的整体效能所表达的新观点或建议，而抑制性建言是指员工针对那些给组织带来危害的工作实践、事件或者员工行为而表达的顾虑。Maynes 和 Podsakoff（2014）则将建言分为支持型、建设型、防守型和破坏型四类。支持型建言是指自愿表达对与有价值的工作相关的政策、项目、目标和流程等的支持，或者当他们受到不公平的批评时而进行的辩护。建设型建言是指自愿表达的在工作上能产生实用性变化的观点、信息或者意见。防守型建言是指为反对组织的政策、程序、项目和实践等方面的改变而自愿表达的意见，即使提出的改变是有价值的或做出的改变是必要的。破坏型建言是指在工作的政策、做法、程序等方面自愿表达的有害的、批评的或贬低性的意见。

2. 按建言动机划分

Van Dyne、Ang 和 Botero（2003）把建言和沉默的动机分为不投入、自我保护与他人导向，以此把建言分为默许性建言、防御性建言和亲社会性建言。其中，默许性建言是基于屈从而表达的支持型观点，防御性建言是基于恐惧而表达的把注意力转移到其他地方的言语，而亲社会性建言是基于合作而表达的问题解决方案。

3. 按考虑组织利益的程度划分

Hagedoorn 和 Van Yperen（1999）将建言分为体贴性建言和挑衅性建言，体贴性建言在解决问题时，既考虑自己的顾虑也考虑组织的利益，而挑衅性建言只求赢得结果，而不考虑组织的利益。

4. 按心理需要划分

段锦云和凌斌（2011）在研究中国文化背景下员工的建言方式时，将建言分为两种类型：第一种是顾全大局式建言，该建言方式满足与情境融合联系的心理需要，在考虑建言理由充分性并顾及群体利益和感受的基础上，通过相对委婉的方式向领导提出自己的想法；第二种是自我冒进式建言，它是满足独立增强的心理需要的建言，从自身利益出发且未充分分析问题，忽略他人感受而直截了当提出看法。

5. 按建言对象划分

根据建言对象与建言者的职级关系将建言分为对上级建言和对同事建言。

6. 按个人相关性划分

Chiaburu 等（2008）在研究中发现，员工可能会因与个人的相关性强弱而在建言时有不同的表现，当员工感觉到某个重要的事情和自己利害相关时，他们更有可能参与建言。因此，可将建言按照与自身有关和与自身无关的分类标准进行划分。

将建言分类进行梳理汇总，如表4-1所示。

表 4-1   建言分类汇总

学者（年份）	划分标准	建言的类型及含义
Janssen、De Vries 和 Cozijnsen（1998）	建言内容	传统性建言和创新性建言
Hagedoorn 和 Van Yperen（1999）	考虑对组织利益的影响程度	体贴性建言和挑衅性建言
Van Dyne、Ang 和 Botero（2003）	建言的动机	默许性建言、防御性建言和亲社会性建言
Liu、Zhu 和 Yang（2010）	建言对象	对上级建言和对同事建言
段锦云和凌斌（2011）	心理需要	顾全大局式建言和自我冒进式建言
梁建（2012）	建言内容	促进性建言和抑制性建言
Maynes 和 Podsakoff（2014）	建言内容	支持型、建设型、防守型和破坏型建言

第二节   建言相关研究

一、建言的影响因素

理论和实证研究证明，员工建言会受到多种因素的影响，例如个人因素（人格特质、心理状态和情绪等）、组织背景（组织公平、组织声誉、建言氛围等）和领导因素（领导风格、领导行为及与领导的关系）都对建言起制约或者促进作用。我们可以从以下三个层面归纳总结建言行为的前因研究：

1. 个人层面对建言的影响

建言是一种主动性行为，因而肯定会受到员工个体因素的影响，已有研究主要探讨了人格特质、自我监控、心理安全感、个人导向与控制、个人情绪的作用。

（1）人格特质。大五人格是目前比较流行的人格结构模型之一，包括开放性、责任性、外向性、宜人性和神经质。段锦云等（2007）研究发现，外向性、责任性对建言行为具有显著的正向影响，神经质和开放性对建言行为具有负向影响，而宜人性对建言行为没有影响。LePine 和 Van Dyne（2001）认为责任性、外向性、神经质和宜人性都能对建言产生影响。

（2）自我监控。相关研究表明，高自我监控者有更高的建言绩效。基于心理状态与建言的关系研究，Premeaux 和 Bedeian（2003）探讨了自我监控如何调节两个个体层次因素（心理控制和自尊）和两个背景因素（高层管理的开放性和信任主管）对员工建言的影响，结果发现当员工的自我监控提高时，这四个因素对员工建言的影响更大。

（3）心理安全感。心理安全感对建言行为有正向影响。梁建（2013）认为建言是员工有计划的行为，他们通过探析三个心理因素（心理安全感、建设性变革的责任感和组织自尊）对建言行为的影响，发现责任感最能预测促进型建言，心理安全感和抑制性建言关系最紧密，组织自尊和促进型建言是相互影响的。更进一步的研究表明，责任感能强化心理安全感对两种建言的正向作用，组织自尊则减弱了心理安全感对促进型建言的影响。

（4）个人导向与控制。个人导向与控制也被学者证实了其对建言的影响。其中，责任导向通过建言角色认知的中介作用对建言产生正向作用，而成就导向则通过建言角色认知的中介作用对建言产生负向作用，员工的建言效能感和心理安全感作为边界条件起调节作用。个人控制，即员工工作的自主性和影响力，与建言行为形成 U 形关系。在个人控制低时，建言的原因是对工作的不满；在个人控制高时，建言的原因则是出于对员工的期望效用；而当个人控制处于中等水平时，建言行为达到了最低值。

（5）个人情绪。由于建言涉及人际关系之间的行为，个人的情绪以及对情绪的管理直接影响建言及其效果。强烈的情绪，如沮丧、愤怒和不满等，经常促使员工向上级建言。然而这些情绪也可能会破坏他们建设性建言的效果，可能引起上级的负面反应。

将个人层面对建言的影响的相关研究进行梳理汇总，如表4-2所示。

表4-2　个人层面对建言的影响

学者（年份）	前因变量	中介/调节变量	研究对象
LePine 和 Van Dyne（2001）	大五人格特征、认知能力	—	参加管理培训课程的 276 名初级和高级学员
Premeaux 和 Bedeian（2003）	心理控制、自尊、高层管理的开放性和主管信任	调节：自我监控	电信行业 118 名员工及其同事的配对数据
段锦云、王重鸣和钟建安（2007）	个性因素的大五分类模型	中介：组织公平感知	17 家国有企业的 361 名员工

学者（年份）	前因变量	中介/调节变量	研究对象
Tangirala 和 Ramanujam（2008）	个人控制（Personal Control）	中介：组织认同	586 名一线护士
Crant、Kim 和 Wang（2011）	大五人格、主动型人格、自我监控和害羞	—	美国中西部一所私立大学的 244 名 MBA 学生和本科生
段锦云和凌斌（2011）	中庸思维	调节：授权	来自长三角地区 25 家外资企业和民营企业的 278 份配对员工样本
Liang 等（2012）	心理安全感、建设性变革的责任感和组织自尊	—	中国一家零售企业的 239 名员工和对应的 106 名直属主管的配对样本
Tangiral 等（2013）	责任导向、成就导向	中介：建言角色认知 调节：建言效能感和心理安全感知	新加坡一家从事邮政和金融服务业的公司的 262 名员工和 42 名经理的配对样本

2. 组织层面对建言的影响

员工在怎样的组织情境中会更多地表现出建言行为呢？通过梳理相关研究，我们发现在组织层面对建言前因的探讨可以分为组织认同及组织声誉以及组织内部环境及氛围等相关感知。

（1）组织认同及组织声誉。在 Tyler 和 Blader 的群体卷入模型中，组织认同不仅建立在个人感知该组织的地位（感知到的外部声望）上，同时也建立在个体本身在组织内地位的评价（感知到的内部尊重）上。此外，因为组织认同会对建言行为产生积极影响，因此组织外部的地位（声誉）和个体在组织内部获得的地位（尊重）可以通过组织认同的中介作用对员工的建言行为产生正向影响。

（2）组织内部环境及氛围。建言不仅受到个人态度和认知的影响，而且受到组织氛围的影响。当团队建言气氛比较积极时，员工的建言意向更强烈。员工感知到组织对建言行为的态度会影响员工是否选择建言，因此组织支持感对员工建言行为有显著的正向影响，其中组织安全支持感对员工建言安全产生正向影响，并且这种关系受到同事安全支持感的调节。同时，小组的权威人物对建言的公平和尊重的反应（主管反应）能增强员工的自我感知地位，从而激励他们进行后续的建言行为。此外，组织公平也是促进员工建言行为的重要前因变量，调查研究表明人际公平对员工建言产生正向影响，这种关系受到程序公平的负向调节，而分配公平可以正向调节前面两种公平对建言的影响。

3. 领导层面对建言的影响

领导者作为组织的代理人，不仅有权力分配下属工作任务和评价下属工作绩效，还往往作为下属的建言对象能直接影响建言结果，因此员工建言行为与其领导有着密切关系。现有研究中，领导层面对员工建言的影响主要包括领导风格、与领导的关系和领导相关的行为等。在这里，我们着重介绍领导风格对下属建言行为的深刻影响。

基于酒店行业 499 名经理的样本数据，Burris 和 Detert（2008）发现领导—成员交换与建言行为有正向关系。Walumbwa 和 Schaubroeck（2009）利用美国一家大型金融机构的 894 名员工和其 222 名直属主管的配对样本，研究得出领导者的人格特质如宜人性和责任感与领导者的道德领导呈正相关关系。伦理领导与员工的建言行为正相关，而且这种正向关系受到下属心理安全的中介。Liu 等（2010）研究表明，变革型领导促进了向主管建言和向同事建言的推进。严丹（2011）以社会认同理论和文化价值观为切入点，分析了辱虐管理对员工建言行为的显著负向影响。周建涛和廖建桥（2012）采用配对样本，运用层级回归的方法，研究表明权威领导和权力距离都对员工建言存在显著的负向预测效应。李锐、凌文辁和方俐洛（2010）以珠三角地区 482 名企业的员工为样本，研究发现上司支持感知对下属建言行为具有显著的正向作用，组织心理所有权在上司支持感知与建言之间起中介作用，上司信任在上级支持感知与抑制性建言之间起中介作用。Gao、Janssen 和 Shi（2011）则探讨了对领导的信任与授权型领导风格是如何交互影响员工建言的。通过分析来自中国电信业的 314 名员工的样本，发现授权型领导风格可以调节领导信任和员工建言之间的关系。授权型领导的三种行为类型，即参与决策、告知和指导，均有明显的调节作用。

吴隆增等（2011）以广州 5 家高科技电子制造企业中的 213 名员工及其 213 名直属主管的配对数据为研究样本，研究发现变革型领导对员工建言有显著的正向影响，上下级交换与心理安全知觉中介变革型领导对员工建言的作用。梁建（2014）则探究了道德领导与员工建言之间的关系，通过分析一家本土连锁超市的 239 份员工—主管匹配数据，研究发现责任知觉和心理安全感中介了道德领导与员工建言之间的关系，并验证了权力距离调节变量之间的间接关系。

关于负向领导与员工建言的关系方面，吴增隆等（2013）应用新疆维吾尔自治区 2 家石化企业的 258 名员工和 102 名上级的配对数据，证实了辱虐管理通过心理安全感的中介作用负向影响员工的建言行为。此外，他们发现辱虐管理对心理安全感知的作用受到员工不确定性规避特质的调节作用。

将组织层面对建言的影响的相关研究进行梳理汇总，如表4-3所示。

表4-3 组织层面对建言的影响研究汇总

学者（年份）	前因变量	中介/调节变量	研究对象
Burris 和 Detert（2008）	上下级交换和辱虐管理	中介：心理脱离	酒店行业499名经理
Walumbwa 和 Schaubroeck（2009）	上级的人格特质，如宜人性和责任感	中介：伦理领导和下属的心理安全	美国一家大型金融机构的894名员工和其222名直接主管的配对样本
Liu 等（2010）	变革型领导	中介：组织认同和领导认同	在中国不同组织中工作的191名员工及其同事
李锐、凌文辁和方俐洛（2010）	上级支持感	中介：组织心理所有权和主管信任	来自珠三角地区部分企业的482名员工
吴隆增等（2011）	变革型领导	中介：上下级交换与心理安全知觉	广州5家高科技电子制造企业的213名员工及其213名直属主管的配对数据
Gao、Janssen 和 Shi（2011）	对领导的信任	调节：授权型领导风格	中国电信业314名员工的数据
吴增隆等（2013）	辱虐管理	中介：心理安全感 调节：员工不确定性规避特质	新疆维吾尔自治区2家石化企业的258名员工和102名直属上级的配对数据
梁建（2014）	道德领导	中介：责任知觉和心理安全感 调节：权力距离	一家本土连锁超市公司的239份员工—主管配对数据

二、建言的结果变量

目前，有关建言结果的研究表明，建言行为对个人、组织有着重要影响。其中，对个人的影响主要体现在提升个人的绩效评价和降低离职率，需要特别注意的是，建言也可能给建言者带来风险。而建言对组织的影响主要体现在员工建言对组织绩效的影响。

员工建言会对建言的员工带来一定的影响。首先体现在绩效评价上，不少学者指出建言和绩效评价之间存在正相关关系。当上级感觉到他们能从员工那里得到有价值的、主动的观点时，他们很有可能给予员工较高的绩效评价，特别是在考核指标不清晰或者很难获得的情况下。然而，有部分学者针对建言和绩效评价之间的关系提出了不一致的结论。Hung、Yeh 和 Shih 通过对一家酒店 258 位员工和直接主管的配对样本的分析，证实了两者呈负相关关系。在进一步的探讨中，他们发现政治技能不仅对绩效评价有正向的影响，而且还能调节建言和绩效评价的关系。其次，员工建言的效果同样被证明影响着员工的离职率。员工在建言后得到的不同反馈会显著影响员工的离职意愿。当自己的建议没有得到领导回应时，员工会考虑离职。而当管理者有能力、有意向对员工建言做出回应时，建言就会导致更低的离职率。最后，员工建言也有可能带来负面的效果。员工进行建言多数时候是为了表达对现状的不满，希望能有所改变，这容易被上级误认为是"麻烦的制造者"或者故意挑衅，进而招致降职、形象受损等。

现有研究也对建言是否有利于组织绩效的提升进行了探讨。Burris、Detert 和 Romney（2013）根据员工建言传播的途径探讨了员工建言的传播方式和部门绩效的关系。针对不同行业的管理人员和专业人员的定性研究结果表明，建言对象来自不同的正式权力层面（同事还是上级）和建言地点（部门内部还是外部），都能在很大程度上影响建言的信息价值及是否能有效解决建言所涉及的问题。通过现场调研，他们发现当建言针对该部门的领导时，不管建言来自该部门的员工还是其他部门的员工，建言都与该部门绩效呈正相关。当建言的对象是没有权力影响组织变革的同事时，建言和部门绩效呈负相关。

第三节　管理对策与建议

在领导层面，面对当前竞争激烈、复杂多变的经营环境，仅仅依靠传统自上而下的管理以及领导者的自身能力是不够的，因此领导者必须打破意识层面的阻碍，更新思想，重视、及时反馈并有效利用员工建言这一稀缺资源，充分认识到员工建言对组织发展和企业变革的重要意义，不断推行各类管理举措和激励机制，鼓励员工积极建言献策。此外，领导者还要转变其领导方式，尝试关系取向型的领导模式，特别是服务型领导，明确员工需求，注重员工利益，关注员工成长发展并合理授权，让员工参与到组织管理中来，增强其责任感和归属感，进而促进员工建言行为的发生。领导者还要积极关注员工的个人工作认同感和投入程度，提高员工的工作卷入感，促进员工更多地建言发声。

在组织层面，组织要为员工建言提供所需的资源和组织支持，建立较为完善的建言机制，提供良好的建言渠道和方式，营造交流开放、思想碰撞的组织环境。此外，在组织中，为了促进员工产生建言行为，应该引导员工提高对组织的认同感。例如可以通过大力宣传企业文化等方式，让员工与组织的价值观相契合，进而达到增强组织认同的效果。主要可以从以下两个方面开展：第一，在日常工作中定期组织企业文化宣贯活动，如播放企业宣传片、开展征文活动、进行拓展训练等，加深员工对企业文化的了解程度，以此强化组织认同感；第二，在前期的员工招聘中，可以多关注与组织有共同价值观的候选人，保持意识形态上的一致，这必然更容易使员工产生组织认同感。组织还可以采用有效的激励机制（包括物质激励和精神激励）来增强员工的角色宽度自我效能感，鼓励员工积极建言。

在个人层面，在选聘员工时可以对员工的一些个人特质进行测评，尽量选择一些外向且有责任感、高自我监控、成就导向、关心与自身无关事物的员工，他们对组织建言的可能性更大。

本章小结

（1）建言是组织员工表达的建设性、挑战性建议，是提高而不是仅仅批评现状的促进行为。

（2）建言的六大特征：①一般不会正式地写在员工的工作职责或岗位描述上；②在组织的正式奖励系统里没有明确规定；③建言是挑战导向型行为，往往对现状提出挑战；④员工在建言之前会进行权衡和思考，见机行事，当预期的风险小于收益时他们才会倾向于进行建言；⑤建言的目的是改进现状，提升组织效率或者减少决策中的错误和风险；⑥建言是有风险的，有可能给建言者带来诸如降职、负面形象或标签的风险。

（3）建言是一个多维度的构念，依照不同的理论角度，可以将建言划分为不同的类型。例如，按建言内容可分为传统性建言和创新性建言，按建言动机可分为默许性建言、防御性建言和亲社会性建言，按对组织利益的影响程度可分为体贴性建言和挑衅性建言，按心理需求可分为顾全大局式建言和自我冒进式建言，按建言对象可分为对上级建言和对同事建言，按个人相关性可分为自身有关建言和自身无关建言。

（4）员工建言影响因素众多，主要可以从个人层面、组织层面和领导层面探究，其中个人层面包括人格特征、心理状态、心理认知和个人控制等，组织层面包括组织内部的环境和氛围以及组织声誉等相关感知，而领导层面主要通过领导风格对建言产生影响。

（5）从建言的结果来看，可以把建言的影响分为对个人的影响和对组织的影响。其中，对个人的影响主要体现在提升个人的绩效评价和降低离职率上，但需要特别注意的是，建言也可能给建言者带来风险，而对组织的影响则主要体现在组织绩效的提升上。

（6）员工建言在组织发展和企业变革中发挥着越来越大的作用，因此领导者必须重视和鼓励员工建言并转变领导方式，尝试关系导向的领导模式以促进员工建言献策。在组织层面，提供建言所需的渠道、资源和组织支持是需要的，通过宣传企业文化、采取有效的激励机制等方式增强员工的组织认同和角色宽度自我效能感有利于员工建言行为的发生。在个人层面，需要在选聘时通过相关测试选拔建言积极性高的员工。

思考题

1. 什么是建言？建言可以分为几种类型？
2. 建言的影响因素有哪些？
3. 建言会对个人和组织产生哪些方面的影响？
4. 如果你是组织的管理者，为促进员工建言发声有哪些管理对策与建议？

第五章　建言采纳

现如今，全球商业竞争激烈，市场环境变幻莫测，传统管理模式下领导"一言堂"的决策方式已无法满足组织运营的复杂化和多样化需求。这就需要高层管理者广泛吸收来自员工的意见与建议，激发全体员工的智慧，实现群策群力，进而做出更加快速、准确和高质量的决策。在这个过程中，如果员工建言未被决策者纳入考虑范围，即便建言质量再高也无法产生积极的效果。建言采纳（Voice Endorsement）是决策者对于建言者建言的接纳、认可与支持。领导能否采纳下属的建言，是建言能否在组织中发挥积极作用，推动组织实现"质的飞跃"的关键。在本章中，我们将了解建言采纳的概念与测量，分析建言采纳的影响因素与影响效果，并对从中得到的管理启示进行探讨。

第一节　建言采纳的概念与测量

一、建言采纳的概念

建言采纳的研究与建言的研究紧密相关。在长久以来的管理实践发展过程中，企业越来越认识到建言是高质量决策和提高组织效率的关键驱动力。建言研究表明，员工建言对决策质量、团队绩效和组织绩效都有着十分重要的作用。然而，即便员工建言对于组织的发展具有如此多的好处，若领导者不采纳员工建言，那么建言的作用也无法得到发挥。而且，领导者在组织中的地位和权威性致使员工期望其提出的建言能够获得领导的肯定，以帮助其实现最终目的。也就是说，领导者采纳建言是体现员工建言实际价值的重要途径，有助于提升员工建言的质量。对于领导者个人来说，倘若员工的建言有助于工作任务和提升绩效，领导也会愿意采纳员工的建言。因此，学界开始把目光从建言转移到建言采纳，也就是管理者对建言的反应上来。

建言采纳在我国早有典型范例，从春秋时期吴王阖闾采纳孙武关于对抗楚国的建言，使楚军疲于奔命最终一举歼灭，到越王勾践在被俘时期采纳范蠡的建言，卧薪尝胆数十年，最终战胜吴国，再到唐太宗采纳大臣魏征的建言，开创大唐盛世，建言采纳一直是君主维护其统治地位的重要途径。执古之道，以御今之有。到了现代化社会，人们对建言的积极作用逐渐有了更加系统性和科学性的认知，建言采纳越来越受到理论界和企业家的广泛关注。

由 Sniezek 和 Buckley（1995）提出的"决策者—建言者系统"（Judge-advisor System）中首次提及了领导建言采纳这一概念。在此系统中，存在一个决策者和多个建言者，建言者负责提出帮助决策的建言，而决策者需要在众多建言中选择最有益的一个或多个，以帮助其实现最优决策。最开始，人们对建言采纳的界定尚未形成统一的认识，因此学者们往往把建言采纳和管理者开放性联系起来。Ashford 等（1998）认为接纳性就是管理者开放性的一种表现。

Detert 和 Burris（2007）将建言的采纳与员工的感知联系起来，认为管理开放性是指员工感知到的领导者对其意见的倾听意愿。Morrison 和 Wheeler-Smith（2011）在此基础上指出，如果员工认为他们能够与领导进行有效的沟通，而且他们的建言能够得到领导的重视和采纳，那么建言采纳的程度则较高；相反，如果员工的建言得不到领导的重视和采纳，即为低程度的建言采纳。Burris（2012）将建言采纳系统性地定义为领导者对其下属建言的支持和认可，并指出建言采纳的程度意味着领导在多大程度上认可该建言并且愿意为之投入相应的资源。He 和 Zhou（2014）认为建言采纳有两个阶段，分别是态度转变与行为执行。态度转变阶段与 Burris（2012）的定义相似，是指领导对下属建言的支持与认可。行为执行则是指获得领导者支持与认可的建言在组织中被推行或实施。Lam 等（2019）对建言采纳的定义也与 Burris（2012）的定义相类似，将建言采纳定义为"决策者对于建言者建议的接纳、支持和认可"。

在我国，关于建言采纳的研究也颇有成果。徐惊蛰和谢晓非（2009）提出，建言采纳是领导者通过听取员工意见而形成最终决议的过程。魏昕和张志学（2014）则将建言采纳视为下属说服领导者接受其建言的过程。孙露莹等

（2017）认为建言采纳是领导者行为的一种，主要表现为领导者对建言的采纳、支持与认同。段锦云和孙佚思（2019）则在前人研究的基础上对建言采纳的概念进行了进一步的细分，将建言采纳分为表面采纳和真实采纳两种。表面采纳是指决策者对建言者的建议只在表面上进行肯定和接纳，其内心的真实态度并未发生改变。真实采纳是指决策者不仅在表面上肯定与接纳建言者的意见，其内隐态度也随之发生改变。章凯等（2020）认为领导者的建言采纳是一种对员工建言的积极反馈与价值肯定。

二、建言采纳的测量

现有的关于建言采纳的测量方式较为成熟，主要有公式测量和量表测量。Harvey 和 Fischer（1997）最早给出了测量建言采纳的工具，以定量的测量方法利用 WOA 来测量决策者采纳建言前后的决策变化程度，从而量化建言采纳。具体计算公式为：

$$WOA = \frac{决策者最终决策-初始决策}{建言内容-决策者初始决策}$$

WOA 是一种比率，其数值范围是 0 到 1，0 表示初始决策与最终决策完全一致，也就是建言者丝毫没有影响到决策者最终做出的决定，决策者也没有采纳任何建言。1 表示建言内容与最终决策完全一致，即决策者完全接受建言者的建言。当 WOA 的数值大于 0 且小于 1 时，代表决策者同时考虑了自身决策和建言内容，综合做出了最终决策。其中，当 WOA 取值为 0.5 时，意味着最终决策中初始决策和建言内容各占一半的比例；当 WOA 取值小于 0.5 时，证明决策者较为忽略建言内容；当 WOA 取值大于 0.5 时，表示决策者较为重视建言，采纳了大部分建言内容。

后来，Yaniv 和 Kleinberger（2000）在 WOA 公式的基础上改进形成了 WOE 公式：

$$WOE = \frac{建言内容-决策者最终决策}{建言内容-决策者初始决策}$$

WOE 数值的意义与 WOA 相反，0 表示建言内容与最终决策完全一致，1 表示初始决策与最终决策完全一致。这两种定量计算方法比较精确，但也存在一定的缺陷，即不适用于决策者初始决策与建言内容相同的情况，因为这时公式分母为零，公式无意义。后来，Duan 等（2018）采用定性的测量方式，在实验中要求参与者首先做出个人的最初决定，然后在得到建议后再做出最终决定。最后比较了参与者的最终决定和最初决定。如果不同，认为被试者接受了建议并记录为1；否则，参与者的最终决定与初始决定相同，记录为0。此种方式只能对是否采纳建言做出测量，并未明晰建言采纳的程度。

随着研究逐渐深入，学者们开发出了测量建言采纳的量表。Burris（2012）在研究中首次开发出测量建言采纳的李克特七级量表。量表题项包含"当我和领导谈话时，我会支持这名员工提出的建议"等5个题项。该量表目前在建言采纳的实证研究中使用最为广泛。为了减少管理者评定多名下属时的工作量，Lam等（2019）对Burris（2012）开发的量表进行了修改，只保留了包括"我认为这名员工的建言应该被实施"在内的3个题项。然而，该研究并未明确给出取消另外两个题项的合理性。Fast和Burris（2014）开发出4个题项的量表。该量表采用李克特5点测量法，包括"请我告诉他（她）一些我认为有助于改进公司的事情"等。

魏昕和张志学（2014）在Liang（2012）等开发的促进性建言量表和抑制性建言量表的基础上进行改编，采用李克特七级量表询问下属其直接领导对该类型建言的接受程度。其中促进性建言量表中包含5个题项，如"您提出的改善组织运作的建议"（1＝非常不接受，7＝非常接受）。抑制性建言量表中也包含5个题项，如"对于可能给组织造成严重损失的问题，即使存在异议，也要坦诚地提出"（1＝非常不接受，7＝非常接受）。肖素芳（2020）将建言采纳的所有概念进行整合，开发出13个题项的量表。该量表采用李克特5点测量法，包括"我的直接领导会将投入意见和建议付诸实践并及时反馈"。

第二节　建言采纳的相关研究

一、建言采纳的影响因素

当前，建言采纳的实证研究大多侧重于领导愿意采纳何种建言以及何种因素会影响领导的建言采纳，解答了怎样让领导采纳建言的问题。通过归纳梳理以往的文献发现，建言特征、个体特征和组织情境是影响建言采纳的主要因素。

1. 建言特征对建言采纳的影响

有较为丰富的研究发现，建言特征会影响建言采纳的程度。Burris（2012）对不同类型的建言进行了两项实验研究，发现与支持性建言相比，挑战性建言更不容易被领导采纳。具体来说，挑战性建言带有较强烈的针对性和个人色彩，表现为或明或暗地批评领导职责范围内的工作内容。相比之下，支持性建言旨在稳定或维护现有的组织政策或做法，通过参与决策过程找出应对目前威胁的对策，会不容易使管理者产生威胁感，更有可能获得管理者积极的回应。魏珍珍（2020）研究表明，促进性建言会引发领导的积极情绪，增加被采纳的可能性；抑制性建言容易被领导归结为建言者的自利动机，引发其抵触情绪从而减少建言采纳。李方君等（2021）基于说服模型进行的一项实证研究则进一步证实了这个观点，并且上下级关系也会对建言类型和建言采纳的关系产生影响。与之不同的是，赵海星（2019）指出，无论是促进性建言还是抑制性建言，其初衷都是解决组织现有的问题、促进组织更好地发展，因此对于这两种类型的建言，决策者都会考虑采纳建言者的意见。

建言的不同方式也会对建言采纳产生较大的影响。Lam等（2019）的研究发现，当建言以直接的方式提出时，建言的内容会更加明确且便于理解，领导无须猜想或者寻求额外的信息，从而更容易采纳建言。舒睿（2018）也发现，建言的完备性和修饰度会增加建言采纳的可能性，即建言越完善，领导感知到的不确定性越低，建言采纳的可能性也就越高；建言的内容修饰程度越高，建言给领导带来的消极情绪就越低，从而会增加建言采纳的可能性。段锦云等（2020）研究发现，激将式建言策略会对建言采纳起到促进作用，但这个过程会受决策者面子意识的影响，即相对于面子意识较弱的人，对面子意识更强的人采取激将法的建言策略更能提升其建言采纳的程度。李怡然和彭贺（2021）认为，建言者需要把握好建言方式才能够避免惹怒上级而引发负面效应，因此他们构建了 VOICE 模型，从建言者、被建言者、建言内容、建言沟通和建言环境五个角度，通过价值感知和情感感知两条路径，提升建言采纳的成功率，为解决"如何成功建言"这一难题提供了参考。

建言内容的重要程度、实施建言所需要的资源水平和实施建言所涉及的相互依赖关系都会影响管理者采纳建言。从管理者的角度来看，重要程度高的建言、需要较少资源支持的建言更容易得到管理者的重视，从而得到其认可；涉及简单相互依赖关系的建言，因其利益相关者较少，容易就解决问题方面达成一致，建言的可操作性较强，因此更容易被领导者所接受；重要程度较低、需要更多资源的建言则不太可能得到管理者的认可；具有复杂的相互依赖关系的建言，因其利益相关者较多，管理者难以协调各个利益相关者之间的关系，实施难度较高，因此难以被管理者所接受。易阳和朱蕾（2015）研究发现，感知建言的建设性同样会影响其采纳程度。当建言者就某问题给出建设性意见并进行详细论证时，领导者会认为建言者是真正为组织着想，想要改善组织现状，因此愿意采纳其建言。而如果建言者仅仅对领导决策提出意见，且并未给出建设性建议，领导者可能会认为该建言者动机不纯，不怀好意，因此不愿意采纳其建言。Yaniv（2004）研究发现，被建言者往往更重视自己的想法而不是建言者的意见，并且建言的权重随着与初始意见距离的增加而降低，即建言距离与建言采纳呈显著负相关。同样，段锦云等（2021）基于社会判断理论，以 80 名大学生为样本进行了实证研究，结果表明建言距离与建言采纳呈现的是倒 U 形关系，而不是简单的线性关系。周浩（2021）指出，建言方式在与权力距离的交互作用下会对建言采纳产生影响，高权力距离导向的上级更愿意采纳下属的微信建言，而低权力距离导向的上级更愿意采纳下属的当面建言。建言场合在与权力距离的交互作用下会对建言采纳产生影响，高权力距离导向的上级更愿意采纳下属的私下建言，而低权力距离导向的上级更愿意采纳下属的公开建言。

2. 个体特征对建言采纳的影响

（1）建言者个体特征。以往的研究指出，建言者的个体特征会影响领导采纳其建言的意愿。从建言者角度出发，其个人的身份特征是影响建言被采纳的关键因素。Howell 等（2015）研究发现，相较于非正式员工和兼职员工，正式员工和全职员工的建言更容易被领导采纳。詹小慧和苏晓艳（2019）研究表明，个人声誉较高的建言者更容易得到领导的建言采纳。Price 和 Stone（2004）研究发现，自信的建言者本身更具有说服力，会让领导相信其具有较高的工作水准和更强的工作能力。因此，在建言过程中，自信的建言者提出的建言往往更容易获得领导者的支持和信任。

除此之外，建言者的专业性、个人声誉、建言态度和自信程度也都会对领导是否采纳其建言产生决定性影响。施文婷（2017）研究表明，建言者的专业性和工作绩效是影响领导建言采纳的重要因素。当建言者专业知识丰富、工作绩效较高时，领导者会对其专业性更加认可并倾向于采纳其建言。魏昕和张志学（2014）通过实证研究表明，下属专业度会影响建言类型和建言采纳之间的相关关系，即当下属的专业度较高时，领导者更有可能采取促进性建言，而较高地位的领导者才会采纳较高专业度下属的抑制性建言。周浩（2021）基于中国文化背景，分析了建言者关系、忠诚和才能对建言采纳的影响，基于260份样本数据的实证分析表明，关系、忠诚和才能均对建言采纳有正向影响。李嘉等（2021）基于前人所提出的建言习惯的概念，证实了员工建言习惯通过激发领导者一系列的积极效应对建言采纳、绩效评价和晋升机会产生促进作用。

（2）被建言者个体特征。作为建言的接受者，被建言者，也就是领导者的个人特征也会影响其自身的建言采纳程度。领导的情绪、决策风格、自我效能感均会对建言采纳的过程产生影响。Gino（2008）研究表明，领导者对建言的接受程度会受到自身当时情绪的影响。积极的情绪会使领导对建言者有更多积极的看法，提高对建言的认可。与之不同的是，消极的情绪会给两者的互动奠定消极的基调，使领导认为建言者不值得信任，从而倾向于拒绝采纳其建言。孙佚思和段锦云（2019）的研究还指出，领导者对建言的采纳情况还受决策时间压力的影响，有决策时间压力的领导者更容易接受下属的建议。Scott和Bruce（1995）在其文章中阐述了不同决策风格的领导对建言的回应，理性决策风格的领导善于对建言内容进行彻底的思考和逻辑评估，从而做出判断；直觉决策风格的领导做出判断时通常依赖直觉和感觉；依赖型决策风格的领导愿意向他人寻求建议和方向；避免型决策风格的领导总是试图逃避决策；自发决策风格的领导倾向于主动做出决策。

段锦云等（2016）通过三项研究证实了领导者外显自尊和内隐自尊分别对建言采纳产生的不同影响，其中外显自尊显著负向影响建言采纳程度，而内隐自尊的影响则不显著。此外，段锦云等（2020）探索了自夸与建言采纳的关系，实证结果表明，相较于隐性自夸和热情自夸，显性自夸和能力自夸使得建言被采纳的可能性更低。Fast等（2014）发现管理者的自我效能感同样会影响其建言采纳程度。管理自我效能感较低的管理者更容易感受到员工建言对自己产生的威胁，为了保护自己，管理者则不愿意征求员工的反馈，而那些自我效能感较高的管理者会将征求意见视为一种自信的表达，从而倾向于采纳建言。与之类似，周浩（2016）以254名管理者为样本，证实了领导者的权力感通过自我效能感对其建言采纳产生积极影响。李方君和陈晨（2020）指出，领导者的权利感对建言采纳既有正向影响，又有负向影响。权力感不仅会增加领导者的自信度、心理距离和对建言者的刻板印象，从而降低建言采纳，还会增加领导的社会关注度和自我效能感，从而增加采纳程度，并减弱权力感对建言采纳的负面影响。

领导对建言动机的归因也会影响其对建言的接受程度。当上级认为下属的建言行为是基于让组织变得更好的目的出发，而不是为了给领导留下好印象，即更多地受到亲社会动机的驱动，而较少地受到印象管理动机的驱动，领导者对其建言的采纳程度较高，否则采纳程度相对较低。Sniezek 和 Van Swol（2001）研究表明，领导对建言者的信任是采纳建言的关键调节因素。王啸天（2020）采用路径分析技术得出领导心理所有权影响其建言采纳，相较于防御性心理所有权的领导，促进性心理所有权的领导更倾向于采纳员工建言。

3. 组织情境对建言采纳的影响

建言所发生的组织情境对于检验的采纳也会产生重要影响。Schreurs 等（2020）研究指出，上下级的空间距离会影响领导建言采纳的过程。当建言来自空间距离较近的下属时，采用口头语言表达方式的建言更容易得到领导者的采纳。而当空间距离较远时，采用礼貌用语表达方式的建言更容易得到领导者的采纳。周建涛和廖建桥（2012）研究表明，在高权力距离导向的组织情境中，领导强调权力的作用和上下等级观念。由于厌恶员工的负面反馈，领导者总是倾向于回避员工建言，甚至对建言者进行压制和惩罚。周浩（2021）的研究也表明，管理者权力距离负向影响其建言采纳。管理者认为员工建言是一种具有越界和挑战性质的行为，因此对建言有着消极的看法。梁亮等（2021）以国内某著名企业员工为研究对象，剖析了新时代背景下员工自主进行建言采纳的机制。研究结果表明，组织的授权能够有效提升建言采纳的程度，其中制度授权是最为重要的一环，资源授权和心理授权在落实建言内容的过程中也发挥着重要作用。

二、建言采纳的影响效果

建言与建言采纳相辅相成，缺一不可。建言采纳是组织中一种更为有效、快捷的信息交互渠道，能够极大地开拓决策者决策视角并提高建言者自信程度。现有涉及建言采纳影响效果的研究相对较少，主要从建言者和决策者的不同视角解释了建言采纳带来的好处以及不采纳员工建言带来的危害。

1. 建言采纳对建言者的影响

对于建言者而言，当领导采纳其建言时，这种来自上级的积极肯定会鼓励他们继续思考问题，从而不断涌现出新构想、新思路。章凯等（2020）从自组织目标系统理论的角度探究了建言采纳的结果变量，提出建言采纳会促进员工继续建言。即对建言者来说，建言采纳代表领导的积极肯定会增强建言者的自信并且使其认为自己在竞争中占据优势地位，满足建言者的工作意义感和建言效能感，这两种感知会进一步促进他们的促进性建言或抑制性建言。

夏宇寰等（2020）从社会交换的角度出发，通过实证研究发现，建言采纳会提升领导—成员交换关系，从而增加建言者的工作投入，同时员工的权力距离感知是建言采纳对领导—成员交换产生影响的边界条件。Wu 等（2021）也从社会交换的角度出发，指出领导者的建言采纳会通过员工的积极心情与工作投入对员工的建言行为和工作绩效产生正向影响，且员工的建言承诺会强化这一关系。他们认为领导对建言的认可和采纳代表一种喜爱和信任，在感知到领导的善意后，建言者也会给予领导以信任，从而提升两者之间的领导—成员交换关系，继而增加自己的工作投入以维持良好的工作交换关系。还有研究指出，建言采纳会影响员工的情绪状态及行为，建言者感知到自己可以从建言采纳中获益，即达到建言成功的目的，由此产生工作感恩的情感状态，进而在强烈的利他主义的驱使下做出组织公民行为。

此外，现有研究也指出了领导若未能积极回应员工建言所带来的消极影响。Fast 等（2014）指出，征求和吸收员工的声音对于组织绩效至关重要，但一些领导对下属以改进为导向的意见表现出强烈的反感。他们通过两项实验发现，管理自我效能感低的领导比其他人更少地采纳建言，最终导致员工的建言水平较低。类似地，何洁雅（2021）研究指出，领导不采纳员工的建言会抑制员工再次建言的意图。De Vries 等（2012）的研究结果表明，管理者没有采纳建言且假装对员工意见感兴趣除了会导致员工建言行为减少，还会使组织冲突增加。

2. 建言采纳对决策者的影响

决策者是指在组织中享有决策权力并对决策结果产生巨大影响的个人。无论思考如何细致、行事如何缜密，决策者处理信息的有限性使得所有决策都不可能面面俱到。对于决策者而言，建言采纳为领导提供了一个纵向的信息收集渠道，能够帮助决策者从多层次多维度进行考量，从而做出更为周密、全面、有效的决策。Gardner 和 Berry（1995）通过三组实验发现，采纳建言更多的人往往会提高随后的独立表现，这意味着建言采纳能增加决策的准确性。法官顾问系统（Judge Advisor System，JAS）是一种用于研究决策建议的提出和采纳的范式，Sniezek 等（2004）认为尽管顾问可以分担决定的后果，但最终决策还是需要法官独自负责做出。他们通过研究发现，建言采纳会增加法官对建议的使用以及他们随后决策的准确性，进一步揭示了法官顾问系统的有效性。Budescu 等（2003）同样对法官和顾问展开了调查，并发现当顾问们提出的建言都大致相似时，法官会对最终的决策更加抱有信心。

第三节　建言采纳对下属行为的影响

一、对工作投入的影响

1. 建言采纳对内部人身份感知的影响

领导者作为组织中的决策核心，被视作组织的权威，他们的态度和行为往往代表着组织的态度。因此，领导者的行为表现被视为下属获得组织内部信息的主要源头。对于建言者而言，建言的主要目的在于期望组织能够按照自己的想法进行改变，所以只有当下属建言被领导采纳时，这一行为才能产生积极的影响。Bashshur 等（2015）也指出，领导者对下属建言的采纳可以促进建言内容的执行，从而发挥建言行为的积极作用。相反，当领导者对下属建言行为持忽略态度时，建言行为也可能会造成一些消极影响，例如导致人员流动加剧、旷工率和离职率上升等。

内部人身份感知是指下属将自身看作组织内部人的程度感知。如前所述，领导者对于下属行为的反馈会提供信息线索以帮助下属了解领导或组织的态度，进而帮助下属对自身在组织中的地位进行感知。因此，当领导者采纳下属的建言时，下属会认为自己通过建言对组织做出的贡献得到了领导的认可与信任，这种获得肯定的积极互动使下属看到了自身的能力与潜力，拉近了下属与领导间的距离，从而提升了下属的内部人身份感知水平。

2. 内部人身份感知对工作投入的影响

根据下属对自身内部人身份感知程度的差异，组织成员被划分为"局内人"和"局外人"。"局外人"一般是指容易被组织边缘化、被其他同事排挤打压的下属，他们往往被视为与组织联系不紧密的下属，对于组织任务完成作用有限。相反，"局内人"一般是指被组织认可、被其他成员所接受并与其他成员关系密切的下属。因此，内部人身份感知度较高的"局内人"往往会认为自身能比其他下属从组织中获取更多的回馈支持（例如晋升与培训）。有研究发现，下属的内部人身份感知作为关系质量的衡量指标，与其行为和态度息息相关。工作投入作为下属工作态度的一个重要行为因素，对下属工作行为有着重要影响。Kahn（1990）将工作投入分为生理、认知和情绪三个维度，同时提出工作投入是下属控制自己、将自己的精力投入角色中并在角色中展现自我的行为。

作为下属对自己归属为组织内部成员的感知程度，内部人身份感知体现了下属在组织中的归属感和融入感。当下属认为自己属于组织内部人时，往往会代入"主人翁"的角色心理，从而更愿意实施有利于组织的行为。内部人身份感知程度较高的下属会将自己视作组织中重要的一员，将自身目标与组织利益绑定在一起，在工作中寻求个人福祉的同时也会将组织的发展考虑在内。鉴于组织成员的工作投入不仅被认为是组织绩效的保障，也被视为下属个人福祉谋取的重要工具，当下属拥有较高水平的内部人身份感知时，下属倾向于发挥"主人翁"作用，通过增加自身的工作投入来为组织与自身谋取更好的发展。

3. 内部人身份感知的中介效应

建言采纳是领导者发出的积极反馈，会对下属产生激励作用，促使其产生强烈的责任感，进一步增加他们为组织做出贡献的想法，进而提高他们的工作投入水平。根据社会信息加工处理理论，个体在对社会信息线索进行解读后会选择合适的行为或做出行为转变。领导者的建言采纳会被下属解读为组织层面对自身贡献的积极认可，进而下属内心对组织的归属感和认同感加强，其内部人身份感知也由此提升。而内部人身份感知所激发的主人翁心理使下属将个人福祉和组织发展绑定在一起，从而增加其工作投入。该做法不仅能够实现下属的个人目标，也是对组织的回馈。以往的研究也表明，内部人身份感知水平高的个体在组织活动中有更强的参与感，更加愿意为组织做出贡献，其工作投入水平也更高。总的来说，内部人身份感知在建言采纳与工作投入之间起中介作用。

二、对职场偏差行为的影响

1. 建言采纳对心理特权的影响

心理特权被定义为个人感觉应得到或有权得到优于他人所得的理想结果，如被优待或被豁免社会责任。Levine（2005）指出，心理特权较高的下属认为自己应当获得较高的薪酬和奖金，为此他们可能会通过不当行为来达到这一目的。领导者作为下属工作环境中的重要因素之一，其态度和行为作为一种环境线索，将会对下属的心理特权产生重要影响。

建言采纳作为领导对下属能力的一种积极肯定，可以被视为组织成员所处工作环境中的一种重要社会信息线索，将会对下属的心理特权产生影响。当下属的建言被领导采纳时，领导的这一积极反馈所传递出的社会环境信息将会对建言者形成一种刺激，引发该下属在内心中与周围同事的比较。该过程将导致下属的心理变化，进而促使下属调整自身的态度和待人行为。具体而言，相较于未建言或建言未采纳的同事，建言被采纳的下属往往会产生心理上的独特感和优越感，并且认为自己是组织价值的缔造者，相信自己对组织的作用要远大于其他同事对组织的作用。因此，该下属倾向于认为自己应当得到组织更多的关注和资源倾斜，从而增强其心理特权。考虑到领导建言采纳与资质过剩感具有类似功能，即会使下属产生较高的自我评价，因此建言被领导采纳的下属更容易进行积极的自我评价，进而增强其心理特权，即认为自己应得到有别于一般下属的奖励，有权获得组织的特权支持。

2. 心理特权对职场偏差行为的影响

以往的研究结果显示，心理特权水平高的个体更容易采取消极行为。例如，Campbell 等（2004）研究指出，心理特权水平高的个体不仅更加自私，在与他人交往过程中还具有缺乏同情心、不尊重他人、缺乏长远的见识等特点。个体的心理特权水平还与自利归因方式呈正向相关。高水平心理特权的个体通常会把积极结果的发生原因归于自己优秀的品质，而将消极事项的发生归咎于外部运气或他人品质。高水平心理特权的下属在解读信息时更容易受到自身自私认知的消极影响，进而采取消极行为。一方面，当面对失败的结果时，高水平心理特权的下属会有更强的挫折感，而这一消极情绪与下属偏差行为呈正相关。高水平心理特权的下属同时还具有自利归因的特点。在面对工作中的挫折与失败时，往往会将失败的原因归咎于其他同事的品质和能力，更容易采取职场偏差行为表达自己的不满。另一方面，当面对工作中的物质奖励与特殊嘉奖时，高水平心理特权的下属会认为自己在组织中的投入要多于其他同事，理应获取除组织认可外的更多的奖励。若组织未能提供符合其心理预期的奖励，下属也会通过实施职场偏差行为表达自己对组织的不满。

另外，高水平心理特权的下属认为自己在诸多方面优于其他人，更容易在内心形成一种优越感，从而在与他人的交往过程中会在潜意识里形成一种不平等的关系。高水平心理特权的下属认为他人的行为价值不如自身行为高，由此更易于实施对其他同事的不尊重行为，如忽略他人建议、蛮横无理、违反正常规范等。Zitek 等（2021）的研究结果表明，较高水平心理特权的个体会表现出高期望、对他人的冷漠和对权威的不信任，这将降低该个体的危机感，进而出现不服从管制的情形。心理特权会使下属在心理上认为自己有资格在职责范围外随意采取行动，进而导致更多的人际和组织越轨行为。基于以上分析可以发现，心理特权高的下属更容易做出职场偏差行为。

3. 心理特权的中介效应

下属在对领导建言采纳这一信息进行解读时，若其内心夸大对自己的评价，将赋予该下属自己获取优于他人奖励的合理性。进一步延伸到行为表现上，下属会做出体现自己独特地位的行为，如对他人不尊重、违反组织规范等职场偏差行为。另外，建言采纳所导致的心理特权会使下属增加对自己错误行为的宽容度，降低自己职场行为的规范程度，从而导致行为偏差。有关道德许可的研究也支持了此论点。例如，Yam 等（2017）研究发现，能够为组织做出贡献的行为会提升下属的荣誉感，并成为下属未来做出不利于组织绩效的职场偏差行为的"合法证书"。这也就意味着，心理特权在建言采纳与职场偏差行为之间起中介作用，即建言采纳通过提升个体的心理特权来正向影响个体的职场偏差行为。

三、领导—成员交换关系的调节效应

建言采纳作为一种领导对于下属建言的积极回应，可以视为是领导与下属间的一种双向交换行为，其行为结果将会受到主体间关系的影响。由于领导在维系与不同下属之间的关系中投入的时间和精力存在差异，领导与下属之间的关系的性质和密切程度不完全相同。因此，建言者对领导建言采纳的反应也不尽相同。具体而言，建言采纳本质上是发生在领导与下属间的一种交换行为，其作用的发挥必然受到主体之间关系质量的影响。高质量的领导—成员交换关系代表着下属对领导高水平的信任和尊重，低质量的领导—成员交换关系意味着两者之间仅仅是一种雇佣关系，这种单纯的雇佣关系往往是脆弱的、不可靠的，不利于建言采纳作用的进一步发挥。已有研究表明，在导致建言者反应不同的可能原因中，领导和成员的交换关系发挥着重要作用。因此有理由认为，领导—成员交换关系会调节领导建言采纳对下属后续心理与行为影响的效果，即高质量的领导—成员交换关系会增强建言采纳对下属内部人身份感知和心理特权的影响。具体而言，高质量的领导—成员交换关系会强化领导建言采纳对下属的内部人身份感知的影

响。Sin 等（2009）研究表明，高质量的领导—成员交换关系代表两者之间有更高的交互频率。高频的交互意味着领导和下属之间进行过多次使双方满意的交换，主体之间已经建立了更加可靠的人际关系。因此，高质量的领导—成员交换关系增加了下属对领导的信任感和依赖感，使下属更容易对领导建言采纳进行积极的解读，更容易感知到领导对自身行为的支持，从而进一步增强内部人身份感知。也就是说，领导—成员交换质量越高，领导建言采纳对下属内部人身份感知的正向影响越强。

此外，领导—成员交换在领导建言采纳与下属心理特权之间的关系中发挥着调节作用。具体而言，高质量的领导—成员交换关系强化领导建言采纳对下属心理特权的影响。领导对下属的建言采纳行为会被下属解读为领导对互惠规范的遵守。高质量的领导—成员交换关系会促使下属将领导建言采纳这一信息解读为领导对自身关照和支持的信号。基于此，在高质量的领导—成员交换关系中，建言被采纳的下属往往会更容易认为自己与组织权力中心的距离缩近，认为自身拥有和领导相似的"隐形的权力"，从而将自己与其他普通下属区分开来，更容易产生心理特权。此外，有研究指出，领导—成员交换关系具有排他特性，即并不是所有组织成员都具备该关系。具备高质量领导—成员交换关系的下属会受到领导更多的关注，基于这种特殊的关注，下属往往会认为自己比其他个体优异。因此，在高质量的领导—成员交换关系下，当领导者采纳下属建言时，建言者可能会将此看作自己与领导亲密关系的独特展示，认为这是自己的独享优势。这意味着高质量领导—成员关系更容易将建言者内心对自我的独特性评价放大，使得他们在与其他组织成员比较的过程中更容易感知到更高的心理特权。综上所述，当领导—成员交换质量越高时，领导建言采纳对下属心理特权的正向影响也就越强。

第四节　管理启示

通过探讨建言采纳对下属后续工作行为的影响所得出的研究结论对于如何提升建言采纳的有效性、增加下属工作投入和减少下属的职场偏差行为具有重要启示。具体的管理启示如下：

1. 积极对待下属建言，充分发挥建言采纳的优势

下属的建言行为不仅有助于提高领导决策质量，也有助于提升企业运行效率。但要想发挥下属建言行为的优势，就离不开领导者对下属合理建言的正面反馈。尽管上一节中提到了建言采纳的"双刃剑"效应，但总体而言，建言采纳还是对组织发展有积极的促进作用。这也提醒领导者不能"因噎废食"，忽视建言采纳为组织带来的可观收益。作为团队的领路人应客观看待下属的建言行为，积极回馈下属的建言，通过言语行为从侧面引导下属投入工作中。对下属的建言行为表示尊重，给予及时的反馈，客观分析建议的价值与可行性，采纳合理的建议才能够真正发挥下属建言和领导纳言的优势，助力企业实现长足发展。

2. 降低下属心理特权，改善下属工作表现

心理特权高的个体对自己持有积极的评价，但是该评价缺乏现实基础，容易引发消极行为。因此，领导在采纳下属建议时，应该采取一定的策略，以最大限度地降低下属的心理特权。当下属做出建言行为时，领导可以通过强调该建议的公共功效而非过度赞扬下属的独特能力来抑制心理特权。另外，领导者还可以通过积极引导建言者尽量客观、准确地评价自己，使其对取得"成就"的主客观因素进行合理判断，以防止或减少下属因不客观评价而产生心理特权。此外，领导者在工作中应注意识别哪些下属出现了心理特权。对于有心理特权苗头的下属，应该进行及时干预；对于已经表现出强烈的心理特权的下属，可以通过及时沟通、分析成因等方式最大限度地减少其消极影响。

3. 塑造良好工作氛围，提升员工内部人身份感知

内部人身份感知是下属对于自身是否被特定组织所接受和认可的主观感受。为了提升下属的内部人身份感知，领导者可以从宣传企业文化、组织部门活动、增加人文关怀等方面入手，让下属感受到领导和企业对他/她的关注与认可。首先，通过组织学习企业核心价值观，了解创业故事、企业发展历程，参加组织内部的特有仪式等，增强下属的组织认同感。其次，领导者可以组织一些诸如集体性的户外运动的部门活动，以增进领导与下属、下属与下属之间的了解，让下属产生自己是团队一部分的想法。最后，增加人文关怀是提升下属内部人身份感知的最主要的措施之一。对于下属的建言、不满等，领导应当给予积极、及时、正面的反馈。此外，关注下属的心理健康、给予下属必要的情感支持等对于提升下属的内部人身份感知同样重要。

4. 谨慎发展领导—成员交换关系，关注下属心理状态的变化

领导者应该努力营造一个良好的工作环境，争取让所有的下属都有与领导发展成为高质量领导—成员交换关系的机会。这样做可以在组织中营造一个良好的环境，让每一位下属的好建议都能得到公平的认可。同时，这种做法也能让下属意识到，领导除了会支持自己的想法，还会公平地支持其他人的想法，从而避免下属因只有自己的想法被支持而对自己的价值产生夸大性的评估。另外，给予所有下属都有成为"圈内人"的机会的做法，能够进一步提升所有下属增加工作投入、减少偏差行为的可能性。

本章小结

（1）建言采纳是指上级领导在对下属所提建议进行价值性和可行性评估后，支持、认可和接受下级建议，并且愿意在未来进一步实施该建议的程度。

（2）现有关于建言采纳的测量方式主要有公式测量和量表测量。公式测量主要包括 WOA 公式和 WOE 公式。Burris（2012）开发的五题项建言采纳量表应用较为广泛。

（3）关于建言采纳的影响因素的研究大多侧重于领导愿意采纳何种建言以及何种因素会影响领导的建言采纳。建言特征、建言者个体特征、被建言者个体特征和组织情境是影响建言采纳的主要因素。

（4）关于建言采纳的影响效果的研究较少，主要从建言者和决策者的不同视角解释了建言采纳带来的好处以及不采纳员工建言带来的危害。

（5）提升建言采纳的有效性有助于增加下属的工作投入和减少下属的职场偏差行为。在实践中，领导者应积极对待下属建言，无论下属的建言是否合理，都应该表示尊重并积极探讨其可行性，以鼓励下属在后续工作中继续建言。同时，还要注重抑制建言者的心理特权以减少其可能带来的消极结果。此外，谨慎发展领导—成员交换关系、塑造良好的工作氛围以提升员工归属感和内部人身份感知，最大可能地促进员工建言和领导者建言采纳。

思考题

1. 什么是建言采纳？建言可以分为几种类型？
2. 建言采纳的影响因素有哪些？
3. 建言采纳会对建言者和采纳者产生哪些方面的影响？
4. 如果你是组织的管理者，你会怎样对待员工的建言？
5. 如何采纳建言以充分发挥建言的积极效果？

第六章 个性化协议

随着数字化时代的来临和算法管理的流行,"点对点"的个性化管理开始日趋受到重视,同时员工的自我意识也开始不断觉醒,逐渐意识到自己并不是组织的一颗"螺丝钉",而是有着丰富情感且个性鲜活的独立个体,应该明确自己的职业发展路径并根据自身的异质性才华主动向组织提出职业诉求。因此,一种尊重个体独特性的新型人才激励手段——个性化工作协议(Idiosyncratic Deals, I-deals)逐渐走入了人们的视野,并迅速受到了各大企业的关注。在本章中,我们将了解个性化工作协议的概念、特点以及分类与测量,分析个性化工作协议的影响因素,并对个性化工作协议对领导、团队及员工的影响展开深入讨论。

第一节 社会比较理论

社会比较理论(Social Comparison Theory)是由美国社会心理学家 Festinger 于 1954 年首先提出的,其观点被学者称作经典社会比较理论。Festinger(1954)认为人的机体中存在一种内在驱动力,会使得个体在没有外部客观标准的情况下,为了减少自身的不确定性并获得准确的自我评价,而将自身的观点和能力与他人进行比较,这一过程就是社会比较。同时,为了确保比较的准确性,相对于差异度较高的比较目标,个体往往会选择与其特征相似的个体进行比较。进一步地,在和他人进行比较后,个体对所处环境的认知(看法和信念)以及对自己能做什么的评价(能力)将会对自身行为产生影响。在此基础上,Schachter(1959)将社会比较的内容拓展为观点、能力和情绪等多个维度,认为模糊情绪状态下的个体在无法通过生理和经验对情绪状态做出清晰的判断时，会通过社会比较对自己的情绪做出评价。之后，有学者认为经典社会比较理论的狭隘内容维度和比较对象限制了探索社会比较问题的深度。因此，Kruglansi 和 Mayseless（1990）对经典社会比较理论的内涵进行了拓展，并提出社会比较是个体根据社会刺激，就某一特定内容与其他个体进行比较的评价。

自 Festinger 的经典社会比较理论提出后，许多学者围绕此理论开展了诸多研究，并对社会比较的定义提出了不同的见解。为了检验社会比较研究方法的准确性并解决社会比较概念的争议，Wood（1996）提出了全新的社会比较概念，并将比较过程进行了细化，认为社会比较是指寻找和利用有关于他人的立场和观点的信息来进行自我评估，从而判断自己的观点、信念和能力的正确性。主要包括获得、思考、反应三个阶段，其中，获得阶段是指个体获得社会信息，在这一过程中，个体会选择特定的比较对象或某一方面的社会信息来进行观察；思考阶段是指对所获得的信息进行处理，在这一过程中，个体会分析自己和他人之间的相同点和不同点，以判断他人与自己的差距，进而形成有关于自己和他人相对地位的判断和解读；反应阶段是指对社会比较结果的反应，包括认知反应（改变自我评价、曲解社会比较结果、否认社会比较结果等）、情感反应（嫉妒、骄傲等）以及行为反应（模仿、随大溜、加入他人等）。此外，有关社会比较动机的研究表明（Suls & Wheeler，2000），个体进行社会比较是为了进行自我评价（获取自我能力和观点的准确评价信息）、自我完善（寻找自身与比较对象的差距以进行自我完善）以及自我提升（维护自身的积极情感）。

作为社会比较理论的关键，个体进行社会比较的方向受到了大量学者的关注。相关研究指出，根据比较对象，个体可能会进行上行比较或下行比较（Collins，1996）。上行比较是指个体与相对自己表现较好的对象进行比较；而下行比较则是指个体与相对自己表现较差的对象进行比较（Wills，1981）。Buunk 等（1990）指出，和不同的对象进行比较会带来不同的效果，上行比较和下行比较都有各自的优点和缺点。具体而言，上行比较虽然痛苦，但比下行比较更有价值，因为通过上行比较可以获得更多有用的信息；下行比较虽然用处不大，但比上行比较更开心。此外，学者们在对社会比较所带来的不同效果的原因进行探索时发现，社会比较的效果取决于个体选择与比较对象进行对比还是与之同化（Mussweiler et al.，2004）。当个体专注于和比较对象间的共同特征时就会产生同化效应，当个体关注于和比较对象间的区别特征时便会产生对比效应。当个体与之对比时，下行比较是一种自我肯定，上行比较则会威胁到个体的认同和自我形象；当个体与之同化时，下行比较可能是危险的，因为个体会担心陷入同样糟糕的情况，而上行比较可能是自我提升的，因为个体会认为他们同样可以获得类似的有吸引力的情况（Greenberg et al.，2007）。

社会比较理论为学者探索社会比较现象提供了理论基础，尤其是在组织行为领域的研究中，社会比较理论已成为主流框架之一。例如，Lam 等（2011）构建了一个三方交互模型来分析团队中人际伤害行为的原因。其研究表明，团队间的绩效比较会导致团队人际伤害行为增多，即当比较对象的绩效高于个体员工时，个体员工会表现出较多的人际伤害行为。类似地，Kim 和 Glomb（2014）提出了一个高绩效员工受伤害的整合模型。通过两项实证分析发现，高绩效员工更容易成为团队的受害者，因为他们的高绩效会引发同事的嫉妒，进而导致同事的伤害行为。此外，Sun 等（2021）研究了员工的主动性对其自身的影响效应。该研究认为，员工的高主动性不仅会促使其与领导建立高质量的领导成员交换关系，还会使其取得相对高水平的工作绩效，而高水平的相对领导成员交换和工作绩效均会使得该员工成为同事嫉妒的对象，进而引发同事的消极工作行为。

然而，Downes 等（2021）的一项研究表明，与高绩效员工的上行比较并不总是引发个体的消极反应，也可能会对个体产生一定的积极影响，这可能取决于个体的目标导向。该研究指出，对于绩效证明目标导向较高的个体来说，他们会将高绩效员工视为比较参照，而不是具有指导性的学习榜样，从而抑制了他们的社会学习，降低了他们的自我效能。然而，对于绩效证明目标导向较低的个体来说，他们会在观察到其他员工的高绩效后，增强社会学习并提高自我效能。同时，Watkins（2021）研究了工作场所人际资本化的"双刃剑"影响效应。研究证实，一方面，工作场所人际资本化会对同事起到激发作用，促使同事增加人际公民行为；另一方面，工作场所人际资本化可能会引发同事的嫉妒，导致同事增加社会阻抑行为；而员工与同事之间的竞争关系则会对上述影响机制起到不同的调节作用。

此外，一些学者也对社会比较理论的双重影响进行了探索。例如，马君等（2022）发现组织中明星员工的存在会引发同事的嫉妒，而同事嫉妒既可能会导致同事的社会阻抑，也可能会增强同事的自我提升。魏巍等（2022）探究了团队成员视角下个体员工地位获得事件对第三方同事的影响。研究表明，个体的地位获得事件会同时正向影响同事的资源收益感知和资源威胁感知，资源收益感知会增加同事的帮助行为，而资源威胁感知则会导致同事的人际回避行为。

第二节 个性化工作协议

一、个性化工作协议的概念

个性化工作协议，又称个性化契约、个别协议或个性化交易，其概念最早是由卡内基梅隆大学教授 Denise M. Rousseau 提出的。基于管理实践，Rousseau（2001）分析了个性化工作协议在组织中应用越来越广泛的原因。她指出，个性化工作协议的产生主要源于三个现实趋势：首先，劳动力市场竞争越来越激烈，使得员工在雇佣谈判中拥有更大的动力去争取适合自己偏好的雇佣条款；其次，曾经由工会或法律支持的以工作保障为基础的组织职业模式逐渐消亡，导致就业条件不再高度标准化；最后，市场上的选择越来越多，提高了员工对定制化工作条款的期望。她将个性化工作协议初步定义为个别员工所获得的不同于其他同事的就业特征。随后，Rousseau 等（2006）系统阐述了个性化工作协议的概念，即个别员工和雇主之间就双方均受益的条款所达成的自愿的、个性化的非标准工作协议。

Rousseau 等（2006）指出，个性化工作协议具有四个显著的特点：第一，个别协商。个性化工作协议是个别员工与雇主一对一单独协商的定制化工作条款，反映出了雇主对员工市场价值的认可。因此，并非所有员工均可获得个性化工作协议。第二，异质性。个性化工作协议的非标准化和定制化使得核心员工与其同事区别开来，形成群体内异质性。第三，双赢。具体来说，个性化工作协议旨在同时服务于员工和组织的利益。成功的个性化工作协议不仅可以达到吸引、保留和激励有价值员工的目的，也可以满足员工自身的个性化需求。第四，形式和范围不同。个性化工作协议是基于个人需求定制的，因此个别员工可能同时得到了职业发展和时间灵活等一系列的高度定制化工作协议，而其他员工可能仅得到了某一项个性化工作条款。

个性化工作协议的特点使其与其他针对个人的管理实践区别开来，如偏袒和任人唯亲。偏袒和任人唯亲指的是领导偏爱某些个别员工，在这种情况下所产生的个别安排是基于个人关系因素。从领导角度来看，这些个别安排是利己的，因为被个别安排的员工可能会对领导表现出高度的忠诚，但不一定同时对组织有利。事实上，这些个别安排可能会破坏正式组织的合法性，因为个别安排的歪曲规则和私下操作凌驾于组织的正式规则和协商程序之上。此外，个别安排是基于个人关系而非个人能力，因此不一定能为组织增加价值。相比之下，个性化工作协议的制定是基于员工自身的价值，并经过了正式的协商程序，最终能够使得员工和组织双方均受益。

二、分类与测量

在明确了个性化工作协议的概念之后，诸多学者开始对其内容和其在管理实践中的具体表现形式进行探索，并编制了相对应的测量量表。目前，对个性化工作协议的分类主要是基于时间和内容维度来展开的。

1. 基于时间维度的划分

根据个性化工作协议的制定时间，可以分为入职前的个性化工作协议（Ex-ante I-deals）和入职后的个性化工作协议（Ex-post I-deals）。入职前的个性化工作协议指的是员工和雇主在招聘过程中所协商的个性化工作条款。此时，个性化工作协议是基于求职者的知识、技能和能力等能够反映其市场价值的特征来授予的，主要体现了组织与求职者之间的经济交换关系（Ho & Tekleab，2013）。入职后的个性化工作协议指的是员工和组织在雇佣关系存续期间所协商的个性化工作条款。在这种情况下，个性化工作协议是根据员工对组织的贡献、员工的个人能力或绩效表现等来授予的，更多地体现了员工与组织之间的社会交换关系（Rousseau et al.，2009）。在组织实践中，入职后的个性化工作协议要比入职前的个性化工作协议更加普遍，并且效用更大，这也是当前研究大多关注入职后个性化工作协议的主要原因。

Rousseau 等（2009）分别使用 2 个题项来测量入职前和入职后的个性化工作协议。具体地，测量入职前个性化工作协议的 2 个题项分别是："在我被聘用的时候，我协商谈判了与这里员工不同的工作安排"和"在我被聘用的时候，我协商谈判了适合我个人的特定就业条件"。测量入职后个性化工作协议的 2 个题项分别是："在我开始这里的工作后，我已经能够协商适合我个人的特殊安排"和"我已经能够与我的主管协商制定适合我个人的雇佣安排"。

2. 基于内容维度的划分

根据个性化工作协议的具体内容，诸多学者对个性化工作协议进行了划分。比如，通过对一家医院员工的调查，Rousseau 和 Kim（2006）确定了三种不同内容的个性化工作协议，分别是发展型个性化工作协议、灵活型个性化工作协议和减少工作量个性化工作协议。其中，发展型个性化工作协议是指能够提升员工工作能力、满足员工职业发展需求的定制化机会，如挑战性的工作任务、对个人绩效的认可、特殊的培训和职业发展机会等；灵活型个性化工作协议是指允许工作时间灵活化，以更好地满足个人需求和偏好，如个人自由裁量工作时间安排；减少工作量个性化工作协议是指对员工个人的工作数量或质量进行调整，比如更短的工作天数或更轻松的工作任务。研究对象被要求回忆他们在多大程度上"要求并成功和领导协商了与职位官方规定或标准不一致的工作条款"，并分别使用 2 个题项衡量上述三个维度。其中，发展型个性化工作协议包括"职业发展的机会""挑战性的工作任务和目标"；灵活型个性化工作协议包括"工作时间的特殊灵活性""定制的工作时间表"；减少工作量个性化工作协议包括"减少工作时间""减少工作量"。Liao 等（2016）指出，由于减少工作量个性化工作协议表现为减少工作量和工作时间，因此其与灵活型个性化工作协议具有较为相似的作用效果。

Hornung 等（2008）通过对德国一家政府工作机构员工的调查，识别出了发展型个性化工作协议和灵活型个性化工作协议两个维度。基于 Rousseau 和 Kim（2006）的测量量表，Hornung 等（2008）开发了两个维度的 6 题项量表。具体地，研究对象被要求指出他们在目前工作中"要求并成功协商了与同事不同的个人工作安排"的程度。其中，发展型个性化工作协议包括"在职活动""培训机会""技能发展的特殊机会""职业发展"4 个题项；灵活型个性化工作协议包括"工作日开始和结束的时间灵活""单独定制的工作时间表"2 个题项。由于发展型和灵活型个性化工作协议在组织中的普遍应用，该量表在已有个性化工作协议研究中得到了广泛应用。

类似地，Rousseau 等（2009）通过对管理者和员工的访谈确定了存在于组织中的工作时间个性化工作协议和发展型个性化工作协议。研究对象报告了他们在个人就业安排的特定方面"要求并成功谈判"的程度。其中，工作时间个性化工作协议包括"与同事不同的时间表""减少的工作时间"和"增加的工作时间"3 个题项；发展型个性化工作协议包括"技能发展""绩效目标"和"职业发展"3个题项。

Ng和Feldman（2010）认为，Hornung等（2008）的6题项量表仅包含发展型个性化工作协议和灵活型个性化工作协议2个维度，不足以反映员工个性化工作协议的内容，并且Hornung等（2008）的量表主要侧重于衡量员工向雇主主动寻求个性化工作协议的程度。因此，Ng和Feldman（2010）开发了一个6题项量表，包括薪酬、晋升机会、培训、职业发展、工作保障、个人问题支持共6个维度，以衡量员工对其自身的个性化工作协议与同事之间的差异的主观看法。

此外，Hornung等（2010）通过对美国的一家医院员工和德国的一家医院员工的调查，探究了员工自下而上的工作参与和工作设计。在第一项研究中，他们要求参与者对自身在当前工作中"要求并成功谈判"个性化工作条件的程度进行打分，主要测量了3个题项，包括"技能发展""绩效目标""在职活动"。在第二项研究中，他们在第一项研究的基础上，将量表更加明确地聚焦于工作内容，而不是更广泛的职业发展描述，从而定义并细化了任务型个性化工作协议，主要包括4个题项，分别是"针对个人的具有挑战性的工作任务""特殊的工作职责或任务分配""适合我个人兴趣的工作任务""特别适合我的在职活动"。

进一步地，Rosen等（2013）使用不同领域的多个样本进行了问卷开发，最终确定了四种个性化工作协议，包括时间灵活型、任务型、地点灵活型和薪酬型。其中，前两个维度与Hornung等（2008）的分类相似，地点灵活型和财务激励型个性化工作协议是最新识别的两个类型。其中，地点灵活型个性化工作协议是指允许员工在办公室以外的地方工作的特殊工作安排；财务激励型个性化工作协议是指适合个人需求的定制化薪酬安排；时间灵活型维度与Rousseau和Kim（2006）所提出的一致；由于职业发展型和任务型个性化工作协议都与工作内容有关，因此Rosen等（2013）将其合并为一个维度，即任务和工作职责型个性化工作协议。此外，删除了减少工作量维度，因为它与之前所确定的时间灵活型维度存在大量重叠。经过严格规范的问卷开发流程，最终确定了包括4个维度的16题项量表，其中任务和工作责任型6个题项，时间灵活型3个题项，地点灵活型2个题项，财务激励型5个题项。Rosen等（2013）研究发现，个性化工作协议可能会有多种表现形式，而对其具体内容的识别可能会受到研究样本的限制。

Hornung等（2014）将发展型个性化工作协议拆分为任务型和职业型个性化工作协议。其中，任务型维度更侧重于描述定制化的工作内容，其目的是使员工的工作更具内在激励、回报和乐趣；职业型维度则是为员工长期的职业发展目标提供更广泛的支持。受访者被要求报告他们在目前工作中"是否要求并在多大程度上成功谈判了个性化工作条件"。其中，任务型个性化工作协议包括"符合我个人优势和才能的工作任务""符合我个人兴趣的工作任务""对我个人有激励作用的工作任务" 3 个题项；职业型个性化工作协议包括"适合我个人目标的职业选择""个人职业发展机会""确保我职业发展的通道" 3 个题项；灵活型个性化工作协议包括"适合我个人的工作时间表""在开始和结束我的工作时间上具有额外的灵活性""根据我的个人需求定制的工作时间表" 3 个题项。

Tang 和 Hornung（2015）在 Hornung 等（2008）的 6 题项量表的基础上，将题项进行了扩充，最终形成了包含 2 个维度的 12 题项量表。其中，发展型个性化工作协议包含 6 个题项，即"适合我个人目标的职业选择""定制的学习和资格认证的机会""对个人有激励作用的工作任务""确保职业发展的路径""特殊培训和技能发展的机会""个人职业发展机会"；灵活型个性化工作协议包含 6 个题项，即"根据我的个人需求定制工作时间表""就我的工作地点进行特别安排""减少工作时间或工作量""减少或限制工作时间""可自行选择工作地点""在开始和结束工作时间上有更多的灵活性"。

Sun 等（2020）结合现有的个性化工作协议量表，开发了适用于酒店行业员工个性化工作协议的测量工具。具体地，他们以 Rosen 等（2013）和 Hornung 等（2014）的量表题项为基础，通过对 675 名中高级酒店管理人员的问卷调查及对 20 名酒店行业知识工作者的深度访谈，识别出了中国酒店行业存在的三种个性化工作协议类型，分别是职业和激励型、任务型、灵活型。其中，职业和激励型由 16 个题项组成，任务型由 4 个题项组成，灵活型由 5 个题项组成。

将有关个性化工作协议的测量量表的研究进行梳理汇总，如表 6-1 所示。

表 6-1　个性化工作协议的测量量表

划分方式	学者（年份）	维度	题项
按时间	Rousseau 等（2009）	入职前、入职后	4 题
按内容	Rousseau 和 Kim（2006）	发展型、灵活型、减少工作量	6 题
	Hornung 等（2008）	发展型、灵活型	6 题
	Rousseau 等（2009）	工作时间、发展型	6 题

续表

划分方式	学者（年份）	维度	题项
按内容	Ng 和 Feldman（2010）	薪酬、晋升机会、培训、职业发展、工作保障、个人问题支持	6 题
	Hornung（2010）	任务型	4 题
	Rosen 等（2013）	任务型、时间灵活型、地点灵活型、薪酬型	16 题
	Hornung 等（2014）	任务型、职业型、灵活型	9 题
	Tang 和 Hornung（2015）	发展型、灵活型	12 题
	Sun 等（2020）	职业和激励型、任务型、灵活型	25 题

三、影响因素

在现有研究中，已有多位学者就个性化工作协议的影响因素进行了探究。如 Hornung 等（2008）对以人事规则标准化著称的公务员群体进行了调查，并从工作结构和员工个人方面，对个性化工作协议的影响因素进行了分析。研究表明，工作结构既可以促进也可以抑制个性化工作协议的形成。具体来说，兼职人员在灵活型和发展型个性化工作协议方面表现出了比全职人员更大的定制性。以在家工作的灵活性为基础，远程办公的员工可能会协商更多的灵活型个性化工作协议。对于需要实地工作的员工来说，工作时间和工作地点的要求也限制了他们的灵活性工作安排。在员工个人方面，主动性作为一种以自我启动、持续追求个人和组织目标为特征的行为模式，会促使员工表现出主动设计、要求和谈判工作安排的倾向。

Hornung 等（2009）从结构条件、员工工作行为、雇佣关系等方面分析了个性化工作协议的形成原因。在结构条件方面，工作限制、组织规模、团队规模可能会不利于灵活型个性化工作协议。需要员工在特定地点和时间完成的工作任务会限制员工的灵活度，而远程工作则不受时间和地点要求的限制，更有利于个性化安排；在规模较大的团队中，由于对公平的关注，会使得协调个性化工作协议的压力和难度增大，而对于规模较小的团队来说，个性化的工作安排会更容易实施。在员工行为方面，主动性工作行为和个人主动性意味着员工对个人和组织目标的自我追求，会促使员工寻求个性化工作协议。在雇佣关系方面，当领导认为未能履行对员工的义务时，个性化工作协议可以作为一种非正式的形式来弥补未能履行的义务。Huang 和 Niu（2009）认为高情商的员工更容易获得定制化的工作条件。

Hornung 等（2010）和 Hornung 等（2014）提出，对于处在高质量领导成员交换关系中的员工来说，他们拥有更大的空间来进行角色设计，领导对他们有更多的信任，也更倾向于支持他们的个性化工作协议请求。上述研究证实了高质量的领导成员交换关系可以正向预测员工的任务型、职业型和灵活型个性化工作协议。此外，Hornung 等（2011）从领导风格角度考量了个性化工作协议的影响因素。研究指出，领导的个性化考虑能够促使他们批准更多的发展型和灵活型个性化工作协议。Lee 和 Hui（2011）从资源交换的角度探究了个性化工作协议的前因。研究发现，员工的个人特质如个人主义和社交技能对员工入职前和入职后个性化工作协议的达成均有显著影响，而员工的内部人身份感知仅与员工入职后个性化工作协议的达成显著正相关。

Rosen 等（2013）指出，任职时间较长的员工通常拥有更多的培训、经验和忠诚，失去这些员工会给组织带来相当大的成本。因此，为了留住他们，领导可能会批准他们的个性化工作协议。然而，研究结果并未支持这一假设。另外，具有高水平政治技能的员工具有高度的人际影响力和社会敏锐度，因此他们更有可能成功协商个性化工作协议。具有高质量领导成员交换关系的员工可能会与领导建立相互信任和回报的关系，因此他们会更易成功协商个性化工作协议。研究结果表明，政治技能和领导成员交换关系能够正向预测员工的各类型个性化工作协议。

Liao（2014）提出领导风格可能会影响员工的个性化工作协议。该研究认为，员工会倾向于在与服务型领导合作的过程中发起个性化工作协议谈判，而服务型领导也可能会更易批准员工的个性化工作协议请求，因为服务型领导将员工的利益置于首位，且有更强的动力帮助员工获得成功并充分授权。樊耘等（2015）指出，个性化工作协议建立在心理契约差异的基础之上。该研究将心理契约划分为心理契约责任认定和心理契约责任履行，当员工（组织）心理契约责任认定与其所感知到的组织（员工）心理契约责任履行之间存在较大差异，或员工（组织）心理契约责任履行与其所感知到的组织（员工）心理契约责任认定之间存在较大差异时，员工（组织）会主动向组织（员工）提出制定个性化工作协议。

Ng 和 Lucianetti（2016）从动机角度解释了影响员工个性化工作协议谈判的因素。通过对 406 位意大利在职员工的调查，证实了成就动机和地位动机与员工的个性化工作协议获得显著正相关。同时，Ho 和 Tekleab（2016）分析了员工的个性化工作协议寻求与个性化工作协议获得之间的关系。研究表明，并不是所有的个性化工作协议寻求都会得到批准，这可能与他们的性别、行业工作经验和领导成员交换关系质量有关。Guerrero 等（2016）针对 325 位已经毕业近 15 年的法国工程师的研究表明，职业生涯规划能促进员工发展型个性化工作协议的达成，进而提高其职业满意度、晋升速度、组织层级和薪酬水平。Tuan（2016）发现，相较于保守型组织，创业型组织的员工更有可能提出个性化工作协议请求。吕霄等（2016）发现，前摄型人格的员工会不甘心受到环境的束缚，主动与组织进行个性化工作安排的协商，并且其较高的人际影响力有助于他们成功说服领导对其个性化工作协议请求的批准。

郭灵珊（2017）提出，工作伦理代表了一种尊重工作并且以工作为首要目标的价值观，能够正向预测员工的个性化工作协议。研究结果表明，工作伦理的四个维度，即努力工作是首善，成功来自勤奋，禁欲和内控均与任务型、时间灵活型、地点灵活型和薪酬型个性化工作协议正相关，且当员工具有较高的政治技能时，该正向影响会更强。Guerrero 和 Jeanblanc（2017）认为，社交技能熟练的员工能够与他人建立联系并寻求支持，从而提高了他们获得发展型个性化工作协议的可能。Las Heras 等（2017）通过对 520 份领导—下属数据的分析发现，领导对老人的照顾责任与员工的灵活型个性化工作协议呈正相关。此外，Rofcanin 等（2017）认为，当领导与员工在个性化工作协议谈判后感到员工更多积极和更少消极时，更有可能会批准员工的个性化工作协议请求。

在一项关于批准和拒绝个性化工作协议的研究中，Davis 和 Van der Heijden（2018）指出，管理者更有可能批准他们认为对员工和组织都有利的个性化工作协议请求。对于那些缺乏自信和业务知识的员工来说，他们的个性化工作协议请求会比较难以获得领导的批准。吕霄等（2018）从领导角度探究了个性化工作协议的形成。该研究证实，授权型领导既强调了"授权"，也强调了"赋能"，倾向于认可下属的主动性、关心和支持下属的个人需求、注重提升与下属的人际关系等，能够有效提升员工的心理安全感，而员工高水平的心理安全感会提高他们向授权型领导寻求更多个性化工作协议的意愿。

Luu 和 Djurkovic（2019）基于对 1182 名医疗工作者及其 168 位领导的调查，

发现家长式领导的权威这一维度与员工的个性化工作协议获得呈现出微弱的负相关，而家长式领导的仁慈和道德维度与员工的个性化工作协议获得呈现出正相关。该研究也为组织认同和角色宽度自我效能感在家长式领导和个性化工作协议关系间的中介作用提供了支持。Morf 等（2019）在对银行业员工的调查中发现，低质量的领导成员交换关系可能会导致员工的任务型个性化工作协议谈判失败，从而引发员工的犬儒主义。

Kelly 等（2020）基于资源保存理论提出，领导的情感支持能够提高员工获得时间灵活型个性化工作协议的可能性，因此时间灵活型个性化工作协议是领导情感支持促进员工家庭绩效和减少员工越轨行为的路径。此外，刘瀚（2020）在探究领导幽默对新员工社会化的影响机制时发现，领导幽默可以通过激发新员工的真实自我表达，进而促进其主动地进行工作设计，如工作重塑和寻求任务型个性化工作协议。吕霄（2020）认为，员工的内在职业目标会促使他们主动寻求学习和提升的工作机会，促使其形成更强烈的学习动机和成长诉求，因此这类员工会主动与领导协商定制化的工作安排。

胡玉婷（2021）从自我验证的理论视角提出，员工的资质过剩感能够正向预测员工的任务型个性化工作协议，其中证明目标导向在两者关系中起到中介作用。王瑶（2021）发现，居家办公会正向促进员工灵活型个性化工作协议的达成。同时，Taser 等（2021）指出，亲社会动机可能是促进领导批准员工灵活型个性化工作协议的重要因素，因为亲社会动机较强的领导会将批准灵活型个性化工作协议视为一个能够支持员工实现工作和生活平衡，且对组织有益的途径。Ng 等（2021）的研究表明，员工的创新贡献是他们能够获得发展型个性化工作协议的一个重要原因。这是因为，员工创新行为的增加能够得到组织的赞赏和认可，使得组织为其提供更多的发展机会，以确认他们在工作中的社会地位。Laulié 等（2021）认为，在过去获得过个性化工作协议的领导更有可能会批准下属的个性化工作协议请求，而领导的公平敏感性与下属的个性化工作协议呈倒 U 形关系，即当领导的公平敏感性较高或较低时，他们都不太可能会批准员工的个性化工作协议请求。

最近，Anand 等（2022）通过对 69 个工作组中 258 名员工的调查发现，当员工认为他们的团队领导在程序上是公平的时，他们更有可能会获得个性化工作协议。此外，员工对领导者是否公平的感知受到同事对领导者是否公平的感知的影响，即员工与同事对领导公平认知的一致性会影响员工个性化工作协议的获得。

从员工、领导和组织三个角度对个性化工作协议的影响因素进行梳理汇总，如表6-2所示。

表6-2　个性化工作协议的影响因素

分类	影响因素	学者（年份）
员工角度	主动性	Hornung 等（2008）、Hornung 等（2009）
	社交技能	Lee 和 Hui（2011）、Guerrero 和 Jeanblanc（2017）
	个人主义、内部人身份感知	Lee 和 Hui（2011）
	政治技能、情商	Rosen 等（2013）、Huang 和 Niu（2009）
	心理契约差异	樊耘等（2015）
	成就动机、地位动机	Ng 和 Lucianetti（2016）
	个性化工作协议寻求	Ho 和 Tekleab（2016）
	职业生涯规划	Guerrero 等（2016）
	前摄型人格、工作伦理	吕霄等（2016）、郭灵珊（2017）
	自信、业务知识	Davis 和 Van der Heijden（2018）
	内在职业目标、创新行为	吕霄（2020）、Ng 等（2021）
	资质过剩感、居家办公	胡玉婷（2021）、王瑶（2021）
	员工对领导公平的感知	Anand 等（2022）
领导角度	未履行的对员工的义务	Hornung 等（2009）
	领导成员交换关系	Hornung 等（2010）、Hornung 等（2014）、Rosen 等（2013）、Morf 等（2019）
	个性化考虑、服务型、授权型、家长式领导	Hornung 等（2011）、Liao（2014）、吕霄等（2018）、Luu 和 Djurkovic（2019）
	对老人的照顾责任	Las Heras 等（2017）
	谈判后领导的积极、消极感知	Rofcanin 等（2017）
	情感支持、领导幽默、亲社会动机	Kelly 等（2020）、刘瀚（2020）、Taser 等（2021）
	个性化工作协议、公平敏感性	Laulié 等（2021）
组织层面	兼职、远程工作、实地工作	Hornung 等（2008）
	工作限制、团队规模、组织规模	Hornung 等（2009）
	创业导向	Tuan（2016）

第三节 个性化协议对领导、团队及员工的影响

一、对核心员工的影响

目前，已有大量研究探索了个性化工作协议对核心员工的影响。具体地，当前研究不仅证实了个性化工作协议对核心员工工作态度和工作行为的积极影响，还证实了个性化工作协议的溢出效应。

1. 工作满意度

Hornung 等（2010）发现，入职后的个性化工作协议能够通过提升核心员工的工作自主性和分配公平感知，进而提升其工作满意度。Rosen 等（2013）通过两项实证研究发现，任务和责任型、时间灵活型个性化工作协议对核心员工工作满意度和组织承诺具有显著的正向影响，而地点灵活型和财务激励型的效应却不显著。Vidyarthi 等（2014）认为，灵活型个性化工作协议对核心员工满意度和感知组织支持的影响不是线性的，而是呈现出 U 形。孙宁和孔海燕（2016）探究了在中国情景下个性化工作协议对员工工作满意度和情感承诺的影响。结果表明，在各个维度中，任务型个性化工作协议对员工工作满意度和情感承诺均有正向影响；时间灵活型和地点灵活型个性化工作协议对员工工作满意度和情感承诺的影响均不显著；薪酬型个性化工作协议仅显著正向影响员工工作满意度。Liao 等（2017）证实了个性化工作协议能够通过增强核心员工对领导程序公平的感知，进而提高核心员工的工作满意度。

2. 情感承诺

Ng 和 Feldman（2010）通过对 375 名管理者的调查发现，个性化工作协议能够正向提升核心员工对组织的情感承诺，当员工核心自我评价较低且年龄较大时，该正向影响越强。Liu 等（2013）验证了个性化工作协议对员工情感承诺的影响。研究证实，发展型和时间灵活型个性化工作协议能够通过提升核心员工的感知组织支持和组织自尊，进一步增强其对组织的情感承诺。其中，员工的个人主义特质起到不同的调节作用，当员工个人主义特质较高时，感知组织支持的中介作用减弱，而组织自尊的中介作用增强。此外，Rofcanin 等（2016）将个性化

工作协议和工作重塑的概念进行了对比，并通过实证研究证实了个性化工作协议对核心员工情感承诺的积极影响。

3. 留职意向

Ho 和 Tekleab（2016）指出，个性化工作协议不仅能够有效提升核心员工的工作满意度和组织承诺，还能有效降低他们的离职倾向。Singh 和 Vidyarthi（2018）构建了个性化工作协议影响核心员工工作结果的研究模型。通过对 338 名教职工的调查发现，个性化工作协议能够显著地降低核心员工的离职倾向，其中感知组织支持、领导成员交换和领导成员交换比较起中介作用。吴尘（2019）认为，个性化工作协议能够通过提高核心员工的组织自尊和组织认同，进而提高员工的留职意向。通过对残障人士的调查，Brzykcy 等（2019）发现，个性化工作协议能够通过提升残障人士的感知工作能力，进而有效降低他们的离职意向。类似地，Zhang 等（2021）证实个性化工作协议能够同时提升核心员工的感知内部就业能力和感知外部就业能力，这一发现与 Oostrom 等（2016）的结论相似，即核心员工的感知内部就业能力与其离职倾向负相关，感知外部就业能力与其离职倾向正相关，而感知内部绩效机会在其中起到关键作用。

4. 工作感恩

现有研究证实了个性化工作协议对核心员工工作感恩的提升作用。Ng 等（2021）发现发展型个性化工作协议的增加能够正向预测核心员工活力的增加、感恩的增加，以及儒犬主义的降低。Wu 等（2022）发现，发展型和灵活型个性化工作协议能够提高核心员工的工作感恩，进而减少他们的职场偏离行为。

5. 工作投入

Hornung 等（2010）证实了任务型个性化工作协议能够通过改变员工工作任务的特征，如提高工作复杂度、控制感、降低压力，进而提升核心员工的工作投入水平。Bal 等（2012）通过对退休人员的调查，发现发展型和灵活型个性化工作协议能够增强退休人员继续工作的意愿。Davis 和 Van der Heijden（2018）发现，个性化工作协议可以提高员工对其心理契约改变的接受程度，进而促进他们的工作投入。此外，Pestotnik 和 Süß（2021）指出，发展型个性化工作协议的获得能够显著降低员工的努力回报不平衡感知，进而对其工作投入水平产生影响；而当员工的个性化工作协议请求被拒绝时，他们会产生较高水平的努力回报不平衡感知。

6. 工作绩效

Hornung 等（2014）证实，任务型个性化工作协议能够通过提升核心员工的工作自主性，进而提升其工作绩效。类似地，陈芳（2015）、Bal 和 Dorenbosch（2015）提出，个性化工作协议能够有效提升组织绩效。Vidyarthi 等（2016）发现，获得高于团队平均水平的个性化工作协议的员工会表现出更高的工作绩效，尤其当所在工作组的团队导向较低或团队任务依赖程度较低时，该正向作用越强。然而，吕霄等（2016）研究发现，个性化工作协议可以正向预测核心员工的创新行为，但与核心员工的角色内绩效可能存在负向相关关系。该研究解释道，这可能是由于获得灵活型个性化工作协议的员工因没有遵照与其他同事相同的上下班时间而降低了对自身工作绩效的主观评价。Rofcanin 等（2021）采用了每周测量的方法，通过对周数据的分析发现，任务型个性化工作协议能够通过丰富核心员工的结构性工作资源，进而提升其工作绩效。

7. 工作繁荣

张润虹（2020）认为，任务型和发展型个性化工作协议具有社会情感性质，因此将这两种个性化工作协议定义为社会性契约；灵活型和薪酬型个性化工作协议具有经济性质，因此将这两种个性化工作协议定义为经济性契约。该研究认为，社会性契约类似于激励因素，而经济性契约类似于保健因素，因此相较于经济性契约，社会性契约对核心员工的工作繁荣有着更加显著的正向影响。进一步地，刘雪洁（2021）证实了发展型和灵活型个性化工作协议对年长员工工作繁荣的影响，表明组织能够通过个性化的工作设计，激活老龄化劳动力，这一研究结论与 Bal 和 Jansen（2015）的发现一致。

8. 创新绩效

通过对通信行业 261 名员工的调查，王小健等（2020）发现，发展型和灵活型个性化工作协议能够通过提升核心员工的组织自尊和变革责任感知，提升其创新绩效。黄昱方和陈欣（2021）构建了任务和责任型及灵活型个性化工作协议影响研发人员创新绩效的研究模型。通过对 315 位研发人员的调查发现，任务和责任型个性化工作协议及灵活型个性化工作协议均能显著正向影响研发人员的创新绩效，但任务和责任型比灵活型的影响效应更强。王秋英（2021）分析了个性化工作协议在科创型企业中的有效性，研究发现个性化工作协议能够通过提升核心员工的组织自尊，进而提高科创型企业的新产品开发绩效。

9. 组织公民行为

Anand 等（2010）通过对 231 对领导—员工的调查发现，发展型个性化工作协议能够正向预测核心员工的组织公民行为；当员工与领导和团队成员的交换关系质量较差时，该正向影响越强。在此基础上，Anand 等（2018）进一步指出，领导成员交换可能是个性化工作协议影响核心员工组织公民行为的中介。Huo 等（2014）也验证了个性化工作协议对核心员工组织公民行为的影响，但该研究结果只支持了人际公民行为，而未支持组织公民行为。Ho 和 Kong（2015）发现，任务型和财务激励型个性化工作协议能够通过提升领导成员交换关系和满足能力需求，进而激发核心员工对同事的公民行为。孙宁（2016）发现，任务型个性化工作协议可以通过提升员工的工作满意度来激发员工的组织公民行为模型。类似地，刘道（2018）发现核心员工的组织承诺能够中介任务型和薪酬型个性化工作协议与核心员工组织公民行为之间的关系。刘宇宇（2021）认为，个性化工作协议能够通过提升员工的组织认同感，进而促使其表现出更多的组织公民行为。

10. 建言行为

Ng 和 Feldman（2015）通过对 265 份美国样本和 201 份中国样本的对比研究发现，发展型和时间灵活型个性化工作协议能够正向预测核心员工的建设性建言行为。其中，灵活工作角色倾向、社交网络行为和组织信任均在个性化工作协议和建言行为关系间发挥中介作用。与时间灵活型个性化工作协议相比，上述中介变量在发展型个性化工作协议和建言行为关系间的中介作用更强。Ng 和 Lucianetti（2016）发现，员工对其自身个性化工作协议获得的认知能够提升角色内绩效，进而激发其建言行为。

11. 知识分享/隐藏行为

王星勇（2017）和胡玮玮等（2018）指出，个性化工作协议能够激发核心员工的知识共享行为。研究表明，任务型和发展型个性化工作协议能够通过提升核心员工的组织自尊来进一步激发其知识共享行为，而灵活型个性化工作协议对组织自尊和知识共享行为的正向作用并未得到支持。华培（2021）以自我决定理论为基础，探究了个性化工作协议对员工知识隐藏行为的影响路径。该研究证实，发展型和灵活型个性化工作协议能够通过提高核心员工的和谐式激情、减少核心员工强迫式激情，进而减少核心员工的知识隐藏行为。

12. 创造力/创新行为

罗萍等（2020）证实，个性化工作协议能够通过满足核心员工的能力需求、自主需求和关系需求，进而提高其创造力。同时，马君等（2020）指出，个性化工作协议的获得能够促使核心员工做出积极的自我归类，增强他们认为自己是组织内部人的程度，这一发现与 Ding 和 Chang（2020）的结论一致。内部人身份感知则能够促使其做出符合自己内部人身份的工作行为，即提升自身的创造力水平。另外，潘林玉（2021）认为，个性化工作协议能够通过增加员工的创新过程投入，进而提升其创造力。此外，学者们也探究了个性化工作协议对员工创新行为的影响。罗佳（2019）通过员工—领导匹配样本，证实了个性化工作协议能够增强员工的组织支持感知，进而增加其创新行为。同时，基于工作要求—资源模型，刘佳思（2019）指出，个性化工作协议能够通过提升核心员工的创造自我效能感和挑战性压力，进而促进其创新行为。吕霄等（2018）认为，授权型领导可以通过增强员工的心理安全感进而正向影响其个性化工作协议，而个性化工作协议的获得能够正向预测创新行为。此外，吕霄等（2020）和 Wang 等（2018）基于社会认知理论提出，个性化工作协议能够有效提升核心员工的创新自我效能，进而使得他们做出更多的创新行为。类似地，Kimwolo 和 Cheruiyot（2020）也发现了任务和责任型、灵活型个性化工作协议能够有效增加核心员工创新行为的证据。李顺（2020）提出，个性化工作协议能够通过提高员工的自主性动机，进而激发他们的创新行为。

13. 负面工作行为

金玉笑等（2018）认为，个性化工作协议能够通过提升核心员工的工作满意度，进而引发其越轨创新行为。王乙妃（2020）通过构建双中介模型验证了个性化工作协议对核心员工越轨创新行为的影响。该研究指出，个性化工作协议能够通过内部人身份感知和工作旺盛感的双中介作用，增加核心员工的越轨创新行为。王国猛和刘迎春（2020）通过对 422 名员工的调查发现，个性化工作协议的获得能够提升核心员工的组织认同感，而高水平的组织认同感可能会促使其为了维护组织福祉而做出亲组织但非伦理的工作行为，如建设性偏差行为。类似地，王国猛等（2020）还指出，个性化工作协议的获得可能会在一定程度上提升核心员工的心理特权。为了持续获得个性化工作协议，维持与领导之间高质量的交换关系，核心员工可能会采取不符合道德规范但有助于企业绩效目标实现的方式来行事，如亲组织不道德行为。刘迎春（2020）证实了个性化工作协议能够引发核心员工的亲社会违规行为，其中领导成员交换在两者关系间发挥中介作用。

14. 溢出效应

Hornung 等（2008）发现发展型和灵活型个性化工作协议的效应存在差异，如发展型个性化工作协议与核心员工的绩效期待和加班正相关，而灵活型个性化工作协议则仅与工作家庭冲突负相关。Hornung 等（2009）发现，灵活型个性化工作协议与核心员工的工作家庭平衡呈正相关，但未发现发展型和减少工作量型个性化工作协议对员工工作家庭平衡的影响。Hornung 等（2011）进一步指出，发展型个性化工作协议仅能提高核心员工的工作投入，而灵活型个性化工作协议仅能降低员工的工作家庭冲突。Las Heras 等（2017）在其研究中证实，灵活型个性化工作协议能够增强核心员工对工作家庭平衡的满意度。

在另一项研究中，Las Heras 等（2017）证实了个性化工作协议对家庭领域的溢出效应，且灵活型个性化工作协议可以通过提升核心员工的家庭绩效来间接地提升其工作绩效。该研究还强调，对于感知组织支持度高的员工，灵活型个性化工作协议与其家庭绩效间的正向关系更强；当员工感知阻碍性工作需求较低时，员工家庭绩效和工作绩效间的正向关系更强。此外，Tang 和 Hornung（2015）同样也发现，灵活型个性化工作协议能够显著地增强核心员工的工作家庭增益。类似地，饶静（2020）、Kelly 等（2020）和姚俊巧（2021）也发现，个性化工作协议能够促进核心员工的家庭绩效。

Lemmon 等（2016）指出，个性化工作协议可以提升核心员工的情感承诺和继续承诺。其中，情感承诺能够显著提升核心员工的角色内绩效以及对领导的公民行为，而继续承诺则能够减少核心员工的工作家庭冲突，并提高他们的生活满意度。Bal 和 Boehm（2019）提出，个性化工作协议的积极作用会溢出到组织外部。具体地，个性化工作协议能够有效地降低核心员工的情绪耗竭水平并增强核心员工的集体承诺，进而有助于提升客户满意度。

将个性化工作协议对核心员工的影响的相关研究进行梳理汇总，如表 6-3 所示。

表 6-3　个性化工作协议对核心员工的影响

分类	作用结果	学者（年份）
工作态度	工作满意度	Hornung 等（2010）、Rosen 等（2013）、Vidyarthi 等（2014）、孙宁和孔海燕（2016）、Liao 等（2017）

续表

分类	作用结果	学者（年份）
工作态度	组织情感承诺	Ng 和 Feldman（2010）、Liu 等（2013）、Rofcanin 等（2016）
	留职意向	Ho 和 Tekleab（2016）、Singh 和 Vidyarthi（2018）、吴尘（2019）、Brzykcy 等（2019）、Zhang 等（2021）
	工作感恩	Ng 等（2021）、Wu 等（2022）
角色内行为	工作投入	Hornung 和 Rousseau 等（2010）、Bal 等（2012）、Davis 和 Van der Heijden（2018）、Pestotnik 和 Süß（2021）
	工作绩效	Hornung 等（2014）、陈芳（2015）、Bal 和 Dorenbosch（2015）、Vidyarthi 等（2016）、吕霄等（2016）、Rofcanin 等（2021）
	工作繁荣	张润虹（2020）、刘雪洁（2021）
角色外行为	创新绩效	王小健等（2020）、黄昱方和陈欣（2021）、陈欣（2021）、王秋英（2021）
	组织公民行为	Anand 等（2010，2018）、Huo 等（2014）、Ho 和 Kong（2015）、孙宁（2016）、刘逍（2018）、刘宇宇（2021）
	建言、知识分享、隐藏	Ng 和 Feldman（2015）、Ng 和 Lucianetti（2016）、王星勇（2017）、胡玮玮等（2018）、华培（2021）
	创造力和创新行为	罗萍等（2020）、马君等（2020）、潘林玉（2021）、罗佳（2019）、刘佳思（2019）、吕霄等（2018）、吕霄等（2020）、Wang 等（2018）、Kimwolo 和 Cheruiyot（2020）、李顺（2020）
负面工作行为	越轨创新、建设性偏差、亲组织不道德、亲社会违规	金玉笑等（2018）、王乙妃（2020）、王国猛和刘迎春（2020）、王国猛等（2020）、刘迎春（2020）
溢出效应	工作家庭平衡	Hornung 等（2008）、Hornung 等（2009）、Hornung 等（2011）、Las Heras（2017）
	家庭绩效	Las Heras 等（2017）、Tang 和 Hornung（2015）、饶静（2020）、Kelly 等（2020）、姚俊巧（2021）
	生活满意度、客户满意度	Lemmon 等（2016）、Bal 和 Boehm（2019）

二、对同事的影响

Rousseau（2005）和 Greenberg 等（2004）指出，个性化工作协议的最终有效性受到一个三角关系的影响，包括批准个性化工作协议的领导、获得个性化工作协议的核心员工及其同事。由于其群体内异质性特征，个性化工作协议在组织中的实施不可避免地会引起利益相关第三方同事的反应。现有研究在探究了个性化工作协议对核心员工的影响之外，也对同事对核心员工个性化工作协议的反应进行了初步探索。

Lai 等（2009）首次通过实证研究调查了同事对核心员工个性化工作协议的反应。该研究指出，同事对核心员工个性化工作协议的接受程度受到人际关系的影响，即当同事与核心员工私下关系较好时，他们更容易接受核心员工的个性化工作协议。此外，同事的接受度还受到同事与领导之间交换关系的影响。Lai 等（2009）将交换关系分为两种，即经济交换关系和社会交换关系。经济交换关系强调的是涉及财务或货币如工资津贴等资源的交换，它的特点是员工和领导双方投入较少的个人情感资源；而社会交换关系则不仅包括金钱的交换，还包括双方的相互支持、人际依恋、信任和忠诚等互惠交换。同事与领导之间的经济交换关系负向预测同事对核心员工个性化工作协议的接受程度，而社会交换关系则正向预测同事的接受程度。与此同时，当同事与领导之间的关系也是社会交换关系时，同事会相信自己在未来有同样的机会能够获得类似的个性化工作安排，从而表现出更高水平的接受度，而同事与领导之间的经济交换关系则会起到反作用。

Ng（2017）基于公平理论指出，观察到核心员工个性化工作协议的同事可能会产生较高水平的嫉妒，进而增强同事对竞争氛围的感知，而竞争氛围则会进一步增强同事的被排斥感知和离职倾向。同样地，基于公平理论，Marescaux 等（2019）发现，相较于灵活型个性化工作协议和工作量减少型个性化工作协议，核心员工的薪酬激励型个性化工作协议更有可能引发同事的分配不公平感知，进而使同事表现出更多的抱怨行为和要求金钱补偿的行为。

Kong 等（2020）从资源角度探究了同事对核心员工个性化工作协议的反应。该研究证实了核心员工的任务型个性化工作协议能够降低其自身的情绪耗竭水平，进而减少其偏离行为；但与此相反，核心员工的任务型个性化工作协议可能会增强同事的情绪耗竭水平，进而使同事表现出较多的偏离行为。基于公平启发式理论和特质激活理论，Huang 和 Tang（2021）构建了核心员工个性化工作协议影响同事创新行为的理论模型。通过两个研究的实证分析，发现核心员工的个性化工作协议会导致旁观者（即同事）的创新过程投入降低，其中旁观者的心理契约违背在两者关系间起到中介作用。同时，Zhang 等（2021）发现，核心员工的个性化工作协议获得可能会通过增强同事的不公平感知，进而降低同事与核心员工的合作意愿。

Abdulsalam 等（2021）发现，核心员工的薪酬绩效型个性化工作协议会显著负向影响旁观者的工作绩效，但当旁观者与核心员工的绩效相似性较高时，上述负向影响就会减弱。这是因为，较高水平的绩效相似性会使得旁观者认为自己在未来也能获得相似的组织待遇，因此不会在当下就表现出消极反应。Van Waeyenberg 等（2022）从归因角度探究了核心员工个性化工作协议对同事的影响。通过两项独立但互补的研究，学者们发现，当同事将核心员工的灵活型个性化工作协议归结于核心员工的个人需求时，同事会对自己的能力评价较高，从而展现出更多的组织公民行为；但当同事将核心员工的灵活型个性化工作协议归结于核心员工的绩效时，同事会降低对自己能力的评价，进而较少地表现出组织公民行为。

基于公平理论，熊静等（2018）探索了个性化工作协议对同事工作退缩行为的影响机制。该研究发现，核心员工的个性化工作协议会导致同事心理契约违背感提高，进而增加其工作退缩行为，且同事与组织之间的社会交换关系能够显著地削弱该正向影响。同样基于公平理论，杨健婷（2021）探究了核心员工个性化工作协议对同事离职倾向的影响。该研究指出，同事的公平感知中介了核心员工个性化工作协议与同事离职倾向之间的正向关系；同时，团队成员之间的交换关系质量能够减弱个性化工作协议对同事公平感知的负向影响。此外，任政（2020）构建了核心员工个性化工作协议对同事沉默行为的影响模型。通过对222份有效样本的实证分析，该研究发现核心员工个性化工作协议与同事的沉默行为显著正相关，其中员工的消极情绪在两者关系之间起中介作用；并且，该影响机制受到同事公平敏感性的调节，即对于公平敏感性较高的同事来说，核心员工所获得的个性化工作协议越多，他们的消极情绪就越强，所表现出的沉默行为就越多。王林琳等（2021）通过对204名员工的调查发现，新员工的个性化工作协议可能会引起同事的双重反应，包括职场排斥和自我完善，而嫉妒感在其关系之间起到中介作用。

将有关核心员工个性化工作协议影响第三方同事反应的研究梳理成表格，如表6-4所示。

表6-4　个性化工作协议对同事的影响

学者（年份）	研究结论
Lai 等（2009）	关系越好，同事越会表现出更高的接受程度；同事与领导的社会交换关系能够增强同事对自己未来获得个性化工作协议的感知，进而表现出更高的接受程度，而经济交换关系则相反
Ng（2017）	增加同事嫉妒和竞争氛围感知，从而提高同事的被排斥感知和离职倾向
熊静等（2018）	导致同事的心理契约违背感提高，进而导致其工作退缩行为
Marescaux 等（2019）	引发同事的分配不公平感知，进而导致同事的抱怨行为和要求补偿的行为
Kong 等（2020）	导致同事的情绪耗竭，从而激发其偏离行为
任政（2020）	通过增加同事的消极情绪导致其沉默行为增多
Huang 和 Tang（2021）	导致旁观者心理契约违背，从而导致其创新过程投入减少
Zhang 等（2021）	导致同事不公平感知增加，进而降低其与核心员工的合作意向
Abdulsalam 等（2021）	会降低同事的工作绩效，但当同事和核心员工绩效相似性较高时，该负向影响减弱
杨健婷（2021）	通过负向影响同事的公平感知，导致同事离职倾向增强
王林琳（2021）	可能会引起同事的职场排斥和自我完善，而嫉妒感在其关系间发挥中介作用
Van Waeyenberg 等（2022）	当同事将个性化工作协议归结于核心员工的个人需求而非高绩效时，他们会认为自己更有能力，从而展现出更多的组织公民行为

三、个性化工作协议的调节效应

学者们不仅探索了个性化工作协议对核心员工及其同事的直接影响，还关注了个性化工作协议在不同情景中的调节效应。

樊耘等（2015）在剖析个性化工作协议的形成过程时指出，个性化工作协议源于员工或组织心理契约比较的差异，因此它能够在一定程度上弥补员工的心理契约破坏。Guerrero 等（2014）以136名被组织认定为高绩效工作者的中高级管理者为调研样本，证实了信任在心理契约违背和组织情感承诺关系间的中介作用，且当发展型个性化工作协议较高时，该中介效应不显著。换句话说，在心理契约违背的情况下，发展型个性化工作协议可以作为一种信任补充，修复员工因心理契约违背而降低的组织情感承诺。与此相反，Ng 和 Feldman（2012）提出，心理契约违背会削弱员工对组织的情感承诺，而组织未来个性化工作协议的承诺不仅不会缓冲该负面影响，反而会加剧心理契约违背对员工情感承诺的消极影响。经过实证检验发现，研究结果并未支持这一双方交互效应，但证实了一个三方交互效应，即当员工被承诺未来的个性化工作协议，且员工认为在其他地方几乎找不到类似的工作选择时，心理契约违背对员工情感承诺的负向影响达到最大。学者们解释道，员工会因组织契约违背而产生对组织的不信任感，并且会将这种不信任感带入未来的雇佣关系中。因此，经历过组织契约违背的员工会将组织的未来个性化工作协议承诺视为组织不履行现有协议的借口。而感知工作选择则反映出员工的市场价值，当员工感知外部工作选择较多时，他们会对组织履行未来个性化工作协议的承诺更有信心；但当员工感知外部工作选择较少时，他们会认为自己的谈判能力较弱，且对组织的影响力较小，因此组织可能不会兑现其未来个性化工作协议的承诺。

此外，张伟伟（2016）研究指出，个性化工作协议能够有效缓解员工资质过剩感与其工作投入之间的负向关系，其中任务型个性化工作协议的调节作用最强，时间灵活型和薪酬型个性化工作协议次之，地点灵活型个性化工作协议的调节作用不显著。相似地，郝逸斐（2020）以335位新生代员工为样本，证实资质过剩感会通过增加员工的工作疏离感，进而减少员工的积极组织行为，而个性化工作协议能够对上述机制起到调节作用。在个性化工作协议的各个维度中，任务型个性化工作协议的调节作用最强，薪酬型和发展型次之，灵活型个性化工作协议的调节作用则不显著。此外，朱彩玲（2020）通过实证研究发现，个性化工作协议能够影响资质过剩感与员工情绪之间的关系，即员工的个性化工作协议越多，资质过剩感对员工消极情绪的正向影响就越小，对员工积极情绪的正向影响就越大。

将有关个性化工作协议的调节效应的研究梳理形成表格，如表6-5所示。

表6-5 个性化工作协议的调节效应

工作情景	学者（年份）	研究结论
心理契约违背	Ng 和 Feldman（2012）	在高未来个性化工作协议承诺和低感知工作选择的情况下，心理契约违背对员工情感承诺的负面影响最大
	Guerrero 等（2014）	可以作为一种信任补充，修复员工因心理契约违背而降低的组织情感承诺
资质过剩感	张伟伟（2016）	任务型、时间灵活型和薪酬型个性化工作协议能够有效缓解员工资质过剩感与其工作投入之间的负向关系

续表

工作情景	学者（年份）	研究结论
资质过剩感	郝逸斐（2020）	任务型、薪酬型和发展型个性化工作协议能够减弱资质过剩感对员工工作疏离感的影响，进而影响其积极的组织行为
	朱彩玲（2020）	能够削弱资质过剩感对员工消极情绪的正向影响，增强资质过剩感对员工积极情绪的正向影响

本章小结

（1）个性化工作协议，又称个性化契约、个别协议或个性化交易，是个别员工和雇主之间就双方均受益的条款所达成的自愿的、个性化的非标准工作协议。

（2）个性化工作协议具有四个显著的特点：个别协商、异质性、双赢以及形式和范围不同。

（3）个性化工作协议的最终有效性受到一个三角关系的影响，包括批准个性化工作协议的领导、获得个性化工作协议的核心员工及其同事。

个性化工作协议对核心员工的影响主要体现在工作态度、工作行为、负面工作行为和溢出效应上。具体而言，在工作态度方面，个性化工作协议能够提高工作满意度，增强对组织的情感承诺，有效降低离职倾向并提升工作感恩；在工作行为方面，个性化工作协议能够有效促进核心员工的角色内行为（工作投入、工作绩效、工作繁荣）和角色外行为（创新绩效、组织公民行为、建言行为和知识共享、创新力和创新行为）。当然，个性化工作协议也会对核心员工产生消极影响，例如个性化工作协议可能会引发核心员工的亲社会违规行为，出现负面工作行为。另外，个性化工作协议还会对核心员工的工作家庭平衡、家庭绩效、生活满意度和客户满意度产生溢出效应。个性化工作协议对同事的影响表现在同事的接受程度、不公平感知、情绪、组织公民行为和工作绩效等方面。

（4）个性化工作协议不仅对核心员工及其同事产生直接影响，还在心理契约违背、资质过剩感等不同情景中起调节作用。

思考题

1. 社会比较理论的主要内容是什么？

2. 什么是个性化工作协议？有哪些特点？可以如何分类与测量？

3. 试举例说明个性化工作协议的影响因素。

4. 个性化工作协议对领导、团队及员工本人有哪些影响？

第七章　新员工与组织社会化

新员工是企业发展的活力和新动力，其组织社会化关系到企业的可持续发展。本章中，我们将了解新员工和组织社会化的概念，掌握组织社会化的影响因素和组织社会化的结果，讨论新员工主动行为对组织社会化的影响，探讨新员工建言与领导反应之间的关系并明确建言行为的重要性。

第一节　新员工概述

一、新员工的概念

在管理学研究中，学者们从变动类型和入职期限两个方面对新员工进行了界定。

从变动类型来看，新员工可以分为在组织间变动的新加入员工和在组织内部转换的岗位变动者。相比新加入员工，岗位变动者只是改变了岗位而未改变环境。因此，岗位变动者对环境的认识和适应高于新加入员工。由此可见，只有新加入员工才具有重新学习技能、明确角色定位及构建人际网络的需要。

从入职期限来看，学术界对新员工的入职期限存在争议。Jokisaari 和 Nurmi（2009）将新员工定义为加入组织不满 6 个月的员工。苏晓艳（2014）将新员工定义为在组织内工作不满 3 年的员工。然而，多数学者认为，新员工应该是在组织内工作不满 1 年的员工。因此，根据文献归纳和研究需要，本书将新员工定义为"在组织之间变动且入职时间不满一年的新进员工"。

二、新员工的特征

新员工具有以下三个方面的特征：

（1）缺乏信息或资源。在进入组织初期，新员工在未经充分准备的情况下，对组织环境、工作条件以及同事等缺少了解，这也成了新员工融入组织的首要障碍。

（2）谨慎又敏感。作为外来者，新员工很容易成为老员工排挤、攻击的对象。因而，新员工在入职初期通常比较谨小慎微，关注外界对自己的看法，以此来审视自己的举止。

（3）积极又莽撞。新员工为了尽快适应新环境，会积极地寻求信息，与领导、同事建立联系。然而，新员工并不了解领导、同事，因此积极性并不会给他们带来良好的反馈，甚至会被视作鲁莽。

第二节　组织社会化概述

一、组织社会化的概念

1895 年，德国学者 Simmel 在《社会学的问题》一文中首次提出了"社会化"这一概念。1979 年，Van Maanen 和 Schein（1979）将"社会化"这一概念从社会学引入组织行为学领域。自此，越来越多的学者开始关注组织社会化（Organizational Socialization）的相关研究。Van Mannen 和 Schien（1979）将社会化定义为"个体习得融入组织所需的态度、知识和行为的过程"。在这个过程中，组织会尝试影响并塑造员工，而员工则会尝试在组织中确立自己的角色和地位。Bauer 等（1998）则将组织社会化定义为新员工自身的态度、行为等逐渐被组织内的其他成员所接受的过程。Filstad（2011）认为，组织社会化是指新员工通过不断学习与组织有关的社会和文化知识，以便转变为组织内部人的过程。

国内有关组织社会化的研究也取得了一定的成果。王明辉和凌文辁（2006）从学习视角出发，将组织社会化定义为新员工为了匹配组织目标、理解价值体系以及学习行为规范，从而不断调整自己的态度和行为的过程。王雁飞和朱瑜

（2006）总结了以往学者们的观点，指出组织社会化是新员工通过调整自己的价值观、工作态度和行为以适应新环境、认同新组织，从而成功地融入组织的过程。严鸣等（2011）基于认同理论对组织社会化进行了定义：组织社会化是新员工进入企业后重新塑造自己的组织角色以及成为各种群体成员的过程，该过程通过组织社会化策略、组织内社会群体的影响以及新员工自身主动性行为之间的互动而发展，并在员工离开组织时结束。张燕红等（2015）基于关系资源视角将组织社会化定义为新员工进入陌生环境后，不断地学习专业知识和技能、调整自己的态度和行为，以便能更好地完成工作任务和绩效目标，并被组织内部成员所接纳，进而完成角色转变的过程。随着研究的深入和发展，国内外学者对组织社会化的认知和侧重点各有不同。由此，我们基于现有文献对组织社会化的概念进行梳理并整合汇总，如表 7-1 所示。

表 7-1　组织社会化的概念

学者	年份	研究观点
Van Maanen 和 Schein	1979	组织社会化是个体习得融入组织所需的态度、行为和知识的过程
Louis	1980	组织社会化是指员工通过学习组织的价值观、行为规范和知识技能以承担新工作角色的过程
Fisher	1986	组织社会化是新员工适应新环境的过程，包括学习工作技巧、学习合适的行为模式等
Chao 等	1994	组织社会化是指新员工的一种学习过程。从员工角度来看，它是指新员工在这个过程中逐渐适应新的工作角色，学习新知识的过程；从组织角度来看，它是指通过组织内部的各种培训，引导新员工适应组织的过程
Taormina	1994	组织社会化是指员工通过不断的学习以加深对组织的理解，从而获得同事的支持和工作技能，适应组织规则的过程
Bauer	1998	组织社会化是指员工自身的态度、行为等逐渐被组织内的其他成员所接受的过程
Irene	2002	组织社会化是指员工从外部人员转变成组织内部人员的适应过程
Filstad	2011	组织社会化是指员工不断学习与组织有关的文化知识，以期转变为组织内部成员的过程
王明辉	2006	组织社会化是指新员工为了匹配组织目标、理解价值体系以及学习行为规范，从而不断调整自己的态度和行为的过程
王雁飞等	2006	组织社会化是指员工通过调整自己的价值观、工作态度和行为以适应新环境、认同新组织，从而成功地融入组织的过程
孙健敏等	2009	组织社会化是指员工通过学习和适应，从外部人员向内部人员转变，融入组织进而成为组织成员的过程

续表

学者	年份	研究观点
葛建华	2010	组织社会化是指新员工通过学习相关知识和技能以适应组织新角色的过程
严鸣等	2011	组织社会化是新员工进入企业后重新塑造自己的组织角色以及成为各种群体成员的过程，该过程通过组织社会化策略、组织内社会群体的影响以及新员工自身主动性行为之间的互动而发展，并在员工离开组织时结束
刘晶晶等	2012	组织社会化是指新员工通过学习组织的行为规范和内部制度，从外部人员向内部人员转变，调整其行为和态度的动态过程
张燕红等	2015	组织社会化是指新员工进入陌生环境后，不断地学习专业知识和技能、调整自己的态度和行为，以便能更好地完成工作任务和绩效目标，并被组织内部成员所接纳，进而完成角色转变的过程

根据以上学者们的观点，我们总结了其中的几点共性：

（1）组织社会化是新员工了解组织文化、规则，学习知识技能的过程。

（2）组织社会化是新员工由组织外部人员转化为内部人员的过程。

（3）组织社会化是新员工获取组织内部人员认可和接纳的过程。

在已有的研究中，角色转换、社会认同、适应论和学习论的观点是组织社会化的主流观点。随着研究的逐渐深入和拓展，组织社会化的概念界定也渐趋综合。因此，我们基于 Van Maanen 和 Schein（1979）、严鸣等（2011）的研究，将组织社会化定义为"新员工学习知识、技能和组织规范，获取组织内部成员认可，以期融入组织的过程"。

二、组织社会化的内容

探究组织社会化的内容是研究组织社会化的关键问题。Klein 和 Weaver（2000）认为，通过学习组织社会化的内容，有助于组织社会化策略的实施以及对新员工的管理。因此，组织社会化的内容一直是学者们研究的重点，以此帮助新员工更好地了解组织需求以适应组织。

Schein（1968）首先对组织社会化的内容做了探索，将组织社会化划分成角色和组织两部分。角色任务体现了新员工在组织中所要承担的责任；组织任务则是新员工需要学习和掌握的组织文化及规则等。在融入组织的过程中，新员工需要学习很多内容，例如组织的规章制度、价值观等。根据学习的内容，组织社会化包括以下五个方面：①引导新员工学习组织文化、制度及价值观，以帮助其更好、更快地适应组织环境；②培养新员工高效的执行力；③新员工需要承担与角色匹配的责任和任务，以获取组织的认可；④引导新员工掌握任务技能和方法；⑤确保新员工明确组织的发展规划。因此，Schein（1968）认为新员工在组织社会化过程中的主要学习内容是为了帮助其更好地适应组织。

Fisher（1986）将组织社会化的内容归纳为组织学习、组织环境、工作技能、自我提升四个方面：①组织内容的学习。初入组织，新员工需要学习的内容比较多，例如组织规范（工作职责、奖惩制度、人事安排等）、组织文化、组织信仰、组织态度等。②工作态度和行为的学习。外显性和内隐性的组织内容也是新员工需要学习的。外显性内容包括同事的基本信息、岗位职责和义务、与同事的沟通交往等；内隐性内容包括组织的制度和规则、组织氛围、组织潜规则等。③工作知识或技能的学习。为了能够有效地完成工作任务，新员工需要掌握必要的工作知识和技能，例如工作流程、工作技巧等。④新员工的自我提升。持续学习可以提高组织任务处理的效率，提高自身的知识水平，并有助于与他人建立良好的工作关系，这在组织社会化学习中非常重要。通过组织社会化学习，新员工可以清楚地认识到自己的潜能、偏好和工作能力。此外，新员工还需要了解组织中的权力结构、组织中的领导信息和组织中的部分员工信息等。通过组织社会化学习，新员工能掌握在工作中所需的专业名词和知识，以更好地完成工作任务和组织目标。

Morrison（1993）认为，组织社会化是新员工在新的环境下所做出的调整和适应。进一步地，他将组织社会化的内容概括为组织环境适应、组织文化学习、组织内容学习、角色任务学习等。对于刚进入组织的新员工而言，掌握工作技能、了解自身所要承担的角色、融入组织氛围和文化是很有必要的，有助于新员工建立良好的关系。此外，Morrison（1993）通过实证研究发现，主动寻求信息能够帮助新员工掌握有关工作内容的信息、及时获得领导反馈，从而进一步帮助其更好地融入组织。

Chao 等（1994）基于实证研究将组织社会化的内容划分为六个维度：①工作掌握，无论新员工多么积极，没有充分的工作技能也无法很好地完成工作任务。在社会化过程中，识别新员工的学习需求以及新员工如何掌握所需的知识、技能是新员工成长的关键。②员工关系，即新员工与组织内部人建立良好的关系。员工关系会受到工作因素或非工作因素的影响，例如个性、团队动因、兴趣相似性等。③政治因素，即影响个人成功的正式或非正式关系，以及组织权力结构。新员工必须学会有效的行为模式以融入组织的政治环境中。④语言，即个人对专业技术以及组织特有的专业术语和行话等知识的学习。新员工学习与组织有关的专业术语有助于理解其他组织成员所传达的信息。⑤组织目标和价值观，即新员工学习组织具体的目标和价值观。组织目标和价值观可以摆脱工作职责和工作环境的束缚，将新员工与组织紧密联系在一起。⑥组织历史文化，即承载了组织文化知识的传统、风俗、传说、仪式等可促使组织成员社会化。历史知识能帮助新员工了解在组织环境下或与成员的互动中什么才是适当的行为举止。

王明辉等（2009）以中国为背景将组织社会化划分为四个维度：①组织文化社会化，即新员工学习组织发展、文化、规则、价值观等。②工作胜任社会化，指的是新员工学习工作知识、技能，了解岗位责任和义务等。③人际关系社会化，即新员工学习如何与同事建立良好的工作关系，融入工作团队，营造和谐的氛围。④组织政治社会化，即新员工对组织内权力拥有者的了解，以及对组织潜规则的认知等。通过实证分析，王明辉等（2009）进一步验证了这一理论内涵的科学性。

三、组织社会化的影响因素

新员工进入组织之后，组织或组织成员会采取相应的办法或措施来促进新员工有效地完成社会化。迄今为止，学者们已从组织视角、主动视角、互动视角等角度考察了影响组织社会化的因素。在研究初期，组织视角占据主导地位，该视角的相关研究认为组织在社会化过程中占据主导地位，而新员工则处于被动适应的状态。随着研究的深入，新员工在社会化过程中的主动行为开始被重视。Louis（1980）指出，新员工并非只会被动地接受组织社会化，还会主动地去了解所处的环境。基于主动视角，有学者提出了互动视角，即内部成员与新员工的交互作用也会影响到组织社会化。因此，我们将从组织视角、主动视角和互动视角阐述影响组织社会化的因素。

1. 组织视角

从组织视角来看，学者们主要讨论了社会化策略这一影响因素。社会化策略是指组织用来帮助新员工适应新环境、减少不确定性和焦虑以及习得必要的知识、态度和行为的方法。Van Maanen 和 Schein（1979）提出了六种影响新员工社会化的策略：集体型和个人型策略、正式和非正式策略、连续型与随机型策略、固定型与变动型策略、系列型与分离型策略、授权型与掠夺型策略。基于 Van Maanen 和 Schein（1979）的研究，Jones（1986）将集体型、正式型、连续型、固定型、陪伴型和授权型六种社会化策略归纳为制度型社会化（Institutionalized Socialization），并将个人型、非正式型、随机型、变动型、分离型和掠夺型社会化策略归纳为个体型社会化（Individual Socialization）。从组织社会化的性质出发，Jones（1986）进一步把组织社会化策略划分为三类：社会策略、内容策略和情境策略。社会策略是指组织通过向新员工提供指导和积极反馈，从而提高其社会接受度，包括伴随型维度和孤立型维度、授权型维度和掠夺型维度；内容策略是指组织通过社会化学习向员工传递相关的知识、文化、价值等，包括随机型维度和连续型维度、固定型维度和变动型维度；情境策略则是指新员工在社会化学习的过程中对组织环境和背景的了解，包括正式维度和非正式维度、集体维度与个体维度。

现有研究表明，组织社会化策略对新员工融入组织、完成社会化有着显著影响。Ashforth 和 Saks（1996）基于 Van Maanen 和 Schein（1979）以及 Jones（1986）提出的社会化策略，通过纵向研究发现，制度型社会化策略不利于新员工的角色创新，且除了授权型社会化以外的制度型社会化都能积极促进新员工的角色转换。制度型社会化与角色模糊、角色冲突和压力综合征有着负向关系，而与工作满意度、组织承诺、组织认同和留职意向有着正向关系。Allen（2006）通过实证研究发现，制度型社会化策略能有效地留住新员工，降低离职倾向。张光磊等（2016）基于中国文化背景也验证了制度型社会化策略有助于新员工工作满意度和组织认同的提升，从而能更好地留住新员工。Ashforth 等（2007）研究表明，制度型社会化策略能够积极促进新员工的学习。胡冬梅和陈维政（2016）通过实证研究发现，制度型社会化策略和个体型社会化策略均对高绩效工作系统有显著的正向影响。王雨田（2017）基于不确定性减少理论和个人—工作匹配理论提出，制度型社会化策略能显著促进新员工的工作胜任感、组织文化适应、身份认同、人际关系及角色磋商。这些研究表明，制度型社会化策略对新员工适应组织有着显著的作用。

部分学者从三因素的角度讨论了社会化策略与新员工组织适应的关系。Gruman 和 Saks（2006）基于 Jones（1986）的三维社会化策略发现，情境策略、内容策略、社会策略可以显著影响新员工的主动策略，进而有助于其完成社会化进程。Bauer 等（2007）认为，内容策略帮助新员工掌握工作技能，情境策略帮助新员工明确自己在组织中的角色，社会策略帮助新员工获取组织成员的认可和接纳，因而组织社会化策略有助于新员工融入组织、完成社会化进程。徐向龙等（2018）基于 ASA（吸引—选择—磨合）理论发现，情境策略有助于提高新员工的角色认知，内容策略有助于降低新员工对环境的焦虑，社会策略有助于增强新员工的组织认同感，因而组织社会化策略有助于提高新员工融入组织的成功率，以及与组织的匹配程度。余璇等（2020）基于社会交换理论探讨了组织社会化策略对新员工组织承诺的影响，研究表明组织社会化策略能显著提升新员工的组织承诺。高凤美（2020）通过实证分析比较了三种社会化策略对新员工工作满意度的影响差异，结果表明内容策略对新员工工作满意度影响最大，情境策略和社会策略次之。以上研究表明，无论是二维、三维还是六维，组织社会化策略能在很大程度上影响新员工融入组织、适应组织。

将组织视角下组织社会化的影响因素的相关研究进行梳理汇总，如表 7-2 所示。

表 7-2　组织视角下组织社会化的影响因素

组织视角	学者	年份	研究观点
二维/六维社会化策略	Ashforth 和 Saks	1996	制度型社会化与角色模糊、角色冲突和压力综合征有着负向关系，而与工作满意度、组织承诺、组织认同和留职意向有着正向关系
	Allen	2007	制度型社会化策略能有效地留住新员工，降低离职倾向
	张光磊	2016	制度型社会化策略有助于新员工工作满意度和组织认同的提升，从而能更好地留住新员工
	Ashforth	2007	制度型社会化策略能够积极促进新员工的学习
	胡冬梅和陈维政	2016	制度型社会化策略和个体型社会化策略均对高绩效工作系统有显著的正向影响
	王雨田	2017	制度型社会化策略能显著促进新员工的工作胜任感、组织文化适应、身份认同、人际关系及角色磋商
三维组织社会化策略	Gruman 和 Saks	2005	情境策略、内容策略、社会策略均能通过影响新员工的主动策略而促进新员工的社会化进程
	Bauer 等	2007	内容策略帮助新员工掌握工作技能，情境策略帮助新员工明确自己的角色，社会策略帮助新员工获得组织成员的接纳
	徐向龙等	2018	情境策略有助于新员工的角色认知，内容策略有助于降低新员工对环境的焦虑，社会策略有助于增强新员工的组织认同感
	余璇等	2020	组织社会化策略能显著提升新员工的组织承诺
	高凤美	2020	内容策略对新员工工作满意度影响最大，情境策略和社会策略次之

2. 主动视角

Louis（1980）认为，在组织社会化过程中，新员工并不完全处于被动接受和学习的状态，而是会主动去学习、去适应。因而，新员工的主动社会化行为逐渐受到了学者们的关注和探索。根据以往的研究，新员工主动行为主要包括信息搜寻、反馈寻求、关系构建、自我提升等。接下来，我们将据此阐述新员工主动行为与组织社会化之间的关系并汇总相关研究，如表7-3所示。

表7-3 主动视角下组织社会化的影响因素

主动视角	学者	年份	研究观点
信息搜寻	Morrison	1993	新员工可以通过信息搜寻降低对新环境的不确定性，更好地了解组织及成员，提高其心理安全感，从而也愿意留在组织
	陈诚和文鹏	2011	
	Wanberg 和 Kammeyer-Mueller	2000	信息搜寻有助于新员工适应组织，融入组织
	Bauer 等	2007	
	石金涛和王庆燕	2007	
	Wang 和 Jim	2013	信息寻求会影响到新员工的社会化进程，信息搜寻能显著促进新员工的任务绩效和社会融合
	Kowsikka 和 James	2019	信息搜寻能有效地提高新员工的工作满意度，促进其融入组织
	陈洋和刘平青	2019	信息搜寻对于新员工的工作适应、组织承诺和任务绩效均有着积极的作用
反馈寻求	Fang 等	2011	反馈寻求能够帮助新员工建立人际网络，积累社会资本，从而取得比较理想的社会化结果
	张艳红和廖建桥	2015	员工反馈寻求与角色明晰、社会融合及工作满意度都有着正向联系
	王石磊和彭正龙	2013	反馈寻求能显著促进新员工的创新效能和创造力的发挥，体现了其社会化的成果
	厉杰 等	2019	反馈寻求可以提升新员工的自我效能感，使得新员工做出更多的建言行为
关系构建	Kowsikka 和 James	2019	关系构建可以帮助新员工避免被孤立，积累人际关系资源，获取所需的知识和支持
	Fang 等	2011	关系构建能帮助新员工在组织中据有利位置，获取信息、资源和支持，从而有助于其完成社会化
	Korte 和 Lin	2013	关系构建对于新员工的社会化有着重要作用，它有助于新员工积累社会资本

续表

主动视角	学者	年份	研究观点
关系构建	Jokisaari 和 Vuori	2014	社会网络能给新员工带来资源和信息，同时还能促进其创新绩效
	Wang 和 Jim	2013	新员工与领导发展良好的"关系"将有助于其任务绩效和社会融合
	Kowsikka 和 James	2018	关系构建能显著提升新员工的工作满意度和社会融合
自我提升	Ashford 和 Black	1996	积极构想通常与社会融合、角色明晰、员工—组织匹配、工作满意度、工作绩效等积极相关
	Gruman 等	2006	
	Kim 等	2005	
	Wanberg 和 Kammeyer-Mueller	2000	
	Cooper-Thomas 等	2014	
	Jokisaari 和 Vuori	2014	新员工主动提供信息的行为将有助于其创新绩效的提升

信息搜寻（Information Seeking）是指新员工寻找和收集与工作、组织及情境相关的信息的一系列行为。通过信息搜寻，新员工能在一定程度上增加对新环境的了解，降低不确定性，更好地了解组织及成员，提高其心理安全感，从而愿意留在组织。已有研究表明，信息搜寻有助于新员工适应组织、融入组织。获取的信息能够帮助新员工了解自己的工作内容，明确自己在组织中的角色，了解组织成员约定俗成的规则和行为，因此信息搜寻有助于新员工获得良好的工作绩效，增强其组织承诺。Wang 和 Jim（2013）基于中国文化情境发现，信息寻求会影响到新员工的社会化进程，信息搜寻能显著促进新员工的任务绩效和社会融合。Kowsikka 和 James（2019）的研究进一步发现，信息搜寻有助于新员工工作满意度的提升，帮助其更好更快地融入组织。陈洋和刘平青（2019）以编外员工为研究对象分析得出，信息搜寻对于新员工的工作适应、组织承诺和任务绩效均有着积极的作用。

反馈寻求（Feedback Seeking）是指新员工征求与其绩效表现相关的信息的行为。新员工的反馈寻求是为了降低不确定性，明确工作要求，找出自身存在的不足或缺点并及时进行改正。因此，反馈寻求有利于新员工工作绩效的提升，帮助其调整自己的行为，以便能更好地完成工作任务。Fang 等（2011）研究表明，反馈寻求能够帮助新员工建立社交关系、构建人际网络、积累社会资本，从而帮助其取得比较理想的社会化结果。张燕红和廖建桥（2015）研究发现，反馈寻求有助于新员工明确自己的工作角色、构建人际网络以及提高工作满意度。此外，王石磊和彭正龙（2013）从自我创新效能视角发现，反馈寻求能显著促进新员工的创新效能和创造力发挥，这也体现了其社会化的成果。厉杰等（2019）基于社会信息加工理论的研究表明，反馈寻求可以提升新员工的自我效能感，使新员工做出更多的建言行为。

关系构建（Relationship Building）是指新员工在工作环境中开发社会关系的行为。关系构建可以帮助新员工避免被孤立，积累人际关系资源，获取所需的知识和支持。关系构建包括社交网络构建（Networking）、日常社交（General Socializing）和与领导建立关系（Supervisor Relationship Building）。社交网络构建和日常社交能帮助新员工在组织中建立自己的关系网络，而与上级建立关系则能提升新员工的人际关系地位。因此，关系构建能显著影响新员工的社会化进程。Fang 等（2011）基于社会资本模型发现，关系构建能帮助新员工在组织中占据有利位置，获取信息、资源和支持，从而有助于新员工完成社会化。Korte 和 Lin（2013）研究表明，关系构建对于新员工的社会化有着重要作用，它有助于新员工积累社会资本。Jokisaari 和 Vuori（2014）也验证了关系构建与组织社会化之间的关系，研究表明社会网络能给新员工带来资源和信息，还能促进其创新绩效。Wang 和 Jim（2013）基于中国文化情境提出了"关系"发展的概念，研究表明新员工与领导发展良好的"关系"将有助于其任务绩效和社会融合。Kowsikka 和 James（2019）也进一步验证了关系构建能显著提升新员工的工作满意度和社会融合。以上研究表明，主动构建关系有助于新员工更好地完成社会化进程，实现角色身份的转换。

自我提升（Self-Improvement）是指新员工为了提升自己、改变环境而做出的行为，包括积极构想（Positive Framing）、提供信息或建议（Information Giving）等。积极构想是指新员工运用积极的认知机制来改变所处的环境。积极构想能让新员工看到事物积极的一面，把所处的情况更多地视作机会而不是威胁。因此，积极构想通常与社会融合、角色明晰、员工—组织匹配、工作满意度、工作绩效等积极相关。此外，新员工还会通过主动提供信息或建议来获取组织成员的认同，从而提升自己在组织中的地位。Jokisaari 和 Vuori（2014）通过实证研究表明，新员工主动提供信息将有助于其创新绩效的提升。这是因为，新员工向上级或同事提供信息或建议，既能获得认同感，也能自我启发，从而有助于完成社会化。

3. 互动视角

互动视角的观点认为，新员工与组织内部人员（如领导、同事）的互动对新员工社会化有着重要影响。因此，本书将阐述领导风格、领导行为、同事行为与新员工社会化的关系。

领导风格是学者们关注较多的领域。领导风格类型较多，研究表明领导风格对于新员工的态度和行为有着显著影响，进而影响到其社会化进程。姜秀丽和齐蕾（2018）研究表明，包容型领导（Inclusive Leadership）既亲切又比较随和，倾向于接纳员工、认可员工，这类领导可以帮助新员工较为方便地获取信息或资源，帮助新员工明确自己的工作角色和工作职责，因而包容型领导有助于新员工完成社会化。李超平和毛凯贤（2018）基于认同理论讨论了变革型领导（Transformational Leadership）与新员工敬业度的关系，研究结果表明变革型领导有助于新员工明确自己的角色定位、获得对组织的认同，从而可以激发新员工对工作的热情。毛凯贤和李超平（2018）验证了道德型领导（Ethical Leadership）也有利于促进新员工的爱岗敬业。王明辉和陈萍（2019）从团队视角研究了共享型领导（Shared Leadership）与新员工组织社会化的关系，结果表明共享型领导能在互动中帮助新员工明确其工作角色，满足其归属需要，从而有效地促进了新员工的社会化。胡文安和罗瑾琏（2020）则通过纵向动态追踪研究验证了双元领导（Ambidextrous Leadership）能通过充分授权、激发新员工主人翁意识，促进新员工主动参与到组织活动中去，从而帮助其更好、更快地融入组织。由此可见，领导风格对新员工社会化有着多方面的影响。

领导行为主要包括领导支持、领导阻抑和领导—成员交换等。领导支持（Supervisor Support）能帮助新员工获取知识、信息和资源，帮助其明确工作角色和内容，因而学者们认为领导支持能促进新员工的社会化。Jokissari 和 Nurmi（2009）研究表明领导支持对新员工的组织社会化有着重要的作用：随着领导对新员工支持力度的下降，新员工的角色明晰和工作满意度也会随之下降。Kammeyer-Mueller 等（2013）通过实证研究验证了领导支持和领导阻抑（Supervisor Undermining）对组织社会化的影响，结果表明领导支持能提高新员工的幸福感，促进其主动行为，从而有助于其社会化；而领导阻抑则不利于新员工完成社会化。陆文杰（2016）的研究也表明，领导支持与新员工组织社会化有着正向关系。Ou 等（2016）研究发现，领导与新员工交换能提高新员工的内在地位感知，进而促进新员工的社会适应和任务掌握。

同事行为主要包括同事信息分享、同事支持、同事阻抑和同事反社会行为等。同事信息分享（Coworker Information Sharing）是同事向新员工分享有关工作或生活的信息或感受等，同事信息分享能缓解新员工的焦虑，进而有助于其更好地学习与适应。Kammeyer-Mueller 等（2013）研究表明，同事支持和同事阻抑与新员工社会化有着显著关系，同事支持可以提高新员工的幸福感，促进其主动行为，进而帮助新员工完成社会化；而同事阻抑则会阻碍新员工的社会化进程。同事反社会行为对新员工的社会化主要起到了抑制作用，张明玉等（2020）通过实证研究表明，同事嘲讽式幽默会透支新员工的自控资源，使得新员工在工作和学习中力不从心，从而不利于其社会化进程。Liu 等（2021）亦从自控视角验证了同事排斥与新员工社会化的关系，结果表明同事排斥会降低新员工的自控能力，使其难以维系良好的状态进行学习或工作，从而不利于其完成社会化。由此，我们可以看出领导、同事与新员工的互动对组织社会化有着重要的影响。

将互动视角下组织社会化的影响因素的相关研究进行梳理汇总，如表 7-4 所示。

表 7-4　互动视角下组织社会化的影响因素

互动视角	学者	年份	研究观点
领导风格	姜秀丽和齐蕾	2018	包容型领导既亲切又比较随和，倾向于接纳员工、认可员工，这类领导可以帮助新员工较为方便地获取信息或资源，帮助新员工明确自己的工作角色和职责
	李超平和毛凯贤	2018	变革型领导有助于新员工明确自己的角色定位、获得对组织的认同，从而可以激发新员工对工作的热情
	毛凯贤和李超平	2018	道德型领导对新员工的敬业度有着促进作用
	王明辉和陈萍	2019	共享型领导能在互动中帮助新员工明确其工作角色，满足其归属需要，从而有效地促进了新员工的社会化
	胡文安和罗瑾琏	2020	双元领导能通过充分授权、激发新员工主人翁意识，促进新员工主动参与到组织活动中去，从而帮助其更好、更快地融入组织
领导行为	Jokissari 和 Nurmi	2009	随着支持力度的下降，新员工的角色明晰和工作满意度也随之下降
	Kammeyer-Mueller 等	2013	领导支持能提高新员工的幸福感，促进其主动行为，从而有助于其社会化；而领导阻抑则不利于新员工完成社会化
	陆文杰	2016	领导支持与新员工组织社会化有着正向关系
	Ou 等	2018	领导与新员工交换能提高新员工的内在地位感知，进而促进了新员工的社会适应和任务掌握度

续表

互动视角	学者	年份	研究观点
同事行为	武文等	2020	同事信息分享能缓解新员工的焦虑，进而有助于其更好地学习与适应
	Kammeyer-Mueller 等	2013	同事支持可以提高新员工的幸福感，促进其主动行为，进而帮助新员工完成社会化；而同事阻抑则会阻碍新员工的社会化进程
	张明玉等	2020	同事嘲讽式幽默会透支新员工的自控资源，使新员工在工作和学习中力不从心，从而不利于其社会化进程
	Liu 等	2021	同事排斥会降低新员工的自控能力，使其难以维系良好的状态进行学习或工作，从而不利于其完成社会化

四、组织社会化的结果

根据已有研究，通常可以用以下几个变量作为评判组织社会化是否成功的标准，即组织社会化的结果：

1. 绩效

明确自己角色的新员工更有可能实现出色的绩效，而那些相信自己能够完成任务的新员工往往会取得更高的目标完成率。被同事认可的新员工也可能表现出更高的绩效水平，这是因为新员工与同事之间形成的关系可能成为促进其工作绩效的资本。因此，个人绩效成为衡量组织社会化成功与否的标准之一。

2. 工作态度

工作满意度、组织承诺和留职意愿是社会化研究最多的三个方面。角色模糊是不满意的根源，因为它与高水平的压力和倦怠有关。不清楚自己角色的员工可能会对组织不太满意，更可能离职。此外，Louis（1980）还将不确定性与工作满意度降低联系起来。同样，具有高度自我效能感的员工会对自己能够完成工作的关键方面充满信心，并对组织更加满意、忠诚，因而不太会离职。Fisher（1985）认为，新员工在工作中得到社会支持也会对工作态度产生积极的影响。

3. 离职

新员工会通过理解角色需求、感知执行任务的能力、与同事建立有效关系来适应新角色，而这个过程会使其对组织产生强烈的依恋感，从而促使他们不会随便离职。当新员工成功地适应了他们的角色和工作环境时，他们更不会离职了。

而 Wanous（1980）发现，工作中存在的不确定性会导致新员工的离职率升高，这说明了社会化对新员工有着重要的作用。因此，离职在一定程度上反映了新员工是否完成了组织社会化。

4. 任务掌握

对于新员工来说，从开始工作的第一天起，他们面临的主要问题是获取必要的知识和技能，以完成预期任务。而任务掌握就反映了新员工独自完成工作任务的程度。由于任务掌握反映了新员工完成任务的难易程度和技术水平，因而掌握了工作技巧的新员工更能愉快地工作，且离职倾向也小。Bandura（2001）发现，那些对自己更有信心的新员工更能成功地完成任务，并为之付出努力。因此，任务掌握也反映了新员工掌握知识和技能的程度。

5. 角色明晰

为了在组织中发挥作用，新员工还必须了解他们工作的目的以及与其他工作的关系。角色明晰反映了新员工对工作职责和目标信息的了解程度，以及对实现这些目标行为的了解程度。角色期望不明确的情况可能会使新员工难以评估其努力的方向，从而导致困惑和不满。而这种困惑归因于组织协调缺失和工作目标失衡。因此，角色明晰是衡量新员工是否明确自己在组织中所承担的角色的重要标准。

6. 社会适应

除与角色、绩效有关的因素外，培养对新环境的社会意识也是社会化的关键条件。社会适应是新员工获取同事的认可，建立关系的过程，而这可以成为新员工获取社会支持和帮助的来源。新员工也可以使用社会适应作为他们融入组织的标志，这意味着他们已经建立了情境认同。Reichers（1987）认为，融入一个社会群体需要建立情境认同，而通过社会适应成功建立认同的新员工能更强烈地认同整个组织。Wanberg 和 Kammeyer-Mueller（2000）发现，新员工拥有更多的互动机会，能提高其对组织的承诺并降低离职倾向。因此，社会适应体现了新员工社会化的结果。

7. 政治知识

政治知识是新员工学习如何融入一个新组织的维度，包括组织中非正式的权力网络和人际关系。角色明晰描述了组织的组成部分，而政治则是个人和部门之间非正式的权力关系。政治知识可以让新员工相信他们能在未来获得组织更多的回报。正如研究表明，政治知识与薪酬提升、职业满意度有着积极的联系。政治知识渊博的新员工会认为，他们通过更多的包容边界能更好地融入组织的非正式结构。因而，政治知识也能反映出新员工的社会化程度。

第三节　新员工主动行为与组织社会化

组织社会化是新员工学习知识、技能和组织规范，获取组织内部成员认可，以期融入组织的过程。组织社会化对于组织和个人的意义不言而喻，因此如何促进组织社会化是学者们研究的重点。组织因素和个体行为都能影响到组织社会化。研究初期，组织的社会化策略是学者们主要关注的领域。随着研究的深入，学者们发现新员工的主动行为与组织社会化有着重要的联系。新员工的主动行为是指新员工通过主动的社会化策略（如信息寻求）积极参与组织工作的一种方式，以此减少社会化过程中的不确定性。主动行为能帮助新员工了解自己的工作能力，明确工作环境和工作任务，并能通过调整自己的行为促进其社会化的完成。

现有研究指出，新员工的主动行为主要包括信息搜寻、反馈寻求、关系构建、积极构想、提供信息或建议等行为。在这些研究中，学者们认为新员工的主动行为对组织社会化有着积极作用。信息搜寻能有效地提高新员工的工作满意度，促进其融入组织。反馈寻求能够帮助新员工了解组织成员对其的看法，调整自己的行为，积累社会资本，从而帮助其取得比较理想的社会化结果。关系构建对新员工的社会化有着重要作用，它有助于新员工积累社会资本，进而促进其社会化的完成。积极构想通常与社会融合、角色明晰、员工—组织匹配、工作满意度、工作绩效等社会化结果积极相关。此外，除了寻求信息和反馈，新员工也会向组织成员提供信息。提供信息的行为既能帮助新员工获得认同感，又能自我启发，从而有助于新员工完成社会化。

由此可见，学者们主要关注新员工主动行为所产生的积极作用，忽视了这种行为可能带来的消极影响。我们认为，新员工主动行为对其社会化产生的负面影响体现在以下三个方面：首先，新员工主动行为会引起组织成员的反感。新员工表现过于积极或主动会被部分领导认为其是出于谋求广泛认同的动机。因而领导会认为新员工的动机不纯，不利于其在组织中的发展。其次，新员工缺乏对组织环境、目标的了解，其主动行为并不一定符合组织利益，因而很有可能被质疑。最后，新员工主动行为需要消耗其自控资源，过于主动的新员工必然会投入过多的精力和时间，由此会导致其缺少精力处理工作任务、工作—家庭冲突等，进而影响其融入组织的进程。

第四节　新员工建言与领导反应

一、理论基础

1. 人际吸引理论

根据 Montoya 和 Horton（2014）的观点，人际吸引是指个体对他人的直接的、积极的情感或行为反应，通常表现为喜欢、爱慕等。这种反应受到个体认知评估的影响。人际吸引包含了两种成分：情感吸引和行为吸引。情感吸引反映了一个人对另一个人的情绪反应，通常表现为生理反应或情绪反应。行为吸引则反映了一个人对另一个人的特定的行为倾向。这两种吸引形式都是个体认知评估的结果。

（1）情感吸引与行为吸引的关系。在大多数情况下，情感吸引与行为吸引是相一致的。然而，这两类吸引会受到不同因素的影响，因此这两者之间也是存在显著差异的。行为吸引比情感吸引更依赖于社会背景和自我利益。这种对环境和自身利益的依赖源自行为吸引的重要性，即行为吸引有助于提升从互动中获得潜在回报的可能性和获得关于他人的信息。因此，与情感吸引相比，行为吸引更能直接地反映目标对自身利益的影响。例如，当你不喜欢的熟人向你提供你所缺少的帮助时，你会从接受帮助中获益。在这种情况下，情感吸引会相当低（你对熟人没有积极的感觉），但行为吸引可能会很高（你会不遗余力地与对方建立联系）。

（2）人际吸引是受认知评估影响的反应结果。人际吸引会受到认知评估的影响，且认知评估不等同于人际吸引，主要表现在以下四个方面：第一，认知反应通常被认为是不同于人际吸引的结果。第二，认知反应通常被认为是人际吸引的前置因素。信息整合模型（Information Integration Models）将认知评估视作人际吸引的中介因素。第三，传统的人际吸引只关注情感评估和行为评估，而忽视了认知评估。第四，部分吸引现象如内隐自大（Implicit Egotism）被认为是在缺乏认知反应的情况下发生的，即无意识的喜欢。而情感吸引和行为吸引是认知评估所产生的结果。

（3）人际吸引二维模型。基于个体知觉的观点，Montoya 和 Horton（2014）提出了人际吸引二维模型（见图7-1）。该模型指出，人际吸引主要受到目标个体的能力或意愿的影响，而由此产生的吸引力将会直接影响到知觉者对目标个体的态度或行为。

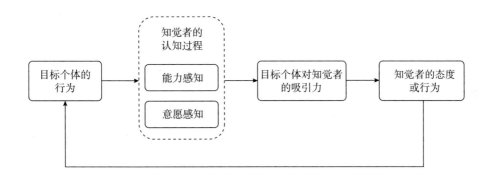

图7-1　人际吸引二维模型

能力是指目标个体促进（或阻碍）知觉者的目标和利益所具备的素质。人际吸引理论认为，能力与人际吸引的关系主要表现为以下三个方面：第一，随着人际关系的变化，知觉者的目标也会随之改变，目标个体应具备促进这些目标的能力。第二，有能力的目标个体可以帮助知觉者实现目标和利益，因此更能获得积极的评价，并能获得知觉者的回报。第三，人们实现目标的方式不同，更容易被那些有能力实现目标的人所吸引。总的来说，能力在影响人际吸引方面起到了关键作用，吸引程度会随着个体能力的变化而变化。

意愿是指目标个体愿意促进知觉者目标和利益的潜在倾向。意愿反映了个体的一种观念，即目标个体在未来会对知觉者表现出友好的、有益的行为。意愿对人际吸引有着重要的作用。这是因为，在社会中人们必须与他人建立良好的社会关系。如果个体有着帮助别人实现目标或利益的意愿，这将有利于他们构建成功的社会关系，从而增加其对他人的吸引力。进化论的观点也认为，具有明显合作动机或意向的人更受欢迎，因为这表明这类人更愿意与他人建立社会关系。实证研究也表明，促进知觉者目标与需求的潜在意愿有助于建立广泛的互动关系，包括特殊关系、密切关系、组间关系等。因此，意愿在人际吸引中起到了至关重要的作用。

2. 社会说服理论

社会说服理论（Social Persuasion Theory）是基于信息传递模型发展而来的。该理论认为，说服旨在通过传递带有目的性、意识性的信息以改变个体的态度，其最终目的是通过改变个体的态度进而转变个体的行为。

（1）影响说服效果的四个关键因素。社会说服理论识别了影响说服效果的四个关键因素：信息源、信息内容、信息语境和信息接收者。首先，信息源指的是信息的来源或传递者。信息源是否具备专业知识、是否可信赖，这些是信息接收者能否被说服的必要条件。其次，信息本身是否包含了解决问题的方案、是积极构建还是消极构建，这将影响到信息的说服效果。再次，信息语境是指传递信息的环境特征。尽管信息本身至关重要，但信息接收者会联系情境因素来理解或解释信息源的动机。最后，信息接收者即被说服的对象，其个体特征（如受教育程度、职业、个性等）会影响到信息的说服效果。

（2）社会说服认知模型。基于社会说服理论，Albarracín（2002）提出了社会说服认知模型。该模型认为，信息内容、信息源和信息语境会共同影响信息接收者对信息有效性的评估，而这一认知评估也将成为接收者是否接受信息的基础。Albarracín 和 Wyer（2001）认为，尽管信息特征会诱导信息接收者对信息源和效用做出积极的评估，但信息语境可能会转变这种评估，进而影响到信息接收者随后的行为。随着研究的深入，有学者将建言行为视作一种说服行为。建言行为不仅仅是表达个人的观点，其根本目的是劝说领导采取措施以解决问题或剔除隐患。这就表明了，建言行为具有明显的说服意图。根据社会说服认知模型，Whiting 等（2012）将建言视作一个说服过程，并提出建言者特征、建言内容和建言情境通过一个关键的认知过程影响领导对建言者的评价，而这个认知过程是以领导感知到的建言建设性为媒介构建的（见图 7-2）。员工建言的目的能否实现取决于诸多因素，而建言是否具有说服力则取决于领导感知到的建言建设性。由此可见，建言建设性成为影响建言效果的重要因素。

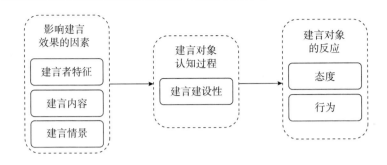

图 7-2　建言行为的说服过程

二、员工建言与领导反应

建言行为是员工自发地向领导或同事提出有关工作的想法、建议或意见，以改善组织现状或规避潜在风险的一种主动性行为。已有研究表明，建言行为能对组织发挥重要的作用，比如识别、纠正组织存在的问题，弥补组织运行中的缺陷，识别组织发展的潜在机会，以及提升组织适应环境的能力。因此，学者们研究建言行为的兴趣日益浓厚。与此同时，有关建言行为的前因研究、建言行为对团队和组织的影响研究以及建言行为对建言者的影响研究都取得了重要的进展。

尽管如此，鲜有研究考察领导对建言行为的反应，而为数不多的研究也存在观点上的分歧。建言被认为是员工的一种自发性的、有利于组织的行为，它可以帮助组织领导实现任务目标，因此领导通常会积极地看待建言的员工。在这种情况下，Whiting 等（2008）研究表明，主动建言的员工会被给予更高的绩效评价。然而，也有理由相信建言行为对绩效评估存在消极影响。这是因为，建言行为具备一个重要的特征——挑战性，即建言行为被认为会威胁或伤害人际关系，从而导致建言者收到比较负面的评估。为了解释建言行为为何会导致领导不同的反应，部分学者对此进行了深入研究。Burris（2012）从社会说服的角度探讨了领导对员工建言的反应。研究发现，领导对员工的评价会根据其建言对现状的挑战程度的不同而有所区别，挑战性建言更让领导感知到员工的威胁性，而支持性建言则让领导感知到员工的忠诚度。而 Zhang 等（2019）研究表明，尽管促进性建言和抑制性建言均具有挑战性，但这两种建言行为均与领导接受（Leader Receptivity）有着正向关系。由此可见，有关领导对员工建言反应的研究还存在分歧，仍处于不断探索的阶段。

在社会交往中，人与人之间不仅相互认识、相互感知，而且还会形成一种直接的、心理上的关联。Cottrell 等（2007）认为，心理距离越近，两者之间的吸引力就越强；反之，心理距离越远，两者之间的吸引力就越弱。因此，人际吸引不仅是个体对他人喜欢的倾向，也是人际交往中的支持意向，更是对他人的正面表态。在组织中，新员工对领导越具有吸引力，领导就越喜欢、亲近新员工，对新员工的评价就越积极，从而乐意向新员工提供帮助和支持。因此，我们认为，人际吸引能够影响领导对新员工建言行为的评价。

三、新员工建言行为与领导反应

在进入组织初期，新员工缺乏必要的信息或资源，这使得他们并不能很好地了解组织、完成工作任务。因此，新员工会采取信息寻求、反馈寻求等主动行为来帮助自己获取必要的工作信息、环境信息等，进而帮助自己降低对新环境的不确定性、减少焦虑。与此同时，新员工也希望通过向领导建言的方式来增强与他们的联系、获取他们的支持。然而，新员工的建言行为是否能获得领导的积极回应呢？我们认为，这取决于新员工的建言行为是否有助于领导的目标或利益。

根据人际吸引理论，人们会从是否有利于其目标或利益实现的角度来评估他人。当知觉者感知到目标个体具有促进其目标或利益的能力或意愿时，知觉者会对目标个体产生好感，给予较为积极的回应。建言行为不仅可以展现新员工的能力，而且也能表露新员工行为背后的动机或意愿。因此，新员工的建言行为会引起领导对其能力或意愿的评估。促进性建言旨在改变组织的现状，所以它带有一定的挑战性；同时，它在寻求改变或改善现状的过程中又具有创新性。抑制性建言能发掘组织中潜在的问题和危险，因而它对组织也有着一定的积极作用。与抑制性建言相比，促进性建言侧重于目标的实现，因而提出促进性建言的新员工被认为更积极乐观。所以，促进性建言与抑制性建言之间的差异特征可能引起领导对新员工能力或意愿的不同看法。

从能力感知的角度，本书认为促进性建言比抑制性建言在激发领导对新员工能力感知的作用上更为突出。首先，促进性建言作为一种以提升为中心的建言，旨在帮助组织或团队变得更好而提出创新性解决方案。提出促进性建言的新员工具有显著的促进定向（Promotion Focus），他们通常会坚持高绩效标准，并渴望改善现状，他们更希望通过这种促进性行为来展示自己的能力。而促进性建言往往与领导的目标和利益相一致，因此这既是其能力的体现，又能获得领导的认可。其次，促进性建言可以直观地体现新员工所具备的创新能力。创新能力是组织所需要的重要能力之一，它可以帮助领导达成任务目标，帮助组织实现重大的突破或提升。因此，促进性建言所包含的创新性可以直观地体现新员工的能力。最后，促进性建言关注组织未来所能取得的目标和成绩，为组织未来发展勾画了美好蓝图。新员工所提出的促进性建言可以激发组织成员的积极情绪，鼓舞员工士气。这也使得新员工可以获得领导及同事的认可和支持。通过建言行为激励员工，这可以体现新员工所具备的出众能力。因此，促进性建言能让领导明显地感知到新员工所具备的能力。相比之下，抑制性建言是以规避风险为核心的。这种建言只是识别风险并发出警告，却不能提供配套的解决方案。由于新员工初入组织不久，所指出的问题并不见得准确。这在领导看来新员工只是在表现自己，并不能体现其突出的能力，因此领导会消极地回应新员工的抑制性建言。

从意愿感知的角度，我们认为抑制性建言比促进性建言在激发领导对新员工意愿感知的作用上更为突出。首先，抑制性建言旨在指出组织中存在的或潜在的问题或弊病，专注于需要纠正或解决的问题。然而，新员工缺少对组织的深度了解，因此大多数情况下，他们不能准确地描述问题或提供与之对应的解决方案。这就容易使领导认为该员工可能只是在表现自己。而且这种行为可能会影响正常的工作进度，不利于组织任务的按期完成，因此领导会怀疑新员工的忠诚和动机。其次，抑制性建言通常是采取回避或撤退策略以维持现状甚至倒退，因而这种行为凸显了新员工的防御定向（Prevention Focus）。尽管新员工可能有着帮助组织的意愿，但抑制性建言所内含的畏惧情绪使得领导认为该新员工是在逃避现实，不愿为其出力。最后，抑制性建言带有比较明显的挑战性，抑制性建言是对领导所认为的合理行为表示质疑，或含蓄或明确地对领导所负责的日常工作提出批评。新员工可能只顾着指出问题而忽视了领导的情绪，因此，这会造成新员工与领导之间的人际冲突和关系紧张。领导可能认为指出问题的新员工是在挑战他的权威，阻碍工作任务的正常运转，不利于组织目标的实现。因此，提出抑制性建言的新员工的意愿和忠诚会受到领导的质疑，同时也会被认为其不太愿意为领导的目标或利益做出贡献。相比之下，促进性建言不会引发领导的反感情绪，其具备的亲社会性和促进性让领导不会质疑新员工的潜在意愿。

四、建言建设性的重要性

建言建设性是指员工所表达的想法或建议被认为有益于组织的程度。根据社会说服理论，判断信息是否有益在信息传递过程中至关重要。建设性行为可以帮助团队提高绩效，帮助领导和同事完成任务或实现目标。因此，建设性行为通常可以帮助行为者获得更高的评价。当传递的信息具有建设性时，信息接收者可能会发生态度的转变，并倾向于给予积极的评价和反馈。建言所具有的建设性越高，领导认为员工建言所具有的价值就越高、可操作性就越强，可以给组织发展和管理绩效带来实质性的提升，因此领导更倾向于接受员工的建言。与之相反，如果员工的建言行为难以让领导感知到其建设性，那么领导会视这种建言行为不具有价值或实践性，还有可能对员工建言背后的动机产生怀疑，因而领导不会接纳这种建言行为。

新员工的促进性建言对领导能力感知产生正向影响。促进性建言旨在提出解决方案或改进建议以改善组织效率、提升组织绩效，高建设性的促进性建言更具有可操作性和准确性，能为组织发展带来实质性的作用。而低建设性的促进性建言可能不具有可操作性，抑或是难以实施，对组织目标的促进作用不明显，因而难以体现新员工所具备的能力。此外，根据社会说服理论，信息源是影响说服效果的重要因素。建言者的专业知识水平越高，建言建设性就越高。易洋等（2015）也指出，高建设性的建言行为可以体现建言者的专业能力。因此，高建设性的促进性建言更能让领导感知到新员工的能力。

新员工抑制性建言对领导意愿感知产生负向影响。抑制性建言旨在指出组织运行过程中存在的问题或潜在风险，低建设性的抑制性建言缺少对组织所存在问题的准确描述，抑或只是表达对领导决策的抱怨或对组织制度的不满。与之相反，高建设性的抑制性建言不仅能准确描述问题，还包含着相应的解决方法，这表明新员工是真心实意地为领导、组织做出努力和贡献。在这种情况下，领导不会质疑提出抑制性建言的新员工。此外，社会说服理论认为建言者的可信赖性越高，建言建设性就越高。高建设性的建言行为可以体现建言者的可信度，进而让领导相信建言者渴望帮助组织实现任务目标。因此，高建设性的抑制性建言可以降低领导对新员工的负面评价。

本章小结

（1）新员工是指在组织之间变动且入职时间不满一年的新进员工，具有缺乏信息或资源、谨慎又敏感、积极又莽撞等特征。

（2）组织社会化是指新员工学习知识、技能和组织规范，获取组织内部成员认可，以期融入组织的过程。

（3）组织社会化是新员工在新的环境下所做出的调整和适应，其内容可概括为学习组织文化和规则，掌握工作职责和技能，建立良好人际关系和了解组织政治等。

（4）组织社会化的影响因素可从组织视角、主动视角和互动视角三个角度来阐述。

在组织视角下，组织社会化策略对新员工融入组织、完成社会化有着显著影响；在主动视角下，信息搜寻、反馈寻求、关系构建、自我提升等新员工主动行为能够积极作用于新员工的组织社会化；在互动视角下，领导风格、领导行为、同事行为对新员工的组织社会化有着重要影响。

（5）组织社会化的结果包括绩效、工作态度、离职、任务掌握、角色明晰、社会适应、政治知识等。

（6）新员工的主动行为是指新员工通过主动的社会化策略积极参与组织工作的一种方式，以此减少社会化过程中的不确定性，主要包括信息搜寻、反馈寻求、关系构建、积极构想、提供信息或建议等行为。

（7）新员工的主动行为对组织社会化有着积极作用，能够帮助新员工明确工作环境和工作任务，提高其工作满意度，还能帮助新员工了解组织对其的看法，调整自己的行为，积累社会资本以促进其融入组织、完成社会化。

然而，新员工的主动行为除了积极影响外还能够带来消极影响，例如新员工的主动行为会引起组织成员的反感，有可能被质疑，或是过于主动而耗费太多精力，无法处理好工作任务、工作—家庭冲突等，进而影响其融入组织的进程。

（8）新员工的建言行为是否能获得领导的积极回应，取决于新员工的建言行为是否有助于领导的目标或利益。基于人际吸引理论和社会说服理论，新员工促进性建言与抑制性建言之间的差异特征可能引起领导对新员工能力或意愿的不同看法，促进性建言比抑制性建言在激发领导对新员工能力和意愿感知的作用上更为突出。新员工的促进性建言会被领导认可和支持，而抑制性建言可能会引起领导的反感情绪而被消极回应。

（9）建言建设性是指员工所表达的想法或建议被认为有益于组织的程度。

（10）建言所具有的建设性越高，领导更倾向于接受员工的建言。

高建设性的促进性建言更能让领导感知到新员工的能力，高建设性的抑制性建言可以降低领导对新员工的负面评价。

思考题

1. 何谓新员工？相较于老员工，新员工有哪些特征？

2. 组织社会化的概念和内容是什么？

3. 尝试从组织视角、新员工主动视角、互动视角分析组织社会化的影响因素。

4. 请说明组织社会化有哪些作用。

5. 试说明新员工主动行为与组织社会化之间的关系。

6. 人际吸引理论和社会说服理论有哪些观点和结论？

7. 面对新员工的建言行为，领导会有什么反应？

8. 简要说明建言建设性的重要性。

参考文献

［1］ Abdulsalam D, Maltarich M A, Nyberg A J, et al. Individualized pay-for-performance arrangements: Peer reactions and consequences ［J］. Journal of Applied Psychology, 2021, 106 (8): 1202-1223.

［2］ Adler P S, Kwon S. Social capital: Prospects for a new concept ［J］. Academy of Management Review, 2002, 27 (1): 17-40.

［3］ Albarracin D, Wyer R S. Elaborative and nonelaborative processing of a behavior-related communication ［J］. Personality and Social Psychology Bulletin, 2001, 27 (6): 691-705.

［4］ Albarracin D. Cognition in persuasion: An analysis of information processing in response to persuasive communications ［J］. Advances in Experimental Social Psychology, 2002, 34 (2): 61-130.

［5］ Albert Bandura. Social cognitive theory of personality ［J］. Personality & Social Psychology Review, 2001, 5 (1): 33-51.

［6］ Albert S, Whetten D A. Organizational identity ［J］. Research in Organizational Behavior, 1985 (7): 263-295.

［7］ Allen D G. Do organizational socialization tactics influence newcomer embeddedness and turnover? ［J］. Journal of Management, 2006, 32 (3): 237-256.

［8］ Allport G W. The ego in contemporary psychology ［J］. Psychological Review, 1943 (50): 451-476.

［9］ Aminayi M, Roshan Chesli R, Shairi M R, et al. Comparative study of parenting styles and parenting self-efficacy in mothers of children with and without anxiety symptoms ［J］. Journal of Fundamentals of Mental Health, 2015, 17 (4):

186-191.

[10] Anand S, Hu J, Vidyarthi P, et al. Leader-member exchange as a linking pin in the idiosyncratic deals-performance relationship in workgroups [J] . The Leadership Quarterly, 2018, 29 (6): 698-708.

[11] Anand S, Meuser J D, Vidyarthi P R, et al. A multi-level model of I-deals in workgroups: Employee and coworker perceptions of leader fairness, I-Deals and group performance [J] . Journal of Management Studies, 2022, 59 (2): 489-517.

[12] Anand S, Vidyarthi P R, Liden R C, et al. Good citizens in poor-quality relationships: Idiosyncratic deals as a substitute for relationship quality [J] . Academy of Management Journal, 2010, 53 (5): 970-988.

[13] Argyris C, Schon D A. Organizational learning: A theory of action perspective [M] . Hoboken: Addison-Wesley, 1978.

[14] Armstrong J P, McCain K D. Narrative pedagogy for leadership education: Stories of leadership efficacy, self-identity, and leadership development [J] . Journal of Leadership Studies, 2021, 14 (4): 60-70.

[15] Aronson E, Carlsmith J M. Performance expectancy as a determinant of actual performance [J] . Journal of Abnormal and Social Psychology, 1962 (65): 178-182.

[16] Arvey R D, Zhang Z, Avolio B J, et al. Developmental and genetic determinants of leadership role occupancy among women [J] . Journal of Applied Psychology, 2007, 92 (3): 693-706.

[17] Ashford S J, Black J S. Proactivity during organizational entry: The role of desire for control [J] . Journal of Applied Psychology, 1996, 81 (2): 199-214.

[18] Ashford S J, Rothbard N P, Piderit S K, et al. Out on a limb: The role of context and impression management in selling gender-equity issues [J] . Administrative Science Quarterly, 1998 (43): 23-57.

[19] Ashford S J, Taylor M S, Ferris G, et al. Adaptations to work transitions: An integrative approach [J] . Research in Personnel & Human Resources Management, 1990, 1 (8): 1-39.

[20] Ashforth B E, Humphrey R H. Emotion in the workplace: A reappraisal

[J] . Human Relations, 1995, 48 (2): 97-125.

[21] Ashforth B E, Mael F. Social identity theory and the organization [J] . Academy of Management Review, 1989 (14): 20-39.

[22] Ashforth B E, Sluss D M, Saks A M. Socialization tactics, proactive behavior, and newcomer learning: Integrating socialization models [J] . Journal of Vocational Behavior, 2007, 70 (3): 447-462.

[23] Ashforth B K, Saks A M. Socialization tactics: Longitudinal effects on newcomer adjustment [J] . Academy of Management Journal, 1996, 39 (1): 149-178.

[24] Avolio B J, Gardner W L. Authentic leadership development: Getting to the root of positive forms of leadership [J] . Leadership Quarterly, 2005 (16): 315-338.

[25] Avolio B J, Hannah S T. Developmental readiness: Accelerating leader development [J] . Consulting Psychology Journal: Practice and Research, 2008, 60 (4): 331-347.

[26] Avolio B J, Reichard R J, Hannah S T, et al. A meta-analytic review of leadership impact research: Experimental and quasi-experimental studies [J] . The Leadership Quarterly, 2009, 20 (5): 764-784.

[27] Avolio B J, Walumbwa F O, Weber T J. Leadership: Current theories, research, and future directions [J] . Annual Review of Psychology, 2009 (60): 421-449.

[28] Axtell C M, Parker S K. Promoting role breadth self-efficacy through involvement, work redesign and training [J] . Human Relations, 2003 (56): 113-131.

[29] Bachrach D G, Jex S M. Organizational citizenship and mood: An experimental test of perceived job breadth [J] . Journal of Applied Social Psychology, 2000, 30 (3): 641-663.

[30] Bal P M, Boehm S A. How do i-deals influence client satisfaction? The role of exhaustion, collective commitment, and age diversity [J] . Journal of Management, 2019, 45 (4): 1461-1487.

[31] Bal P M, De Jong S B, Jansen P G, et al. Motivating employees to work beyond retirement: A multi-level study of the role of I-deals and unit climate [J] .

Journal of Management Studies, 2012, 49 (2): 306-331.

[32] Bal P M, Dorenbosch L. Age-related differences in the relations between individualised HRM and organizational performance: A large-scale employer survey [J]. Human Resource Management Journal, 2015, 25 (1): 41-61.

[33] Bal P M, Jansen P G. Idiosyncratic deals for older workers: Increased heterogeneity among older workers enhance the need for I-deals [M] //Bal P M, Kooij D, Rousseau D M. Aging workers and the employee-employer relationship. Cham: Springer, 2015: 129-144.

[34] Baldwin A L. Socialization and the parent-child relationship [J]. Child Development, 1948 (19): 127-136.

[35] Bandura A, Caprara G V, Barbaranelli C, et al. Impact of family efficacy beliefs on quality of family functioning and satisfaction with family life [J]. Applied Psychology, 2011, 60 (3): 421-448.

[36] Bandura A, Walters R H. Social learning theory [M]. Prentice Hall: Englewood Cliffs, 1977.

[37] Bandura A. Social cognitive theory: An agentic perspective [C] // Fiske S T, Schacter D L, ahn-Waxler C Z. Annual Review of Psychology. Palo Alto: Annual Reviews, 2001.

[38] Bandura A. Self-efficacy: Toward a unifying theory of behavioral change [J]. Psychological Review, 1977 (84): 191-215.

[39] Bandura A. Social foundations of thought and action: A social cognitive view [M]. Englewood Cliffs: Prentice Hall, 1986.

[40] Barbuto J E, Wheeler D W. Scale development and construct clarification of servant leadership [J]. Group and Organizational Management, 2006 (31): 300-326.

[41] Barling J, Beattie R. Self-efficacy beliefs and sales performance [J]. Journal of Organizational Behavior Management, 1983 (5): 41-51.

[42] Barling J, Dupre K E, Hepburn C G. Effects of parents' job insecurity on children's work beliefs and attitudes [J]. Journal of Applied Psychology, 1998, 83 (1): 112-118.

[43] Barling J, Weatherhead J G. Persistent exposure to poverty during childhood

limits later leader emergence [J] . Journal of Applied Psychology, 2016, 101 (9): 1305-1318.

[44] Barrick M R, Mitchell T R, Stewart G L. Situational and motivational influences on trait-behavior relationships [C] // Barrick M R, Ryan A M. Personality and Work: Reconsidering the Role of Personality in Organizations. San Francisco: Jossey-Bass, 2003.

[45] Barrick M R, Mount M K, Li N. The theory of purposeful work behavior: The role of personality, higher-order goals, and job characteristics [J] . Academy of Management Review, 2013, 38 (1): 132-153.

[46] Bartel C A. Social comparisons in boundary-spanning work: Effects of community outreach on members' organizational identity and identification [J] . Administrative Science Quarterly, 2001 (46): 379-413.

[47] Bartel C, Dutton J. Ambiguous organizational memberships: Constructing organizational identities in interactions with others [C] // Hogg M A, Terry D J. Social Identity Processes in Organizational Contexts. Philadelphia: Psychology Press, 2001.

[48] Bartholomeu D, Montiel J M, Fiamenghi G A, et al. Predictive power of parenting styles on children's social skills: A Brazilian sample [J] . Sage Open, 2016, 6 (2): 1-7.

[49] Bartone P T, Snook S A, Forsythe G B, et al. Psychosocial development and leader performance of military officer cadets [J] . The Leadership Quarterly, 2007, 18 (5): 490-504.

[50] Bashshur M R, Oc B. When voice matters: A multilevel review of the impact of voice in organizations [J] . Journal of Management, 2015, 41 (5): 1530-1554.

[51] Bass B M, Avolio B J, Jung D I, et al. Predicting unit performance by assessing transformational and transactional leadership [J] . Journal of Applied Psychology, 2003, 88 (2): 207-218.

[52] Bass B M. Organizational psychology [M] . Boston: Allyn and Bacon, 1965.

[53] Bass B M. Transformational leadership [M] . Philadelphia: Lawrence Erl-

baum Associates, 2005.

[54] Bassett J F, Snyder T L, Rogers D T, et al. Permissive, authoritarian, and authoritative instructors: Applying the concept of parenting styles to the college classroom [J]. Individual Differences Research, 2013, 11 (1): 1-11.

[55] Bauer T N, Green S G. Effect of newcomer involvement in work-related activities: A longitudinal study of socialization [J]. Journal of Applied Psychology, 1994, 79 (2): 211-223.

[56] Bauer T N, Morrison E W, Callister R R. Organizational socialization: A review and directions for future research [J]. Research in Personnel & Human Resources Management, 1998 (16): 149-214.

[57] Bauer T N, Bodner T, Erdogan B, et al. Newcomer adjustment during organizational socialization: A meta-analytic review of antecedents, outcomes, and methods [J]. Journal of Applied Psychology, 2007, 92 (3): 707-721.

[58] Baumrind D. Child care practices anteceding three patterns of preschool behavior [J]. Genetic Psychology Monographs, 1967, 75 (1): 43-88.

[59] Baumrind D. Effects of authoritative parental control on child behavior [J]. Child Development, 1966, 37 (4): 887-907.

[60] Bedard K, Dhuey E. The persistence of early childhood maturity: International evidence of long-run age effects [J]. The Quarterly Journal of Economics, 2006, 121 (4): 1437-1472.

[61] Behfar K J, Friedman R, Oh S H. Impact of team (dis) satisfaction and psychological safety on performance evaluation biases [J]. Small Group Research, 2016, 47 (1): 77-107.

[62] Belch G E, Belch M A. A content analysis study of the use of celebrity endorsers in magazine advertising [J]. International Journal of Advertising, 2013, 32 (3): 369-389.

[63] Bell S T, Villado A J, Lukasik M A, et al. Getting specific about demographic diversity variable and team performance relationships: A meta-analysis [J]. Journal of Management, 2011, 37 (3): 709-743.

[64] Bernstein H. Modernization theory and the sociological study of development [J]. The Journal of Development Studies, 1971, 7 (2): 141-160.

［65］Bettencourt L A. change-oriented organizational citizenship behaviors: The direct and moderating influence of goal orientation ［J］. Journal of Retailing, 2004 （80）: 165-180.

［66］Bezuijen X M. Leadership and employee development ［D］. The Netherlands: Tilburg University, 2005.

［67］Borman W C, Motowidlo S J. Expanding the criterion domain to include elements of contextual performance ［C］ // Schmitt N, Borman W C. Personnel Selection in Organizations. San Francisco: Jossey-Bass, 1993.

［68］Bornstein M H. Sensitive periods in development: Structural characteristics and causal interpretations ［J］. Psychological Bulletin, 1989, 105 （2）: 179-197.

［69］Botero I C, Van Dyne L. Employee voice behavior interactive effects of LMX and power distance in the United States and Colombia ［J］. Management Communication Quarterly, 2009, 23 （1）: 84-104.

［70］Brady E H. Education for leadership ［J］. Journal of Educational Sociology, 1948, 21 （1）: 507-517.

［71］Briñol P, Petty R E. A history of attitudes and persuasion research ［M］ // Kruglanski A W, Strobe W. Handbook of the history of social psychology. New York: Psychology Press, 2012: 283-320.

［72］Brown M E. Identification and some conditions of organizational involvement ［J］. Administrative Science Quarterly, 1969 （14）: 346-355.

［73］Brown S P. A meta-analysis and review of organizational research on job involvement ［J］. Psychological Bulletin, 1996, 120 （2）: 235-255.

［74］Brown W, May D. Organizational change and development: The efficacy of transformational leadership training ［J］. Journal of Management Development, 2012, 31 （6）: 520-536.

［75］Brzykcy A Z, Boehm S A, Baldridge D C. Fostering sustainable careers across the lifespan: The role of disability, idiosyncratic deals and perceived work ability ［J］. Journal of Vocational Behavior, 2019 （112）: 185-198.

［76］Budescu D V, Rantilla A K, Yu H T, et al. The effects of asymmetry among advisors on the aggregation of their opinions ［J］. Organizational Behavior and Human Decision Processes, 2003, 90 （1）: 178-194.

[77] Buenaventura-Vera G. The impact of leader self-efficacy on the characteristics of work teams [J]. Intangible Capital, 2017, 13 (4): 824-849.

[78] Burke P J, Reitzes D C. An identity theory approach to commitment [J]. Social Psychology Quarterly, 1991, 54 (3): 239-251.

[79] Burke P J, Stets J E. Identity theory [M]. New York: Oxford University Press, 2009.

[80] Burke P J. Identity processes and social stress [J]. American Sociological Review, 1991 (56): 836-849.

[81] Burris E R, Detert J R, Chiaburu D S. Quitting before leaving: The mediating effects of psychological attachment and detachment on voice [J]. Journal of Applied Psychology, 2008, 4 (93): 912-922.

[82] Burris E R, Detert J R, Romney A C. Speaking up vs. being heard: The disagreement around and outcomes of employee voice [J]. Organization Science, 2013, 24 (1): 22-38.

[83] Burris E R. The risks and rewards of speaking Up: Managerial responses to employee voice [J]. Academy of Management Journal, 2012, 55 (4): 851-875.

[84] Buunk B P, Collins R L, Taylor S E, et al. The affective consequences of social comparison: Either direction has its ups and downs [J]. Journal of Personality and Social Psychology, 1990, 59 (6): 1238-1249.

[85] Cable D M, Parsons C K. Socialization tactics and person-organization fit [J]. Personnel Psychology, 2001, 54 (1): 1-23.

[86] Callero P L, Howard J A, Piliavin J A. Helping behavior as role behavior: Disclosing social structure and history in the analysis of prosocial action [J]. Social Psychological Quarterly, 1987, 50 (3): 247-256.

[87] Callero P L. Role-identity salience [J]. Social Psychology Quarterly, 1985, 48 (3): 203-215.

[88] Campagna R L, Dirks K T, Knight A P, et al. On the relation between felt trust and actual trust: Examining pathways to and implications of leader trust meta-accuracy [J]. Journal of Applied Psychology, 2020, 105 (9): 994-1012.

[89] Campbell W K, Bonacci A M, Shelton J, et al. Psychological entitlement: Interpersonal consequences and validation of a self-report measure [J]. Journal of

Personality Assessment, 2004, 83 (1): 29-45.

[90] Carleton E L, Barling J, Trivisonno M. Leaders' trait mindfulness and transformational leadership: The mediating roles of leaders' positive affect and leadership self-efficacy [J]. Canadian Journal of Behavioural Science, 2018, 50 (3): 185-194.

[91] Chamberlin M, Newton D W, Lepine J A, et al. A Meta-analysis of voice and its promotive and prohibitive forms: Identification of key associations, distinctions, and future research directions [J]. Personnel Psychology, 2017, 70 (1): 11-71.

[92] Chan T W, Koo A. Parenting style and youth outcomes in the UK [J]. European Sociological Review, 2011, 27 (3): 385-399.

[93] Chao G T, Olearykelly A M, Wolf S, et al. Organizational socialization: Its content and consequences [J]. Journal of Applied Psychology, 1994, 79 (5): 730-743.

[94] Chelladurai P. Participation in sport and leader development [M]. London: Psychology Press, 2011.

[95] Chen C C, Chiu S F. The mediating role of job involvement in the relationship between job characteristics and organizational citizenship behavior [J]. Journal of Social Psychology, 2009, 149 (4): 474-494.

[96] Chen Y, Friedman R, Yu E, et al. Supervisor-subordinate guanxi: Developing a three-dimensional model and scale [J]. Management and Organization Review, 2009 (5): 375-399.

[97] Chen Z, Zhu J, Zhou M. How does a servant leader fuel the service fire? A multilevel model of servant leadership, individual self identity, group competition climate, and customer service performance [J]. Journal of Applied Psychology, 2015, 100 (2): 511-521.

[98] Cheng Y, Yen C, Chen L H. Transformational leadership and job involvement: The moderation of emotional contagion [J]. Military Psychology, 2012 (24): 382-396.

[99] Chiaburu D S, Marinova S V, Van Dyne L. Should I do it or not? An initial model of cognitive processes predicting voice behaviors [J]. Academy of Management Best Paper Proceedings, 2008 (1): 1-6.

［100］ Chiu S F, Tsai M C. Relationships among burnout, job involvement, and organizational citizenship behavior ［J］. Journal of Psychology, 2006, 140 (6): 517-530.

［101］ Choi J N. Change-oriented organizational citizenship behavior: Effect of work environment characteristics and intervening psychological processes ［J］. Journal of Organizational Behavior, 2007 (28): 467-484.

［102］ Chou E Y. Naysaying and negativity promote initial power establishment and leadership endorsement ［J］. Journal of Personality and Social Psychology, 2018, 115 (4): 638-656.

［103］ Coleman J S. Social capital in the creation of human capital ［J］. American Journal of Sociology, 1988, 94 (7): 95-120.

［104］ Collins R L. For better or worse: The impact of upward social comparison on self-evaluations ［J］. Psychological Bulletin, 1996, 119 (1): 51-69.

［105］ Cottrell C A, Neuberg S L, Li N P. What do people desire in others? A socio-functional perspective on the importance of different valued characteristics ［J］. Journal of Personality and Social Psychology, 2007, 92 (2): 208-231.

［106］ Coyle-Shapiro J, Kessler I, Purcell J. Exploring organizationally directed citizenship behavior: Reciprocity or "it's my job"? ［J］. Journal of Management Studies, 2004, 41 (1): 85-106.

［107］ Darling N, Steinberg L. Parenting style as context: An integrative model ［J］. Psychological Bulletin, 1993, 113 (3): 487-496.

［108］ Davidovitz R, Mikulincer M, Shaver P R, et al. Leaders as attachment figures: Leaders' attachment orientations predict leadership-related mental representations and followers' performance and mental health ［J］. Journal of Personality and Social Psychology, 2007, 93 (4): 632-650.

［109］ Davis A S, Van der Heijden B I. Reciprocity matters: Idiosyncratic deals to shape the psychological contract and foster employee engagement in times of austerity ［J］. Human Resource Development Quarterly, 2018, 29 (4): 329-355.

［110］ Davis T R V, Luthans F. A social learning approach to organizational behavior ［J］. Academy of Management Review, 1980, 5 (2): 281-290.

［111］ Day D V, Fleenor J W, Atwater L E, et al. Advances in leader and leadership development: A review of 25 years of research and theory [J]. The Leadership Quarterly, 2014, 25 (1): 63-82.

[112] Day D V, Harrison M M. A multilevel, identity-based approach to leadership development [J]. Human Resource Management Review, 2007, 17 (4): 360-373.

[113] Day D V, Sin H P. Longitudinal tests of an integrative model of leader development: Charting and understanding developmental trajectories [J]. The Leadership Quarterly, 2011, 22 (3): 545-560.

[114] Day D V. Integrative perspectives on longitudinal investigations of leader development: From childhood through adulthood [J]. The Leadership Quarterly, 2011, 22 (3): 561-571.

[115] Day D V. Leadership development: A review in context [J]. The Leadership Quarterly, 2000, 11 (4): 581-613.

[116] De Carlo N A, Falco A, Pierro A, et al. Regulatory mode orientations and well-being in an organizational setting: The differential mediating roles of workaholism and work engagement [J]. Journal of Applied Social Psychology, 2014, 44 (11): 725-738.

[117] De Hoogh A H B, Greer L L, Den Hartog D N. Diabolical dictators or capable commanders? An investigation of the differential effects of autocratic leadership on team performance [J]. The Leadership Quarterly, 2015, 26 (5): 687-701.

[118] De Koster R, Stam D, Balk B. Accidents happen: The influence of safety-specific transformational leadership, safety consciousness, and hazard reducing systems on warehouse accidents [J]. Journal of Operations Management, 2011 (29): 753-765.

[119] De Neve J E, Mikhaylov S, Dawes C T, et al. Born to lead? A twin design and genetic association study of leadership role occupancy [J]. The Leadership Quarterly, 2013, 24 (1): 45-60.

[120] De Stobbeleir K E M, Ashford S J, Buyens D. Self-regulation of creativity at work: The role of feedback-seeking behavior in creative performance [J]. Academy of Management Journal, 2011, 54 (4): 811-831.

[121] De Vries G, Jehn K A, Terwel B W. When employees stop talking and

start fighting: The detrimental effects of pseudo voice in organizations [J] . Journal of Business Ethics, 2012, 105 (2): 221-230.

[122] Den Hartog D N, Belschak F D. When does transformational leadership enhance employee proactive behavior? The role of autonomy and role breadth self-efficacy [J] . Journal of Applied Psychology, 2012, 97 (1): 194-202.

[123] Dennis R S, Bocarnea M. Development of the servant leadership assessment instrument [J] . Leadership and Organization Development Journal, 2005 (26): 600-615.

[124] Detert J R, Burris E R, Harrison D A, et al. Voice flows to and around leaders: Understanding when units are helped or hurt by employee voice [J] . Administrative Science Quarterly, 2013, 58 (4): 624-668.

[125] Detert J R, Burris E R. Leadership behavior and employee voice: Is the door really open? [J] . Academy of Management Journal, 2007, 50 (4): 869-884.

[126] Devine D J, Philips J L. Do smarter teams do better: A meta-analysis of cognitive ability and team performance [J] . Small Group Research, 2001, 32 (5): 507-532.

[127] Dhuey E, Lipscomb S. What makes a leader? Relative age and high school leadership [J] . Economics of Education Review, 2008, 27 (2): 173-183.

[128] Diefendorff J M, Brown D J, Kamin A M, et al. Examining the roles of job involvement and work centrality in predicting organizational citizenship behaviors and job performance [J] . Journal of Organizational Behavior, 2002, 23 (1): 93-108.

[129] Ding C G, Chang Y W. Effects of task and work responsibilities idiosyncratic deals on perceived insider status and the moderating roles of perceived overall justice and coworker support [J] . Review of Managerial Science, 2020, 14 (6): 1341-1361.

[130] Dionne S D, Sayama H, Hao C, et al. The role of leadership in shared mental model convergence and team performance improvement: An agent-based computational model [J] . The Leadership Quarterly, 2010, 21 (6): 1035-1049.

[131] Dornbusch S M, Ritter P L, Leiderman P H, et al. The relation of parenting style to adolescent school performance [J] . Child Development, 1987, 58 (5): 1244-1257.

[132] Douglas B C. The causal order of job satisfaction and organizational commitment in models of employee turnover [J]. Human Resource Management Review, 1999, 9 (4): 495-524.

[133] Downes P E, Crawford E R, Seibert S E, et al. Referents or role models? The self-efficacy and job performance effects of perceiving higher performing peers [J]. Journal of Applied Psychology, 2021, 106 (3): 422-438.

[134] Downs K J M. Family commitment, role perceptions, social support, and mutual children in remarriage: A test of uncertainty reduction theory [J]. Journal of Divorce & Remarriage, 2004, 40 (1/2): 35-53.

[135] Duan J, Xia X, Van Swol L M. Emoticons' influence on advice taking [J]. Computers in Human Behavior, 2018 (79): 53-58.

[136] Dubin R. Human relations in administration [M]. Englewood CliflFs: Prentice-Hall, 1968.

[137] Dugan J P, Fath K Q, Howes S D, et al. Developing the leadership capacity and leader efficacy of college women in science, technology, engineering, and math fields [J]. Journal of Leadership Studies, 2013, 7 (3): 6-23.

[138] Dukerich J M, Golden B R, Shortell S M. Beauty is in the eye of the beholder: The impact of organizational identification, identity, and image on the cooperative behaviors of physicians [J]. Administrative Science Quarterly, 2002 (47): 507-533.

[139] Dutton J E, Ashford S J, Hayes E, et al. Reading the wind: How middle managers assess the context for selling issues to top managers [J]. Strategic Management Journal, 1997 (18): 407-425.

[140] Dutton J E, Ashford S J. Selling issues to top management [J]. Academy of Management Review, 1993, 18 (3): 397-428.

[141] Dutton J E, Dukerich J M, Harquail C V. Organizational images and member identification [J]. Administrative Science Quarterly, 1994 (39): 239-263.

[142] Ebel R L, Fresbie D A. Essentials of educational measurement [M]. New Jersey: Prentice-Hall, 1991.

[143] Eden D, Geller D, Gewirtz A, et al. Implanting pygmalion leadership

style through workshop training: Seven field experiments [J]. The Leadership Quarterly, 2000, 11 (2): 171-210.

[144] Edmondson A. Psychological safety and learning behavior in work teams [J]. Administrative Science Quarterly, 1999, 44 (2): 350-383.

[145] Ehrhart M G. Leadership and procedural justice climate as antecedents of unit - level organizational citizenship behavior [J]. Personnel Psychology, 2004 (57): 61-94.

[146] Ensher E A, Murphy S E. Power mentoring: How successful mentors and protégés get the most out of their relationships [M]. New York: John Wiley & Sons, 2005.

[147] Fang R L, Duffy M K, Shaw J B. The organizational socialization process: Review and development of a social capital model [J]. Journal of Management, 2011, 37 (1): 127-152.

[148] Fang R, Chi L, Chen M, et al. Bringing political skill into social networks: Findings from a field study of entrepreneurs [J]. Journal of Management Studies, 2015, 52 (2): 175-212.

[149] Farh J, Hackett R D, Liang J. Individual-level cultural values as moderators of perceived organizational support-employee outcome relationships in China: Comparing the effects of power distance and traditionality [J]. Journal of Management, 2007, 50 (3): 715-729.

[150] Fast N J, Burris E R, Bartel C A. Managing to stay in the dark: Managerial self-efficacy, ego defensiveness, and the aversion to employee voice [J]. Academy of Management Journal, 2014, 57 (4): 1013-1034.

[151] Fay D, Frese M. The concept of personal initiative: An overview of validity studies [J]. Human Performance, 2001 (14): 97-124.

[152] Ferris G R, Treadway D C, Kolodinsky R W, et al. Development and validation of the political skill inventory [J]. Journal of Management, 2005, 31 (1): 126-152.

[153] Festinger L. A theory of social comparison processes [J]. Human Relations, 1954, 7 (2): 117-140.

[154] Filstad C. Organizational commitment through organizational socialization

tactics [J] . Journal of Workplace Learning, 2011, 23 (6): 376-390.

[155] Fisher C D. Social support and adjustment to work: A longitudinal study [J] . Journal of Management, 1985, 11 (3): 39-53.

[156] Fisher C D. Organizational socialization: An integrative review [J] . Research in Personal and Human Resource Management, 1986, 4 (1): 101-145.

[157] Fiske S T, Cuddy A J, Glick P, et al. Universal dimensions of social cognition: Warmth and competence [J] . Trends in Cognitive Sciences, 2007, 11 (2): 77-83.

[158] French J R P, Kahn R. A programmatic approach to studying the industrial environment and mental health [J] . Journal of Social Issues, 1962 (18): 1-47.

[159] Fuller J B, Barnett T, Hester K, et al. An exploratory examination of voice behavior from an impression management perspective [J] . Journal of Managerial Issues, 2007, 19 (1): 134-151.

[160] Fuller J B, Marler L E, Hester K. Promoting felt responsibility for constructive change and proactive behavior: Exploring aspects of an elaborated model of work design [J] . Journal of Organizational Behavior, 2006, 27 (8): 1089-1120.

[161] Gangestad S W, Simpson J A. The evolution of human mating: Trade-offs and strategic pluralism [J] . Behavioral and Brain Sciences, 2000, 23 (4): 573-587.

[162] Gardner P H, Berry D C. The effect of different forms of advice on the control of a simulated complex system [J] . Applied Cognitive Psychology, 1995, 9 (7): S55-S79.

[163] Gino F, Schweitzer M E. Blinded by anger or feeling the love: How emotions influence advice taking [J] . Journal of Applied Psychology, 2008, 93 (5): 1165.

[164] Gist M E, Mitchell T R. Self-efficacy: A theoretical analysis of its determinants and malleability [J] . Academy of Management Review, 1992 (17): 183-211.

[165] Graham J W, Van Dyne L. Gathering information and exercising influence: Two forms of civic virtue organizational citizenship behavior [J] . Employee Rights and Responsibilities Journal, 2006 (18): 89-109.

[166] Graham J W. Servant-leadership in organizations: Inspirational and moral [J]. Leadership Quarterly, 1991 (2): 105-119.

[167] Grant A M, Ashford S J. The dynamics of proactivity at work [J]. Research in Organizational Behavior, 2008 (28): 3-34.

[168] Grant A M. Rocking the boat but keeping it steady: The role of emotion regulation in employee voice [J]. Academy of Management Journal, 2013 (56): 1703-1723.

[169] Grant J M, Kim T Y, Wang J. Dispositional antecedents of demonstration and usefulness of voice behavior [J]. Journal of Business and Psychology, 2011, 26 (3): 285-297.

[170] Gray M R, Steinberg L. Unpacking authoritative parenting: Reassessing a multidimensional construct [J]. Journal of Marriage and the Family, 1999, 61 (3): 574-587.

[171] Greenberg J, Ashton - James C E, Ashkanasy N M. Social comparison processes in organizations [J]. Organizational Behavior and Human Decision Processes, 2007, 102 (1): 22-41.

[172] Greenberg J, Roberge M, Ho V T, et al. Fairness in idiosyncratic work arrangements: Justice as an i-deal [M] //Martocchio J J. Research in personnel and human resources management. Amsterdam: Elsevier, 2004: 1-34.

[173] Greenleaf R K. Servant leadership: A journey into the nature of legitimate power and greatness [M]. New York: Paulist Press, 1977.

[174] Greenleaf R K. The servant as leader [M]. Indianapolis: The Robert K. Greenleaf Center, 1991.

[175] Greenleaf R K. The servant as leader [M]. Indianapolis: The Robert K. Greenleaf Center, 1970.

[176] Gregersen S, Vincent-Höper S, Nienhaus A. The relation between leadership and perceived well - being: What role does occupational self - efficacy play? [J]. Journal of Leadership Studies, 2014, 8 (2): 6-18.

[177] Griffin A E C, Colella A, Goparaju S. Newcomer and organizational socialization tactics: An interactionist perspective [J]. Human Resource Management Review, 2000, 10 (4): 453-474.

［178］Griffin M A, Neal A, Parker S K. A new model of work role performance: Positive behavior in uncertain and interdependent contexts ［J］. Academy of Management Journal, 2007, 50 (2): 327-347.

［179］Grube J, Piliavin J. Role identity, organizational experiences, and volunteer performance ［J］. Personality and Social Psychology Bulletin, 2000, 26 (9): 1108-1119.

［180］Gruman J A, Saks A M, Zweig D I. Organizational socialization tactics and newcomer proactive behaviors: An integrative study ［J］. Journal of Vocational Behavior, 2006, 69 (1): 90-104.

［181］Guerrero S, Bentein K, Lapalme MÈ. Idiosyncratic deals and high performers' organizational commitment ［J］. Journal of Business and Psychology, 2014, 29 (2): 323-334.

［182］Guerrero S, Jeanblanc H C. Networking and development idiosyncratic deals ［J］. Career Development International, 2017, 22 (7): 816-828.

［183］Guerrero S, Jeanblanc H, Veilleux M. Development idiosyncratic deals and career success ［J］. Career Development International, 2016, 20 (1): 19-30.

［184］Gunnoe M L. Associations between parenting style, physical discipline, and adjustment in adolescents' reports ［J］. Psychological Reports, 2013, 112 (3): 933-975.

［185］Gurin G, Veroff J, Feld S. Americans view their mental health ［M］. New York: Basic Books, 1960.

［186］Hackman J R. Effects of task characteristics on group products ［J］. Journal of Experimental Social Psychology, 1968 (4): 162-187.

［187］Hackman J, Oldham G. Work redesign ［M］. Hoboken: Addison-Wesley, 1980.

［188］Hagedoorn M, Van Yperen N W, Van De Vliert E, et al. Employees' reactions to problematic events: A circumplex structure of five categories of responses, and the role of job satisfaction ［J］. Journal of Organizational Behavior, 1999, (20): 309-321.

［189］Hale J R, Fields D L. Exploring servant leadership across cultures: A study of followers in Ghana and the USA ［J］. Leadership, 2007 (3): 397-417.

［190］Hambrick D C, Lovelace J B. The role of executive symbolism in advancing new strategic themes in organizations: A social influence perspective ［J］. Academy of Management Review, 2018, 43 (1): 110-131.

［191］Hammer L B, Kossek E E, Anger W K, et al. Clarifying work-family intervention processes: The roles of work-family conflict and family-supportive supervisor behaviors ［J］. Journal of Applied Psychology, 2011, 96 (1): 134-150.

［192］Hammer L B, Wan W H, Brockwood K J, et al. Supervisor support training effects on veteran health and work outcomes in the civilian workplace ［J］. Journal of Applied Psychology, 2019, 104 (1): 52-69.

［193］Hannah S T, Avolio B J, Luthans F, et al. Leadership efficacy: Review and future directions ［J］. The Leadership Quarterly, 2008, 19 (6): 669-692.

［194］Harrell A W, Mercer S H, DeRosier M E. Improving the social-behavioral adjustment of adolescents: The effectiveness of a social skills group intervention ［J］. Journal of Child and Family Studies, 2009, 18 (4): 378-387.

［195］Harter S, Alexander P C, Neimeyer R A. Long-term effects of incestuous child abuse in college women: Social adjustment, social cognition, and family characteristics ［J］. Journal of Consulting and Clinical Psychology, 1988, 56 (1): 5-8.

［196］Hartley J, Sancino A, Bennister M, et al. Leadership for public value: Political astuteness as a conceptual link ［J］. Public Administration, 2019, 97 (2): 239-249.

［197］Harvey N, Fischer I. Taking advice: Accepting help, improving judgment, and sharing responsibility ［J］. Organizational Behavior and Human Decision Processes, 1997, 70 (2): 117-133.

［198］Hazan C, Diamond L M. The place of attachment in human mating ［J］. Review of General Psychology, 2000, 4 (2): 186-204.

［199］He W, Zhou H. Managerial responses to voice: A content and process model of managerial voice - taking theory ［C］. Academy of Management Proceedings, 2014.

［200］Helena D C, Nicole L P, Matthias J S, et al. The relative importance of proactive behaviors and outcomes for predicting newcomer learning, well-being, and work engagement ［J］. Journal of Vocational Behavior, 2014, 84 (3): 318-331.

［201］Hinkin T R. A brief tutorial on the development of measures for use in survey questionnaires［J］. Organizational Research Methods, 1998, 3（1）: 104-121.

［202］Hirschman A O. Exit, voice, and loyalty: Responses to decline in firms, organizations, and states［M］. Harvard University Press, 1970.

［203］Hirst G, Mann L. A model of R&D leadership and team communication: The relationship with project performance［J］. R&d Management, 2004, 34（2）: 147-160.

［204］Ho V T, Kong D T. Exploring the signaling function of idiosyncratic deals and their interaction［J］. Organizational Behavior and Human Decision Processes, 2015（131）: 149-161.

［205］Ho V T, Tekleab A G. A model of idiosyncratic deal-making and attitudinal outcomes［J］. Journal of Managerial Psychology, 2016, 31（3）: 642-656.

［206］Ho V, Tekleab A G. Ask and ye shall receive: A comparative model of ex-ante and ex-post idiosyncratic deal-making and their impact on attitudinal outcomes［C］. Orlando: The Academy of Management Meeting, 2013.

［207］Hofmann D A, Morgeson F P, Gerras S J. Climate as a moderator of the relationship between leader-member exchange and content specific citizenship: Safety climate as an exemplar［J］. Journal of Applied Psychology, 2003, 88（1）: 170-178.

［208］Hogg M A, Terry D J, White K M. A tale of two theories: A critical comparison of identity theory with social identity theory［J］. Social Psychology Quarterly, 1995（58）: 255-269.

［209］Hogg M A, Terry D J. Social identity and self-categorization processes in organizational contexts［J］. Academy of Management Review, 2000, 25（1）: 121-140.

［210］Hohman Z P, Hogg M A, Bligh M C. Identity and intergroup leadership: Asymmetrical political and national identification in response to uncertainty［J］. Self and Identity, 2010, 9（2）: 113-128.

［211］Hornung S, Glaser J, Rousseau D M. Interdependence as an I-deal: Enhancing job autonomy and distributive justice via individual negotiation［J］. German Journal of Human Resource Management, 2010, 24（2）: 108-129.

［212］Hornung S, Rouseau D M, Glaser J, et al. Employee-oriented leadership and quality of working life: Mediating roles of idiosyncratic deals ［J］. Psychological Reports, 2011, 108 (1): 59-74.

［213］Hornung S, Rousseau D M, Glaser J, et al. Beyond top-down and bottom-up work redesign: Customizing job content through idiosyncratic deals ［J］. Journal of Organizational Behavior, 2010, 31 (2): 187-215.

［214］Hornung S, Rousseau D M, Glaser J. Creating flexibility work arrangements through idiosyncratic deals ［J］. Journal of Applied Psychology, 2008, 93 (3): 655-664.

［215］Hornung S, Rousseau D M, Glaser J. Why supervisors make idiosyncratic deals: Antecedents and outcomes of i-deals from a managerial perspective ［J］. Journal of Managerial Psychology, 2009, 24 (8): 738-764.

［216］Hornung S, Rousseau D M, Weigl M, et al. Redesigning work through idiosyncratic deals ［J］. European Journal of Work and Organizational Psychology, 2014, 23 (4): 608-626.

［217］Hovland C I, Mandell W. An experimental comparison of conclusion-drawing by the communicator and by the audience ［J］. Journal of Abnormal Psychology, 1952, 47 (3): 581-588.

［218］Howell T M, Harrison D A, Burris E R, Detert J R. Who gets credit for input? Demographic and structural status cues in voice recognition ［J］. Journal of Applied Psychology, 2015, 100 (6): 1765-1784.

［219］Hoyt C L, Blascovich J. Leadership efficacy and women leaders' responses to stereotype activation ［J］. Group Processes & Intergroup Relations, 2007, 10 (4): 595-616.

［220］Huang G, Niu X. A study of the antecedents and consequences of expost and developmental i-deals in Chinese context ［C］. Chicago: The Academy of Management Meeting, 2009.

［221］Huang J, Tang C. Effects of coworker's idiosyncratic deals on witness's creative process engagement: Roles of responsibility for change and perceived exploitative leadership ［J］. Journal of Management & Organization, 2021: 1-21.

［222］Huang X, Rode J C, Schroeder R G. Organizational structure and continuous improvement and learning: Moderating effects of cultural endorsement of participative leadership [J]. Journal of International Business Studies, 2011, 42 (9): 1103-1120.

[223] Huang X, Xu E, Huang L, et al. Nonlinear consequences of promotive and prohibitive voice for managers' responses: The roles of voice frequency and LMX [J]. Journal of Applied Psychology, 2018, 103 (10): 1101-1120.

[224] Hui C, Lee C, Rousseau D M. Employment relationships in China: Do workers relate to the organization or the people? [J]. Organization Science, 2004 (15): 232-240.

[225] Hunter E M, Mitchell J, Neubert M J, et al. Servant leaders inspire servant followers: Antecedents and outcomes for employees and the organization [J]. Leadership Quarterly, 2013 (24): 316-331.

[226] Huo W, Luo J, Tam K L. Idiosyncratic deals and good citizens in China: The role of traditionality for recipients and their coworkers [J]. The International Journal of Human Resource Management, 2014, 25 (22): 3157-3177.

[227] Irene H C. Organizational socialization and career success of Asian managers [J]. The International Journal of Human Resource Management, 2002, 13 (4): 720-737.

[228] Irving J A, Longbotham G J. Team effectiveness and six essential servant leadership themes: A regression model based on the items in the organizational leadership assessment [J]. International Journal of Leadership Studies, 2007 (2): 98-113.

[229] Janssen O, De Vries T, Cozijnsen A J. Voicing by adapting and innovating employees: An empirical study on how personality and environment interact to affect voice Behavior [J]. Human Relations, 1998, 51 (7): 945-967.

[230] Jaramillo F, Grisaffe D B, Chonko L B, et al. Examining the impact of servant leadership on sales force performance [J]. Journal of Personal Selling and Sales Management, 2009 (29): 257-275.

[231] Jaramillo F, Grisaffe D B, Chonko L B, et al. Examining the impact of servant leadership on salesperson's turnover intention [J]. Journal of Personal Selling and Sales Management, 2009 (29): 351-365.

[232] Jiao C Q, Richards D A, Hackett R D. Organizational citizenship behavior and role breadth: A meta-analytic and cross-cultural analysis [J]. Human Resource Management, 2013, 52 (5): 697-714.

[233] Johnson A M, Vernon P A, Harris J A, et al. A behavior genetic investigation of the relationship between leadership and personality [J]. Twin Research and Human Genetics, 2004, 7 (1): 27-32.

[234] Johnson A M, Vernon P A, McCarthy J M, et al. Nature vs nurture: Are leaders born or made? A behavior genetic investigation of leadership style [J]. Twin Research and Human Genetics, 1998, 1 (4): 216-223.

[235] Jokisaari M, Nurmi J E. Change in newcomers' supervisor support and socialization outcomes after organizational entry [J]. Academy of Management Journal, 2009, 52 (3): 527-544.

[236] Jones G R. Socialization tactics, self-efficacy, and newcomers' adjustments to organizations [J]. Academy of Management Journal, 1986, 29 (2): 262-279.

[237] Joseph E E, Winston B E. A correlation of servant leadership, leader trust and organizational trust [J]. Leadership and Organization Development Journal, 2005 (26): 6-22.

[238] Joussemet M, Landry R, Koestner R. A self-determination theory perspective on parenting [J]. Canadian Psychology/Psychologie Canadienne, 2008, 49 (3): 194-200.

[239] Judge T A, Bono J E, Ilies R, et al. Personality and leadership: A qualitative and quantitative review [J]. Journal of Applied Psychology, 2002, 87 (4): 765-780.

[240] Judge T A, Jackson C L, Shaw J C, et al. Self-efficacy and work-related performance: The integral role of individual differences [J]. Journal of Applied Psychology, 2007, 92 (1): 107-127.

[241] Michele K, Robert A B. Organizational politics: The state of the field, links to related processes, and an agenda for future research [J]. Research in Personnel and Human Resources Management, 1999 (17): 1-39.

[242] Kahn W A. Psychological conditions of personal engagement and disengage-

ment at work [J]. Academy of Management Journal, 1990, 33 (4): 692-724.

[243] Kakkar Hemant, Tangirala Subrahmaniam, Srivastava Nalin K, et al. The dispositional antecedents of promotive and prohibitive voice [J]. Journal of Applied Psychology, 2016, 101 (9): 1342-1351.

[244] Kamdar D, McAllister D J, Turban D B. All in a day's work: How follower individual differences and justice perceptions predict OCB role definitions and behavior [J]. Journal of Applied Psychology, 2006, 91 (4): 841-855.

[245] Kanungo R N. Measurement of job and work involvement [J]. Journal of Applied Psychology, 1982, 67 (3): 341-349.

[246] Kaplan M F, Anderson N H. Information integration theory and reinforcement theory as approaches to interpersonal attraction [J]. Journal of Personality and Social Psychology, 1973, 28 (3): 301-312.

[247] Karadağ E, Bektaş F, Çoğaltay N, et al. The effect of educational leadership on students' achievement: A meta-analysis study [J]. Asia Pacific Education Review, 2015, 16 (1): 79-93.

[248] Katrinli A, Atabay G, Gunay G. Leader-member exchange, organizational identification and the mediating role of job involvement for nurses [J]. Journal of Advanced Nursing, 2008, 64 (4): 354-362.

[249] Katz D, Kahn R L. The social psychology of organizations [M]. New York: Wiley, 1978.

[250] Katz D, Kahn R L. The social psychology of organizations [J]. Administrative Science Quarterly, 1970, 10 (1): 473-485.

[251] Kaufmann H. Task performance, expected performance, and responses to failure as functions of imbalance in the self-concept [D]. University of Pennsylvania, 1962.

[252] Keller T. Parental images as a guide to leadership sensemaking: An attachment perspective on implicit leadership theories [J]. The Leadership Quarterly, 2003, 14 (2): 141-160.

[253] Kelly C M, Rofcanin Y, Las Heras M, et al. Seeking an i-deal balance: Schedule-flexibility i-deals as mediating mechanisms between supervisor emotional support and employee work and home performance [J]. Journal of Vocational Behavior,

2020 (118): 103-369.

[254] Khorakian A, Sharifirad M S. Integrating implicit leadership theories, leader-member exchange, self-efficacy, and attachment theory to predict job performance [J]. Psychological Reports, 2019, 122 (3): 1117-1144.

[255] Kim E, Glomb T M. Victimization of high performers: The roles of envy and work group identification [J]. Journal of Applied Psychology, 2014, 99 (4): 619-634.

[256] Kim T Y, Cable D M, Kim S P. Socialization tactics, employee proactivity, and person-organization fit [J]. Journal of Applied Psychology, 2005, 90 (2): 232-241.

[257] Kimwolo A, Cheruiyot T. Intrinsically motivating idiosyncratic deals and innovative work behavior [J]. International Journal of Innovation Science, 2020, 11 (1): 31-47.

[258] Kish-Gephart J J, Detert J R, Treviño L K, et al. Silenced by fear: The nature, sources, and consequences of fear at work [C] // Staw B M, Brief A P. Research in Organizational Behavior, Greenwich: JAI, 2009.

[259] Klein H J, Weaver N A. The effectiveness of an organizational-level orientation training program in the socialization of new hires [J]. Personnel Psychology, 2000, 53 (1): 47-66.

[260] Kline R B. Principles and practice of structural equation modeling [M]. New York: The Guilford Press, 1998.

[261] Knoop R. Relationships among job involvement, job satisfaction, and organizational commitment for nurses [J]. The Journal of Psychology, 1995, 129 (6): 643-649.

[262] Koivisto S, Rice R E. Leader prototypicality moderates the relation between access to flexible work options and employee feelings of respect and leader endorsement [J]. The International Journal of Human Resource Management, 2016, 27 (22): 2771-2789.

[263] Kong D T, Ho V T, Garg S. Employee and coworker idiosyncratic deals: Implications for emotional exhaustion and deviant behaviors [J]. Journal of Business Ethics, 2020, 164 (3): 593-609.

[264] Korte R, Lin S. Getting on board: Organizational socialization and the contribution of social capital [J]. Human Relations, 2013, 66 (3): 407-428.

[265] Kowsikka F M, James R. Newcomers' socialization: The proactive behaviors [J]. Satisfaction and Social Integration, 2019, 6 (1): 89-107.

[266] Kremer H, Villamor I, Aguinis H. Innovation leadership: Best-practice recommendations for promoting employee creativity, voice, and knowledge sharing [J]. Business Horizons, 2019, 62 (1): 65-74.

[267] Kruglanski A W, Mayseless O. Classic and current social comparison research: Expanding the perspective [J]. Psychological Bulletin, 1990, 108 (2): 195-208.

[268] Lacerenza C N, Reyes D L, Marlow S L, et al. Leadership training design, delivery, and implementation: A meta-analysis [J]. Journal of Applied Psychology, 2017, 102 (12): 1686-1718.

[269] Ladegard G, Gjerde S. Leadership coaching, leader role-efficacy, and trust in subordinates [J]. The Leadership Quarterly, 2014, 25 (4): 631-646.

[270] Lai L, Rousseau D M, Chang K T. Idiosyncratic deals: Coworkers as interested third parties [J]. Journal of Applied Psychology, 2009, 94 (2): 547-556.

[271] Lam C F, Lee C, Sui Y. Say it as it is: Consequences of voice directness, voice politeness, and voicer credibility on voice endorsement [J]. Journal of Applied Psychology, 2019, 104 (5): 642.

[272] Lam C K, Van der Vegt G S, Walter F, et al. Harming high performers: A social comparison perspective on interpersonal harming in work teams [J]. Journal of Applied Psychology, 2011, 96 (3): 588-601.

[273] Lamborn S D, Mounts N S, Steinberg L, et al. Patterns of competence and adjustment among adolescents from authoritative, authoritarian, indulgent, and neglectful families [J]. Child Development, 1991, 62 (5): 1049-1065.

[274] Larson R W, Hansen D M, Moneta G. Differing profiles of developmental experiences across types of organized youth activities [J]. Developmental Psychology, 2006, 42 (5): 849-863.

[275] Las Heras M, Rofcanin Y, Bal M P, et al. How do flexibility i-deals re-

late to work performance? Exploring the roles of family performance and organizational context [J]. Journal of Organizational Behavior, 2017, 38 (8): 1280-1294.

[276] Las Heras M, Van der Heijden B, De Jong J, et al. Handle with care: The mediating role of schedule i-deals in the relationship between supervisors' own caregiving responsibilities and employee outcomes [J]. Human Resource Management Journal, 2017, 27 (3): 335-349.

[277] Latham G P, Saari L M. Application of social-learning theory to training supervisors through behavioral modeling [J]. Journal of Applied Psychology, 1979, 64 (3): 239-246.

[278] Laub J A. Assessing the servant organization: Development of the Organizational Leadership Assessment (OLA) model [J]. Dissertation Abstracts International, 1999, 60 (2): 308.

[279] LauliéL, Tekleab A G, Lee J J. Why grant i-deals? Supervisors' prior i-deals, exchange ideology, and justice sensitivity [J]. Journal of Business and Psychology, 2021, 36 (1): 17-31.

[280] Lavigne G L, Vallerand R J, Miquelon P. A motivational model of persistence in science education: A self-determination theory approach [J]. European Journal of Psychology of Education, 2007, 22 (3): 351-369.

[281] Lawler E E, Hall D T. Relationship of job characteristics to job involvement, satisfaction and intrinsic motivation [J]. Journal of Applied Psychology, 1970 (54): 305-312.

[282] Lee C, Hui C. Antecedents and consequences of idiosyncratic deals: A frame of resource exchange [J]. Frontiers of Business Research in China, 2011, 5 (3): 380-401.

[283] Lemmon G, Westring A, Michel E J, et al. A cross-domain exploration of performance benefits and costs of idiosyncratic deals [J]. Journal of Leadership & Organizational Studies, 2016, 23 (4): 440-455.

[284] LePine J A, Van Dyne L. Predicting voice behavior in work groups [J]. Journal of Applied Psychology, 1998, 83 (6): 853-868.

[285] LePine J A, Van Dyne L. Voice and cooperative behavior as contrasting forms of contextual performance: Evidence of differential relationships with big five per-

sonality characteristics and cognitive ability ［J］. Journal of Applied Psychology, 2001, 86 (2): 326-336.

［286］Levine D P. The corrupt organization ［J］. Human Relations, 2005, 58 (6): 723-740.

［287］Li A N, Liao H, Tangirala S, et al. The content of the message matters: The differential effects of promotive and prohibitive team voice on team productivity and safety performance gains ［J］. Journal of Applied Psychology, 2017, 102 (8): 1259-1270.

［288］Li D, Zhang Y, Zhang M, et al. Why do you treat me in such ways? An attachment examination on supervisors' early family environment and subordinates' responses ［J］. Chinese Management Studies, 2021, 15 (3): 575-597.

［289］Liang J, Farh C I C, Farh J L. Psychological antecedents of promotive and prohibitive voice: A two-wave examination ［J］. Academy of Management Journal, 2012, 55 (1): 71-92.

［290］Liang J, Shu R, Farh C I. Differential implications of team member promotive and prohibitive voice on innovation performance in research and development project teams: A dialectic perspective ［J］. Journal of Organizational Behavior, 2019, 40 (1): 91-104.

［291］Liao C, Wayne S J, Liden R C, et al. Idiosyncratic deals and individual effectiveness: The moderating role of leader-member exchange differentiation ［J］. The Leadership Quarterly, 2017, 28 (3): 438-450.

［292］Liao C, Wayne S J, Rousseau D M. Idiosyncratic deals in contemporary organizations: A qualitative and meta-analytical review ［J］. Journal of Organizational Behavior, 2016, 37 (S1): 9-29.

［293］Liao C. Enhancing individual and group performance through idiosyncratic deals: A social cognitive investigation ［D］. Chicago: University of Illinois, 2014.

［294］Liao H, Liu D, Loi R. Looking at both sides of the social exchange: A social cognitive perspective on the joint effects of relationship quality and differentiation on creativity ［J］. Academy of Management Journal, 2010, 53 (5): 1090-1109.

［295］Liao Z, Yam K C, Johnson R E, et al. Cleansing my abuse: A reparative response model of perpetrating abusive supervisor behavior ［J］. Journal of Applied

Psychology, 2018, 103 (9): 1039-1056.

[296] Liden R C, Wayne S J, Zhao H, et al. Servant leadership: Development of a multidimensional measure and multi-level assessment [J]. Leadership Quarterly, 2008 (19): 161-177.

[297] Lin S, Johnson R E. A suggestion to improve a day keeps your depletion away: Examining promotive and prohibitive voice behaviors within a regulatory focus and ego depletion framework [J]. Journal of Applied Psychology, 2015, 100 (5): 1381-1397.

[298] Liu J, Chen X, Zhou Y, et al. Relations of shyness-sensitivity and unsociability with adjustment in middle childhood and early adolescence in suburban Chinese children [J]. International Journal of Behavioral Development, 2017, 41 (6): 681-687.

[299] Liu J, Lee C, Hui C, et al. Idiosyncratic deals and employee outcomes: The mediating roles of social exchange and self-enhancement and the moderating role of individualism [J]. Journal of Applied Psychology, 2013, 98 (5): 832-840.

[300] Liu S Q, Wang M, Zhan Y J, et al. Daily work stress and alcohol use: Testing the cross-level moderation effects of neuroticism and job involvement [J]. Personnel Psychology, 2009 (62): 575-597.

[301] Liu W, Zhu R H, Yang Y K. I warn you because I like you: Voice behavior, employee identifications, and transformational leadership [J]. The Leadership Quarterly, 2010 (21): 189-202.

[302] Liu Y, Ferris G R, Zinko R, et al. Dispositional antecedents and outcomes of political skill in organizations: A four-study investigation with convergence [J]. Journal of Vocational Behavior, 2007, 71 (1): 146-165.

[303] Liu Y, Loi R, Lam L W. Linking organizational identification and employee performance in teams: The moderating role of team-member exchange [J]. The International Journal of Human Resource Management, 2011 (22): 3187-3201.

[304] Liu Z, Riggio R E, Day D V, et al. Leader development begins at home: Overparenting harms adolescent leader emergence [J]. Journal of Applied Psychology, 2019, 104 (10): 1226-1242.

[305] Liu Z, Venkatesh S, Murphy S E, et al. Leader development across the

lifespan: A dynamic experiences-grounded approach [J]. The Leadership Quarterly, 2021, 32 (5): 101-382.

[306] Liu P, Zhang Y, Zhang M, et al. Effect of coworker ostracism on newcomer socialization: A self-control perspective [J]. Social Behavior and Personality: An International Journal, 2021, 49 (1).

[307] Lodahl T, Kejner M. The definition and measurement of job involvement [J]. Journal of Applied Psychology, 1965, 49 (1): 24-33.

[308] Lord R G, Brown D J, Freiberg S J. Understanding the dynamics of leadership: The role of follower self-concepts in the leader/follower relationship [J]. Organizational Behavior and Human Decision Processes, 1999, 78 (3): 167-203.

[309] Louis M R. Surprise and sense making: What newcomers experience in entering unfamiliar organizational settings [J]. Administrative Science Quarterly, 1980, 25 (2): 226-251.

[310] Luthans F, Avolio B. Authentic leadership development [C] // Cameron K S, Dutton J E. Positive organizational scholarship. San Francisco: Berrett - Koehler, 2003.

[311] Luu T T, Djurkovic N. Paternalistic leadership and idiosyncratic deals in a healthcare context [J]. Management Decision, 2019, 57 (3): 621-648.

[312] Luyckx K, Tildesley E A, Soenens B, et al. Parenting and trajectories of children's maladaptive behaviors: A 12-year prospective community study [J]. Journal of Clinical Child & Adolescent Psychology, 2011, 40 (3): 468-478.

[313] Machida M, Schaubroeck J. The role of self-efficacy beliefs in leader development [J]. Journal of Leadership & Organizational Studies, 2011, 18 (4): 459-468.

[314] Mack D A, Macik-Frey M, Quick J C, et al. Early interdependent attachments: The power of a secure base [M]. Psychology Press, 2012.

[315] Mael F A, Ashforth B E. Alumni and their alma mater: A partial test of the reformulated model of organizational identification [J]. Journal of Organizational Behavior, 1992, 13 (2): 103-123.

[316] Maloney M M, Zellmer-Bruhn M E. Building bridges, windows and cultures: Mediating mechanisms between team heterogeneity and performance in global

teams [J] . Management International Review, 2006, 46 (6): 697-720.

[317] Man D C, Lam S S K. The effects of job complexity and autonomy on cohesiveness in collectivistic and individualistic work groups: A cross – cultural analysis [J] . Journal of Organizational Behavior, 2003, 24 (8): 979-1001.

[318] Manz C C, Sims Jr H P. Self-management as a substitute for leadership: A social learning theory perspective [J] . Academy of Management Review, 1980, 5 (3): 361-367.

[319] Manz C C. Self-leadership: Toward an expanded theory of self-influence processes in organizations [J] . Academy of Management Review, 1986, 11 (3): 585-600.

[320] Marescaux E, De Winne S, Sels L. Idiosyncratic deals from a distributive justice perspective: Examining co-workers' voice behavior [J] . Journal of Business Ethics, 2019, 154 (1): 263-281.

[321] Markku Jokisaari, Jukka Vuori. Joint effects of social networks and information giving on innovative performance after organizational entry [J] . Journal of Vocational Behavior, 2014, 85 (3): 352-360.

[322] Mathieu J E, Kukenberger M R, Dinnocenzo L, et al. Modeling reciprocal team cohesion – performance relationships, as impacted by shared leadership and members' competence [J] . Journal of Applied Psychology, 2015, 100 (3): 713-734.

[323] Matthews M S. Leadership education for gifted and talented youth: A review of the literature [J] . Journal for the Education of the Gifted, 2004, 28 (1): 77-113.

[324] Mayer D M, Bardes M, Piccolo R F. Do servant-leaders help satisfy follower needs? An organizational justice perspective [J] . European Journal of Work and Organizational Psychology, 2008 (17): 180-197.

[325] Maynes T D, Podsakoff P M. Speaking more broadly: An examination of the nature, antecedents, and consequences of an expanded set of employee voice behaviors [J] . Journal of Applied Psychology, 2014, 99 (1): 87-112.

[326] McCall G J, Simmons J L. Identities and Interactions [M] . New York: Free Press, 1978.

[327] Mcclean E J, Martin S R, Emich K J, et al. The social consequences of voice: An examination of voice type and gender on status and subsequent leader emergence [J]. Academy of Management Journal, 2018, 61 (5): 1869-1891.

[328] McCoby E E, Martin J A. Socialization in the context of the family: Parent-child interaction [J]. Handbook of Child Psychology, 1983, 4 (1): 1-101.

[329] McCormick M J. Self-efficacy and leadership effectiveness: Applying social cognitive theory to leadership [J]. Journal of Leadership Studies, 2001, 8 (1): 22-33.

[330] McCrae R R, Costa Jr P T, Ostendorf F, et al. Nature over nurture: Temperament, personality, and life span development [J]. Journal of Personality and Social Psychology, 2000, 78 (1): 173-186.

[331] McGuire W J. Attitudes and attitude change [M] // Lindzey G, Aronson E, Handbook of social psychology. New York: Random House, 1985: 223-346.

[332] McHugh P. Defining the situation: The organization of meaning in social interaction [M]. Indianapolis: Bobbs-Merril, 1968.

[333] McMurray I, Connolly H, Preston-Shoot M, et al. Shards of the old looking glass: Restoring the significance of identity in promoting positive outcomes for looked-after children [J]. Child & Family Social Work, 2011, 16 (2): 210-218.

[334] Mead G H. Mind, Self, and Society [M]. Chicago: University of Chicago Press, 1934.

[335] Mesmer-Magnus J R, DeChurch L A. Information sharing and team performance: A meta-analysis [J]. Journal of Applied Psychology, 2009, 94 (2): 535-546.

[336] Michinov E, Monteil J. The similarity-attraction relationship revisited: Divergence between the affective and behavioral facets of attraction [J]. European Journal of Social Psychology, 2002, 32 (4): 485-500.

[337] Milliken F J, Morrison E W, Hewlin P F. An exploratory study of employee silence: Issues that employees don't communicate upward and why [J]. Journal of Management Studies, 2003 (40): 1453-1476.

[338] Miscenko D, Guenter H, Day D V. Am I a leader? Examining leader identity development over time [J]. The Leadership Quarterly, 2017, 28 (5): 605-

620.

［339］Mitra D. Increasing student voice and moving toward youth leadership ［J］. The Prevention Researcher, 2006, 13（1）: 7-10.

［340］Mohammed S, Angell L C. Personality heterogeneity in teams: Which differences make a difference for team performance? ［J］. Small Group Research, 2003, 34（6）: 651-677.

［341］Mohammed S, Harrison D A. The clocks that time us are not the same: A theory of temporal diversity, task characteristics, and performance in teams ［J］. Organizational Behavior and Human Decision Processes, 2013, 122（2）: 244-256.

［342］Montoya R M, Horton R S. A two-dimensional model for the study of interpersonal Attraction ［J］. Personality and Social Psychology Review, 2014, 18（1）: 59-86.

［343］Moreland R L, Levine J M. Socialization in organizations and work groups ［J］. Groups at Work: Theory and Research, 2001（1）: 69-112.

［344］Morf M, Bakker A B, Feierabend A. Bankers closing idiosyncratic deals: Implications for organizational cynicism ［J］. Human Resource Management Journal, 2019, 29（4）: 585-599.

［345］Morrison E W, Milliken F J. Organizational silence: A barrier to change and development in a pluralistic world ［J］. Academy of Management Review, 2000, 25（4）: 706-725.

［346］Morrison E W, Phelps C C. Taking charge at work: Extrarole efforts to initiate workplace change ［J］. Academy of Management Journal, 1999, 42（4）: 403-419.

［347］Morrison E W, Wheeler-Smith S L, Kamdar D. Speaking up in groups: A cross-level study of group voice climate and voice ［J］. Journal of Applied Psychology, 2011, 96（1）: 183-191.

［348］Morrison E W, Wheeler-Smith S, Kamdar D. Speaking up in groups: Across-level study of group voice climate ［J］. Journal of Applied Psychology, 2011, 96（1）: 183-191.

［349］Morrison E W. Employee voice behavior: Integration and directions for future research ［J］. The Academy of Management Annals, 2011（5）: 373-412.

［350］Morrison E W. Longitudinal study of the effects of information seeking on newcomer socialization ［J］. Journal of Applied Psychology, 1993, 78 （2）: 173-183.

［351］Morrison E W. Role definitions and organizational citizenship behavior: The importance of the employee's perspective ［J］. Academy of Management Journal, 1994, 37 （6）: 1543-1567.

［352］Mullen B, Copper C. The relation between group cohesiveness and performance: An integration ［J］. Psychological Bulletin, 1994, 115 （2）: 210-227.

［353］Murphy S E, Johnson S K. The benefits of a long-lens approach to leader development: Understanding the seeds of leadership ［J］. The Leadership Quarterly, 2011, 22 （3）: 459-470.

［354］Musch J, Grondin S. Unequal competition as an impediment to personal development: A review of the relative age effect in sport ［J］. Developmental Review, 2001, 21 （2）: 147-167.

［355］Mussweiler T, Rüter K, Epstude K. The ups and downs of social comparison: Mechanisms of assimilation and contrast ［J］. Journal of Personality and Social Psychology, 2004, 87 （6）: 832-844.

［356］Nauta A, van Vianen A, van der Heijden B, et al. Understanding the factors that promote employability orientation: The impact of employability culture, career satisfaction, and role breadth self-efficacy ［J］. British Psychological Society, 2009, 82 （2）: 233-251.

［357］Nederveen Pieterse A, Van Knippenberg D, Schippers M, et al. Transformational and transactional leadership and innovative behavior: The moderating role of empowerment ［J］. Journal of Organizational Behavior, 2010, 31 （4）: 609-623.

［358］Neubert M J, Kacmar K M, Carlson D S, et al. Regulatory focus as a mediator of the influence of initiating structure and servant leadership on employee behavior ［J］. Journal of Applied Psychology, 2008 （93）: 1220-1233.

［359］Ng K Y, Ang S, Chan K Y. Personality and leader effectiveness: A moderated mediation model of leadership self-efficacy, job demands, and job autonomy ［J］. Journal of Applied Psychology, 2008, 93 （4）: 733-743.

［360］Ng T W H, Feldman D C. Breaches of past promises, current job alternatives, and promises of future idiosyncratic deals: Three-way interaction effects on organizational commitment [J]. Human Relations, 2012, 65 (11): 1463-1486.

[361] Ng T W H, Feldman D C. Employee voice behavior: A meta-analytic test of the conservation of resources framework [J]. Journal of Organizational Behavior, 2012, 33 (2): 216-234.

[362] Ng T W H. Can idiosyncratic deals promote perceptions of competitive climate, felt ostracism, and turnover? [J]. Journal of Vocational Behavior, 2017 (99): 118-131.

[363] Ng T W, Feldman D C. Idiosyncratic deals and organizational commitment [J]. Journal of Vocational Behavior, 2010, 76 (3): 419-427.

[364] Ng T W, Feldman D C. Idiosyncratic deals and voice behavior [J]. Journal of Management, 2015, 41 (3): 893-928.

[365] Ng T W, Lucianetti L. Goal striving, idiosyncratic deals, and job behavior [J]. Journal of Organizational Behavior, 2016, 37 (1): 41-60.

[366] Ng T W, Yim F H, Zou Y, et al. Receiving developmental idiosyncratic deals over time: Showing innovative behavior is key [J]. Journal of Vocational Behavior, 2021 (130): 103630.

[367] Ng Thomas W H, Lucianetti Lorenzo. Within-individual increases in innovative behavior and creative, persuasion, and change self-efficacy over time: A social-cognitive theory perspective [J]. The Journal of Applied Psychology, 2016, 101 (1): 14-34.

[368] Niemiec C P, Ryan R M. Autonomy, competence, and relatedness in the classroom: Applying self-determination theory to educational practice [J]. Theory and Research in Education, 2009, 7 (2): 133-144.

[369] Nikolaou I, Vakola M, Bourantas D. Who speaks up at work? Dispositional influences on employees' voice behavior [J]. Personnel Review, 2008, 37 (6): 666-679.

[370] Nyarko K. The influence of authoritative parenting style on adolescents' academic achievement [J]. American Journal of Social and Management Sciences, 2011, 2 (3): 278-282.

[371] O' Neill T A, Allen N J. Personality and the prediction of team perform-

ance [J]. European Journal of Personality, 2011, 25 (1): 31-42.

[372] O' Reilly C A, Chatman J. Organizational commitment and psychological attachment: The effect of compliance, identification, and internalization on prosocial behavior [J]. Journal of Applied Psychology, 1986 (71): 492-499.

[373] Oetting E R, Deffenbacher J L, Donnermeyer J F. Primary socialization theory: The role played by personal traits in the etiology of drug use and deviance [J]. Substance Use & Misuse, 1998, 33 (6): 1337-1366.

[374] Oetting E R, Donnermeyer J F, Deffenbacher J L. Primary socialization theory. The influence of the community on drug use and deviance [J]. Substance Use & Misuse, 1998, 33 (8): 1629-1665.

[375] Oetting E R, Donnermeyer J F. Primary socialization theory: The etiology of drug use and deviance [J]. Substance Use & Misuse, 1998, 33 (4): 995-1026.

[376] Ohly S, Fritz C. Challenging the status quo: What motivates proactive behavior? [J]. Journal of Occupational & Organizational Psychology, 2007 (80): 623-629.

[377] Olivari M G, Tagliabue S, Confalonieri E. Parenting style and dimensions questionnaire: A review of reliability and validity [J]. Marriage & Family Review, 2013, 49 (6): 465-490.

[378] Oostrom J K, Pennings M, Bal P M. How do idiosyncratic deals contribute to the employability of older workers? [J]. Career Development International, 2016, 21 (2): 176-192.

[379] Organ D W, Podsakoff P M, MacKenzie S B. Organizational citizenship behavior: Its nature, antecedents and consequences [M]. Beverly Hills: Sage, 2006.

[380] Organ D W. Organizational citizenship behavior: The good soldier syndrome [M]. Lexington: Lexington Books, 1988.

[381] Morrison E W, Milliken F J. Organizational silence: A barrier to change and development in a pluralistic world [J]. Academy of Management Review, 2000, 25 (4): 706-725.

[382] Ou Z, Wang J, Chen T. Managing organizational entry in China: The roles of newcomer-supervisor exchange, incumbent support, and perceived insider sta-

tus [J] . International Journal of Human Resource Management, 2016: 1-25.

[383] Page D, Wong P T P. A conceptual framework for measuring servant leadership [C] // Adjibolosoo S. The Human Factor in Shaping the Course of History and Development. Boston: University Press of America, 2000.

[384] Paglis L L, Green S G. Leadership self-efficacy and managers' motivation for leading change [J] . Journal of Organizational Behavior, 2002, 23 (2): 215-235.

[385] Parker S K. Enhancing role breadth self-efficacy: The roles of job enrichment and other organizational interventions [J] . Journal of Applied Psychology, 1998 (83): 835-852.

[386] Parker S K. , Williams H, Turner N. Modeling the antecedents of proactive behavior at work [J] . Journal of Applied Psychology, 2006 (91): 636-652.

[387] Parsons T, Shils E A. The social system [M] . Routledge, 2017.

[388] Patterson K. Servant leadership: A theoretical model [D] . Regent University, 2003.

[389] Pekerti A A, Sendjaya S. Exploring servant leadership across cultures: Comparative studies in Australia and Indonesia [J] . International Journal of Human Resource Management, 2010 (21): 754-780.

[390] Pelham B W, Carvallo M, Jones J T. Implicit egotism [J] . Current Directions in Psychological Science, 2005, 14 (2): 106-110.

[391] Pelled L H, Eisenhardt K M, Xin K R. Exploring the black box: An analysis of work group diversity, conflict and performance [J] . Administrative Science Quarterly, 1999, 44 (1): 1-28.

[392] Penner L A, Finkelstein M A. Dispositional and structural determinants of volunteerism [J] . Journal of Personality and Social Psychology, 1998, 74 (2): 525-537.

[393] Penner L A, Midili A R, Kegelmeyer J. Beyond job attitudes: A personality and social psychology perspective on the causes of organizational citizenship behavior [J] . Human Performance, 1997, 10 (2): 111-132.

[394] Penner L A. Dispositional and organizational influences on sustained volunteerism: An interactionist perspective [J] . Journal of Social Issues, 2002, 58 (3):

447-467.

［395］Perry D G, Bussey K. The social learning theory of sex differences: Imitation is alive and well ［J］. Journal of Personality and Social Psychology, 1979, 37 (10): 1699-1712.

［396］Pestotnik A, Süß S. How do idiosyncratic deals influence employees' effort-reward imbalance? An empirical investigation of the role of social comparisons and denied i-deals ［J］. The International Journal of Human Resource Management, 2021: 1-29.

［397］Peterson S J, Galvin B M, Lange D. CEO servant leadership: Exploring executive characteristics and firm performance ［J］. Personnel Psychology, 2012 (65): 565-596.

［398］Petty R E, Cacioppo J T. The effects of involvement on responses to argument quantity and quality: Central and peripheral routes to persuasion ［J］. Journal of Personality and Social Psychology, 1984, 46 (1): 69-81.

［399］Petty R E, Cacioppo J T. The elaboration likelihood model of persuasion ［J］. Advances in Experimental Social Psychology, 1986 (19): 123-205.

［400］Petty R E, Wegener D T. The elaboration likelihood model: Current status and controversies ［C］ // Chaiken S, Trope Y. Dual Process Theories in Social Psychology. New York: Guilford Press, 1999.

［401］Piliavin J A, Callero P L. Giving blood: The development of an altruistic identity ［M］. Baltimore: Johns Hopkins, 1991.

［402］Pinquart M, Kauser R. Do the associations of parenting styles with behavior problems and academic achievement vary by culture? Results from a meta-analysis ［J］. Cultural Diversity and Ethnic Minority Psychology, 2018, 24 (1): 75-100.

［403］Platow M J, Haslam S A, Reicher S D, et al. There is no leadership if no-one follows: Why leadership is necessarily a group process ［J］. International Coaching Psychology Review, 2015, 10 (1): 20-37.

［404］Platow M J, Hoar S, Reid S, et al. Endorsement of distributively fair and unfair leaders in interpersonal and intergroup situations ［J］. European Journal of Social Psychology, 1997, 27 (4): 465-494.

［405］Platow M J, Van Knippenberg D. A social identity analysis of leadership endorsement: The effects of leader ingroup prototypicality and distributive intergroup fairness [J] . Personality and Social Psychology Bulletin, 2001, 27 (11): 1508-1519.

[406] Podsakoff P M, MacKenzie M R H, Fetter R. Transformational leader behaviours and their effects on follower's trust in leader, satisfaction, and citizen behaviours [J] . The Leadership Quarterly, 1990 (1): 107-143.

[407] Polzer J T. How subgroup interests and reputations moderate the effect of organizational identification on cooperation [J] . Journal of Management, 2004 (30): 71-96.

[408] Pond S B, Nacoste R W, Mohr M F, et al. The measurement of organizational citizenship behavior: Are we assuming too much? [J] . Journal of Applied Social Psychology, 1997, 27 (17): 1527-1544.

[409] Popper M, Amit K. Attachment and leader's development via experiences [J] . The Leadership Quarterly, 2009, 20 (5): 749-763.

[410] Popper M. Narcissism and attachment patterns of personalized and socialized charismatic leaders [J] . Journal of Social and Personal Relationships, 2002, 19 (6): 797-809.

[411] Popper M. The development of "Leaders in Everyday Life": An attachment perspective [M] . Psychology Press, 2011.

[412] Pornpitakpan C. The persuasiveness of source credibility: A critical review of five decades' evidence [J] . Journal of Applied Social Psychology, 2004, 34 (2): 243-281.

[413] Pratt M G. To be or not to be? Central questions in organizational identification [C] // Whetten D A, Godfrey, P C. Identity in organizations: Developing theory through conversations. Thousand Oaks: Sage, 1998.

[414] Premeaux S F, Bedeian A G. Breaking the silence: The moderating effects of self-monitoring in predicting speaking up in the workplace [J] . Journal of Management Studies, 2003, 40 (6): 1537-1562.

[415] Price P C, Stone E R. Intuitive evaluation of likelihood judgment producers: Evidence for a confidence heuristic [J] . Journal of Behavioral Decision Making, 2004, 17 (1): 39-57.

[416] Putney N M, Bengtson V L. Socialization and the family revisited [J]. Advances in Life Course Research, 2002, 7 (1): 165-194.

[417] Rabinowitz S. Towards a developmental model of job involvement [J]. International Review of Applied Psychology, 1981, 30 (1): 31-50.

[418] Rafferty A E, Griffin M A. Dimensions of transformational leadership: Conceptual and empirical extensions [J]. The Leadership Quarterly, 2004 (15): 329-354.

[419] Rasinski K, Tyler T R, Fridkin K. Exploring the function of legitimacy: Mediating effects of personal and institutional legitimacy on leadership endorsement and system support [J]. Journal of Personality and Social Psychology, 1985, 49 (2): 386-394.

[420] Reich W A. Identify structure, narrative accounts, and commitment to a volunteer role [J]. The Journal of Psychology, 2000, 134 (4): 422-434.

[421] Reichers A E. An interactionist perspective on newcomer socialization rates [J]. Academy of Management Review, 1987, 12 (2): 278-287.

[422] Reinke S J. Service before self: Towards a theory of servant-leadership [J]. Global Virtue Ethics Review, 2004 (3): 30-57.

[423] Repetti R L, Taylor S E, Seeman T E. Risky families: Family social environments and the mental and physical health of offspring [J]. Psychological Bulletin, 2002, 128 (2): 330-366.

[424] Riggio R E, Mumford M D. Introduction to the special issue: Longitudinal studies of leadership development [J]. The Leadership Quarterly, 2011, 22 (3): 453-456.

[425] Riketta M. Organizational Identification: A Meta-analysis [J]. Journal of Vocational Behavior, 2005 (66): 358-384.

[426] Rinaldi C M, Howe N. Mothers' and fathers' parenting styles and associations with toddlers' externalizing, internalizing, and adaptive behaviors [J]. Early Childhood Research Quarterly, 2012, 27 (2): 266-273.

[427] Robbins S B, Lauver K, Le H, et al. Do psychosocial and study skill factors predict college outcomes? A meta-analysis [J]. Psychological Bulletin, 2004, 130 (2): 261-288.

[428] Robinson C C, Mandleco B, Olsen S F, et al. Authoritative, authoritarian, and permissive parenting practices: Development of a new measure [J]. Psychological Reports, 1995, 77 (3): 819-830.

[429] Rofcanin Y, Berber A, Koch S, et al. Job crafting and I-deals: A study testing the nomological network of proactive behaviors [J]. The International Journal of Human Resource Management, 2016, 27 (22): 2695-2726.

[430] Rofcanin Y, Kiefer T, Strauss K. What seals the I-deal? Exploring the role of employees' behaviors and managers' emotions [J]. Journal of Occupational and Organizational Psychology, 2017, 90 (2): 203-224.

[431] Rofcanin Y, Las Heras M, Jose Bosch M, et al. How do weekly obtained task i-deals improve work performance? The role of relational context and structural job resources [J]. European Journal of Work and Organizational Psychology, 2021, 30 (4): 555-565.

[432] Rosen C C, Slater D J, Chang C H, et al. Let's make a deal: Development and validation of the ex post i-deals scale [J]. Journal of Management, 2013, 39 (3): 709-742.

[433] Rotenberry P F, Moberg P J. Assessing the impact of job involvement on performance [J]. Management Research News, 2007, 30 (3): 203-215.

[434] Rousseau D M, Ho V T, Greenberg J. I-deals: Idiosyncratic terms in employment relationships [J]. Academy of Management Review, 2006, 31 (4): 977-994.

[435] Rousseau D M, Hornung S, Kim T G. Idiosyncratic deals: Testing propositions on timing, content, and the employment relationship [J]. Journal of Vocational Behavior, 2009, 74 (3): 338-348.

[436] Rousseau D M, Kim T G. When workers bargain for themselves: Idiosyncratic deals and the nature of the employment relationship [C]. Belfast: The Academy of Management Conference, 2006.

[437] Rousseau D M. I-deals: Idiosyncratic deals employees bargain for themselves [M]. New York: M. E. Sharpe, 2005.

[438] Rousseau D M. The idiosyncratic deal: Flexibility versus fairness? [J]. Organizational Dynamics, 2001, 29 (4): 260-273.

[439] Rousseau D M. Why workers still identify with organizations [J]. Journal of Organizational Behavior, 1998 (19): 217-233.

[440] Rubenstein A, Kammeyer-Mueller J D, Wanberg C R, et al. Support, undermining, and newcomer socialization: Fitting in during the first 90 days [J]. Academy of Management Journal, 2013, 56 (4): 1104-1124.

[441] Rubin R S, Munz D C, Bommer W H. Leading from within: The effects of emotion recognition and personality on transformational leadership behavior [J]. Academy of Management Journal, 2005, 48 (5): 845-858.

[442] Rush R A, White J K, Wood R R. Job involvement, values, personal background, participation in decision making and job attitudes [J]. Academy of Management Journal, 1975, 18 (2): 300-312.

[443] Ryan K D, Kilmer R P, Cauce A M, et al. Psychological consequences of child maltreatment in homeless adolescents: Untangling the unique effects of maltreatment and family environment [J]. Child Abuse & Neglect, 2000, 24 (3): 333-352.

[444] Ryan R M, Kuhl J, Deci E L. Nature and autonomy: An organizational view of social and neurobiological aspects of self-regulation in behavior and development [J]. Development and Psychopathology, 1997, 9 (4): 701-728.

[445] Rynes S L, Bartunek J M, Dutton J E, Margolis J D. Care and compassion through an organizational lens: Opening up new possibilities [J]. Academy of Management Review, 2012 (37): 503-523.

[446] Saks A M, Gruman J A, Cooper-Thomas H. The neglected role of proactive behavior and outcomes in newcomer socialization [J]. Journal of Vocational Behavior, 2011, 79 (1): 36-46.

[447] Saleh S D, Hosek J. Job involvement: Concepts and measurements [J]. Academy of Management Journal, 1976 (19): 213-224.

[448] Sauer S J. Taking the reins: The effects of new leader status and leadership style on team performance [J]. Journal of Applied Psychology, 2011, 96 (3): 574-587.

[449] Schachter S. The psychology of affiliation: Experimental studies of the sources of gregariousness [M]. Palo Alto: Stanford University Press, 1959.

［450］Schaubroeck J, Lam S S K, Peng A C. Cognition-based and affect-based trust as mediators of leader behavior influences on team performance ［J］. Journal of Applied Psychology, 2011, 96（4）: 863-871.

［451］Schein, Edgar. Organizational socialization and the profession of management ［J］. Industrial Management Review, 1968（9）: 1-15.

［452］Schreurs B, Hamstra M R W, Davidson T. What's in a word? Using construal-level theory to predict voice endorsement ［J］. European Journal of Work and Organizational Psychology, 2020, 29（1）: 93-105.

［453］Scott S G, Bruce R A. Decision-making style: The development and assessment of a new measure ［J］. Educational and Psychological Measurement, 1995, 55（5）: 818-831.

［454］Sears R R, Maccoby E E, Levin H. Patterns of child rearing ［M］. Row, Peterson, 1957.

［455］Seibert S E, Kraimer M L, Crant J M, et al. What do proactive people do? A longitudinal model linking proactive personality and career success ［J］. Personnel Psychology, 2001, 54（4）: 845-874.

［456］Seibert S E, Sargent L D, Kraimer M L, et al. Linking developmental experiences to leader effectiveness and promotability: The mediating role of leadership self-efficacy and mentor network ［J］. Personnel Psychology, 2017, 70（2）: 357-397.

［457］Sendjaya S, Sarros J C, Santora J C. Defining and measuring servant leadership behavior in organizations ［J］. Journal of Management Studies, 2008（45）: 402-424.

［458］September S J, Rich E G, Roman N V. The role of parenting styles and socio-economic status in parents' knowledge of child development ［J］. Early Child Development and Care, 2016, 186（7）: 1060-1078.

［459］Sessions H, Nahrgang J D, Newton D W, et al. I'm tired of listening: The effects of supervisor appraisals of group voice on supervisor emotional exhaustion and performance ［J］. Journal of Applied Psychology, 2019, 105（6）: 619-636.

［460］Shamir B, House R J, Arthur M B. The motivational effects of charismatic leadership: A self-concept based theory ［J］. Organization Science, 1993（4）:

577-594.

[461] Shanock L R, Eisenberger R. When supervisors feel supported: Relationships with subordinates' perceived supervisor support, perceived organizational support, and performance [J]. Journal of Applied Psychology, 2006, 91 (3): 689-695.

[462] Siebert D, Siebert C F. Help seeking among helping professionals: A role identity perspective [J]. American Journal of Orthopsychiatry, 2007 (77): 49-55.

[463] Siegel L. Industrial psychology [M]. Homewood: Irwin. 1969.

[464] Sin H P, Nahrgang J D, Morgeson F P. Understanding why they don't see eye to eye: An examination of leader - member exchange (LMX) agreement [J]. Journal of Applied Psychology, 2009, 94 (4): 1048.

[465] Singh M, Sarkar A. The relationship between psychological empowerment and innovative behavior [J]. Journal of Personnel Psychology, 2012, 11 (3): 127-137.

[466] Singh S, Vidyarthi P R. Idiosyncratic deals to employee outcomes: Mediating role of social exchange relationships [J]. Journal of Leadership & Organizational Studies, 2018, 25 (4): 443-455.

[467] Smidts A, Pruyn A T H, van Riel C B M. The impact of employee communication and perceived external prestige on organizational identification [J]. Academy of Management Journal, 2001 (49): 1051-1062.

[468] Sniezek J A, Buckley T. Cueing and cognitive conflict in judge - advisor decision making [J]. Organizational Behavior & Human Decision Processes, 1995, 62 (2): 159-174.

[469] Sniezek J A, Schrah G E, Dalal R S. Improving judgement with prepaid expert advice [J]. Journal of Behavioral Decision Making, 2004, 17 (3): 173-190.

[470] Sniezek J A, Van Swol L M. Trust, confidence, and expertise in a judge-advisor system [J]. Organizational Behavior and Human Decision Processes, 2001, 84 (2): 288-307.

[471] Somech A, Drach - Zahavy A. Understanding extra - role behavior in schools: The relationships between job satisfaction, sense of efficacy and teachers' ex-

tra-role behavior [J] . Teaching and Teacher Education, 2000 (16): 649-659.

[472] Sonnentag S, Spychala A. Job control and job stressors as predictors of proactive work behavior: Is role breadth self-efficacy the link? [J] . Human Performance, 2012 (25): 412-431.

[473] Spears L C, Lawrence M. Focus on leadership: Servant-Leadership for the twenty-first century [M] . New York: John Wiley, 2002.

[474] Spencer D G. Employee voice and employee retention [J] . Academy of Management Journal, 1986, 29 (3): 488-502.

[475] Spisak B R, Grabo A E, Arvey R D, et al. The age of exploration and exploitation: Younger-looking leaders endorsed for change and older-looking leaders endorsed for stability [J] . The Leadership Quarterly, 2014, 25 (5): 805-816.

[476] Spurk D, Abele A E. Synchronous and time-lagged effects between occupational self-efficacy and objective and subjective career success: Findings from a four-wave and 9-year longitudinal study [J] . Journal of Vocational Behavior, 2014, 84 (2): 119-132.

[477] Srivastava A, Bartol K M, Locke E A. Empowering leadership in management teams: Effects on knowledge sharing, efficacy, and performance [J] . Academy of Management Journal, 2006, 49 (6): 1239-1251.

[478] Stajkovic A D, Luthans F. Self-efficacy and work-related performance: A meta-analysis [J] . Psychological Bulletin, 1998 (124): 240-261.

[479] Staw B M. Organizational behavior: A review and re-conceptualization of the field's outcome variables [J] . Annual Review of Psychology, 1984 (35): 627-666.

[480] Steffens N K, Wolyniec N, Okimoto T G, et al. Knowing me, knowing us: Personal and collective self-awareness enhances authentic leadership and leader endorsement [J] . The Leadership Quarterly, 2021, 32 (6): 101498.

[481] Stewart G L. A meta-analytic review of relationships between team design features and team performance [J] . Journal of Management, 2006, 32 (1): 29-55.

[482] Stone A G, Russell R F, Patterson K. Transformational versus servant leadership: A difference in leader focus [J] . Leadership & Organization Development

Journal, 2004 (25): 349-361.

[483] Strage A, Brandt T S. Authoritative parenting and college students' academic adjustment and success [J]. Journal of Educational Psychology, 1999, 91 (1): 146-156.

[484] Strauss K, Griffin M A, Rafferty A E. Proactivity directed toward the team and organization: The role of leadership, commitment and role-breadth self-efficacy [J]. British Journal of Management, 2009, 20 (3): 279-291.

[485] Strauss K, Griffin M A, Rafferty A E. Proactivity directed toward the team and the organization: The role of leadership, commitment, and role-breadth self-efficacy [J]. British Journal of Management, 2009 (20): 279-291.

[486] Stryker S. Symbolic interactionism: A social structural version [M]. Menlo Park: Benjamin Cummings, 1980.

[487] Stryker S. The interplay of affect and identity: Exploring the relationships of social structure, social interaction, self, and emotion [M]. Chicago: American Sociological Association, 1987.

[488] Subasic E, Reynolds K J, Turner J C, et al. Leadership, power and the use of surveillance: Implications of shared social identity for leaders' capacity to influence [J]. The Leadership Quarterly, 2011, 22 (1): 170-181.

[489] Suls J, Wheeler L. A selective history of classic and neo-social comparison theory [M] //Suls J, Wheeler L. Handbook of social comparison. Boston: Springer, 2000.

[490] Sun J M, Wang B. Servant leadership in China: Conceptualization and measurement [J]. Advances in Global Leadership, 2009 (5): 321-344.

[491] Sun J, Li W D, Li Y, et al. Unintended consequences of being proactive? Linking proactive personality to coworker envy, helping, and undermining, and the moderating role of prosocial motivation [J]. Journal of Applied Psychology, 2021, 106 (2): 250-267.

[492] Sun N, Song H, Kong H, et al. Development and validation of a hospitality idiosyncratic deals scale [J]. International Journal of Hospitality Management, 2020 (91): 102416.

[493] Sun P Y T. The servant identity: Influences on the cognition and behavior

of servant leaders ［J］. The Leadership Quarterly, 2013 (24): 544-557.

［494］ Sushil S Nifadkar. Filling in the "Blank Slate": Examining newcomers' schemas of supervisors during organizational socialization ［J］. Journal of Management, 2018, 46 (5): 666-693.

［495］ Symonds P W. The psychology of parent-child relationships ［M］. New York: Appleton-Century Company, 1939.

［496］ Tajfel H, Turner J C. The social identity theory of intergroup behavior ［C］// Worchel S, Austin W G. Psychology of Intergroup Relations. Chicago: Nelson-Hall, 1986.

［497］ Tajfel H. Social identity and intergroup relations ［M］. Cambridge: Cambridge University Press, 1982.

［498］ Takeuchi R, Chen Z J, Cheung S Y. Applying uncertainty management theory to employee voice behavior: An intergrative investigation ［J］. Personnel Psychology, 2012, 65 (2): 283-323.

［499］ Tang C, Naumann S E. Team diversity, mood, and team creativity: The role of team knowledge sharing in Chinese R&D teams ［J］. Journal of Management & Organization, 2016, 22 (3): 420-434.

［500］ Tang Y, Hornung S. Work-family enrichment through I-Deals: Evidence from Chinese employees ［J］. Journal of Managerial Psychology, 2015, 30 (8): 940-954.

［501］ Tangirala S, Ramanujam R. Exploring nonlinearity in employee voice: The effects of personal control and organizational identification ［J］. Academy of Management Journal, 2008, 51 (6): 1189-1203.

［502］ Taser D, Rofcanin Y, Las Heras M, et al. Flexibility i-deals and prosocial motives: A trickle-down perspective ［J］. The International Journal of Human Resource Management, 2021, 33 (21): 1-26.

［503］ Tepper B J, Lockhart D, Hoobler J. Justice, citizenship, and role definition effects ［J］. Journal of Applied Psychology, 2001, 86 (4): 789-796.

［504］ Tepper B J, Taylor E C. Relationships among supervisors' and subordinates' procedural justice perceptions and organizational citizenship behaviors ［J］. Academy of Management Journal, 2003, 46 (1): 97-105.

[505] Tesser A, Shaffer D R. Attitudes and attitude change [J]. Annual Review of Psychology, 1990, 41 (1): 479-523.

[506] Thoits P A. On merging identity theory and stress research [J]. Social Psychological Quarterly, 1991 (54): 101-112.

[507] Thomas G, Martin R, Riggio R E. Leading groups: Leadership as a group process [J]. Group Processes & Intergroup Relations, 2013, 16 (1): 3-16.

[508] Tierney P, Farmer S M. Creative self-efficacy: Its potential antecedents and relationship to creative performance [J]. Academy of Management Journal, 2002 (45): 1137-1148.

[509] Tierney P, Farmer S M. The pygmalion process and employee creativity [J]. Journal of Management, 2004 (30): 413-432.

[510] Tuan L T. Organizational ambidexterity, entrepreneurial orientation, and i-deals: The moderating role of CSR [J]. Journal of Business Ethics, 2016, 135 (1): 145-159.

[511] Tucker S C, Hmiel N, Turner N, Hershcovis M S, Stride C B. Perceived organizational support for safety and employee safety voice: The mediating role of coworker support for safety [J]. Journal of Occupational Health Psychology, 2008, 13 (4): 319-330.

[512] Turner E A, Chandler M, Heffer R W. The influence of parenting styles, achievement motivation, and self-efficacy on academic performance in college students [J]. Journal of College Student Development, 2009, 50 (3): 337-346.

[513] Tyler T R, Blader S L. Identity and cooper behavior in groups [J]. Groups Process and Intergroup Relations, 2001 (4): 207-226.

[514] Tyler T R, Rasinski K A, McGraw K M. The influence of perceived injustice on the endorsement of political leaders [J]. Journal of Applied Social Psychology, 1985, 15 (8): 700-725.

[515] Van Breukelen W, van der Leeden R, Wesselius W, et al. Differential treatment within sports teams, leader-member (coach-player) exchange quality, team atmosphere, and team performance [J]. Journal of Organizational Behavior, 2012, 33 (1): 43-63.

[516] Van Dam K, Oreg S, Schyns B. Daily work contexts and resistance to or-

ganizational change: The role of leader-member exchange, development climate, and change process characteristics [J]. Applied Psychology: An International Review, 2008, 57 (2): 313-334.

[517] Van Dam K, Seijts G H. Measuring goal orientation climate! Paper for the symposium goal orientation research across levels: The role of motives and context at the 22nd annual conference of the society of industrial and organizational psychology [Z]. 2007.

[518] Van Dierendonck D, Nuijten I. The Servant-Leadership Survey (SLS): Development and validation of a multidimensional measure [J]. Journal of Business and Psychology, 2011, 26 (3): 249-267.

[519] Van Dierendonck D. Servant leadership: A review and synthesis [J]. Journal of Management, 2011 (37): 1228-1261.

[520] Van Dyne L, Ang S, Botero I C. Conceptualizing employee silence and employee voice as multidimensional constructs [J]. Journal of Management Studies, 2003, 40 (6): 1359-1392.

[521] Van Dyne L, Butler Ellis J. Job creep: A reactance theory perspective on OCB as overfulfillment of obligations [C] // Coyle-Shapiro J, Shore L M, Taylor S, et al. The employment relationship: Examining psychological and contextual perspectives. Oxford: Oxford University Press, 2004.

[522] Van Dyne L, Cummings L L, McLean Parks J. Extra-role behaviors: In pursuit of construct and definitional clarity [C] // Staw B M, Cummings L L. Research in Organizational Behavior. Greenwich: JAI Press, 1995.

[523] Van Dyne L, LePine J A. Helping and voice extra-role behaviors: Evidence and construct and predictive validity [J]. Academy of Management Journal, 1998, 41 (1): 108-119.

[524] Van Dyne L, Lepine J A. Helping and voice extra-role behaviors: Evidence of construct and predictive validity [J]. Academy of Management Journal, 1998, 41 (1): 108-119.

[525] Van Knippenberg B, Van Knippenberg D. Leader prototypicality, leader influence tactics, and leadership effectiveness [Z]. 2001.

[526] Van Maanen J, Schein E H. Toward a theory of organizational socialization

[J]. Research in Organizational Behavior, 1979, 1 (3): 209-264.

[527] Van Waeyenberg T, Brebels L, De Winne S, et al. What does your i-deal say about me? A social comparison examination of coworker reactions to flexibility i-deals [J]. Group & Organization Management, 2022.

[528] Vancouver J B, Tamanini K B, Yoder R J. Using dynamic computational models to reconnect theory and research: Socialization by the proactive newcomer as example [J]. Journal of Management, 2010, 36 (3): 764-793.

[529] Venkataramani V, Tangirala S. When and why do central employees speak up? An examination of mediating and moderating variables [J]. Journal of Applied Psychology, 2010, 95 (3): 582-591.

[530] Ventola P, Lei J, Paisley C, et al. Parenting a child with ASD: Comparison of parenting style between ASD, anxiety, and typical development [J]. Journal of Autism and Developmental Disorders, 2017, 47 (9): 2873-2884.

[531] Vidyarthi P R, Chaudhry A, Anand S, et al. Flexibility i-deals: How much is ideal? [J]. Journal of Managerial Psychology, 2014, 29 (3): 246-265.

[532] Vidyarthi P R, Singh S, Erdogan B, et al. Individual deals within teams: Investigating the role of relative i-deals for employee performance [J]. Journal of Applied Psychology, 2016, 101 (11): 1536-1552.

[533] Vohs K D, Baumeister R F, Ciarocco N J. Self-regulation and self-presentation: Regulatory resource depletion impairs impression management and effortful self-presentation depletes regulatory resources [J]. Journal of Personality and Social Psychology, 2005, 88 (4): 632-657.

[534] Vroom V. Ego involvement, job satisfaction, and job performance [J]. Personnel Psychology, 1962 (15): 159-177.

[535] Walumbwa F O, Hartnell C A, Oke A. Servant leadership, procedural justice climate, service climate, employee attitudes, and organizational citizenship behavior: A cross-Level investigation [J]. Journal of Applied Psychology, 2010, 95 (3): 517-529.

[536] Walumbwa F O, Lawler J J, Avolio B J, et al. Transformational leadership and work-related attitudes: The moderating effects of collective and self-efficacy across cultures [J]. Journal of Leadership & Organizational Studies, 2005, 11 (3):

2-16.

［537］ Walumbwa F O, Mayer D M, Wang P, et al. Linking ethical leadership to employee performance: The roles of leader-member exchange, self-efficacy, and organizational identification ［J］. Organizational Behavior and Human Decision Processes, 2011, 115 （2）: 204-213.

［538］ Walumbwa F O, Schaubroeck J. Leader personality traits and employee voice behavior: Mediating roles of ethical leadership and work group psychological safety ［J］. Journal of Applied Psychology, 2009, 94 （5）: 1275-1286.

［539］ Wanberg C R, Kammeyer-mueller J D. Predictors and outcomes of proactivity in the socialization process ［J］. Journal of Applied Psychology, 2000, 85 （3）: 373-385.

［540］ Wang J, Kim T Y. Proactive socialization behavior in China: The mediating role of perceived insider status and the moderating role of supervisors' traditionality ［J］. Journal of Organizational Behavior, 2013, 34 （3）: 389-406.

［541］ Wang L, Hinrichs K T, Prieto L, et al. The effect of followers' behavior on leader efficacy ［J］. Journal of Business & Management, 2010, 16 （2）: 139-152.

［542］ Wang S, Liu Y, Shalley C E. Idiosyncratic deals and employee creativity: The mediating role of creative self-efficacy ［J］. Human Resource Management, 2018, 57 （6）: 1443-1453.

［543］ Wan-Huggins V N, Riordan C M, Griffeth R W. The development and longitudinal test of a model of organizational identification ［J］. Journal of Applied Social Psychology, 1998 （28）: 727-749.

［544］ Wanous J P, Reichers A E. New employee orientation programs ［J］. Human Resource Management Review, 2000, 10 （4）: 435-451.

［545］ Washington R R, Sutton C D, Field H S. Individual differences in servant leadership: The roles of values and personality ［J］. Leadership and Organization Development Journal, 2006 （27）: 700-716.

［546］ Watkins T. Workplace interpersonal capitalization: Employee reactions to coworker positive event disclosures ［J］. Academy of Management Journal, 2021, 64 （2）: 537-561.

［547］ Wei Xin, Zhang Zhi-Xue, Chen Xiao-Ping. I will speak up if my voice is socially desirable: A moderated mediating process of promotive versus prohibitive voice ［J］. Journal of Applied Psychology, 2015, 100 (5): 1641-1652.

［548］ West G R B, Bocarnea M, Maranon D. Servant-leadership as a predictor of job satisfaction and organizational commitment with the moderating effects of organizational support and role clarity among filippino engineering, manufacturing, and technology workers ［J］. International Journal of Servant - Leadership, 2009 (5): 129-162.

［549］ Whitbeck L B. Primary socialization theory: It all begins with the family ［J］. Substance Use & Misuse, 1999, 34 (7): 1025-1032.

［550］ Whiteley P, Sy T, Johnson S K. Leaders' conceptions of followers: Implications for naturally occurring pygmalion effects ［J］. The Leadership Quarterly, 2012, 23 (5): 822-834.

［551］ Whiting S W, Maynes T D, Podsakoff N P, et al. Effects of message, source, and context on evaluations of employee voice behavior ［J］. Journal of Applied Psychology, 2012, 97 (1): 159-182.

［552］ Whiting S W, Podsakoff P M, Pierce J R, et al. Effects of task performance, helping, voice, and organizational loyalty on performance appraisal ratings ［J］. Journal of Applied Psychology, 2008, 93 (1): 125-139.

［553］ Whiting S W, Podsakoff P M, Pierce J R. Effects of task performance, helping, voice, and organizational loyalty on performance appraisal ratings ［J］. Journal of Applied Psychology, 2008, 93 (1): 125-139.

［554］ Wickert F R. Turnover and employees' feelings of ego involvement in the day - today operations of a company ［J］. Personnel Psychology, 1951 (4): 185-197.

［555］ Wiesenfeld B M, Raghuram S, Garud R. Organizational identification among virtual workers: The role of need for a liation and perceived work-based social support ［J］. Journal of Management, 2001, 27 (2): 213-229.

［556］ Williams K L, Wahler R G. Are mindful parents more authoritative and less authoritarian? An analysis of clinic-referred mothers ［J］. Journal of Child and Family Studies, 2010, 19 (2): 230-235.

［557］Wills T A. Downward comparison principles in social psychology ［J］. Psychological Bulletin, 1981, 90 (2): 245-271.

［558］Withey M J, Cooper W H. Predicting exit, voice, loyalty, and neglect ［J］. Administrative Science Quarterly, 1989, 34 (4): 521-539.

［559］Wojciszke B, Abele A E, Baryla W. Two dimensions of interpersonal attitudes: Liking depends on communion, respect depends on agency ［J］. European Journal of Social Psychology, 2009, 39 (6): 973-990.

［560］Wong P T P, Davey D. Best practices in servant leadership ［Z］. 2007.

［561］Wood J V. What is social comparison and how should we study it? ［J］. Personality and Social Psychology Bulletin, 1996, 22 (5): 520-537.

［562］Wu S, Hung Kee D M, Li D, et al. Thanks for your recognition, boss! An empirical study on how and when voice endorsement promotes task performance and voice ［J］. Frontiers in Psychology, 2021 (12): 2923.

［563］Wu W, Zhang Y, Ni D, et al. The relationship between idiosyncratic deals and employee workplace deviance: The moderating role of exchange ideology ［J］. Journal of Vocational Behavior, 2022 (135): 103726.

［564］Yam K C, Klotz A C, He W, et al. From good soldiers to psychologically entitled: Examining when and why citizenship behavior leads to deviance ［J］. Academy of Management Journal, 2017, 60 (1): 373-396.

［565］Yang K S. Chinese social orientation: An integrative analysis ［C］// Cheng L Y, Cheung F M C, Char-Nie. Psychotherapy for the Chinese: Selected Papers from the First International Conference. Hong Kong: The Chinese University of Hong Kong, 1993.

［566］Yaniv I, Kleinberger E. Advice taking in decision making: Egocentric discounting and reputation formation ［J］. Organizational Behavior and Human Decision Processes, 2000, 83 (2): 260-281.

［567］Yaniv I. Receiving other people's advice: Influence and benefit ［J］. Organizational Behavior and Human Decision Processes, 2004, 93 (1): 1-13.

［568］Yukl G. An evaluation of conceptual weaknesses in transformational and charismatic leadership theories ［J］. The Leadership Quarterly, 1999 (10): 285-305.

［569］Zacharatos A，Barling J，Kelloway E K. Development and effects of trans-formational leadership in adolescents ［J］. The Leadership Quarterly, 2000, 11 （2）: 211-226.

［570］Zhang S C. Impact of job involvement on organizational citizenship behav-iors in China ［J］. Journal of Business Ethics, 2014 （120）: 165-174.

［571］Zhang X，Deng H，Xia Y，et al. Employability paradox: The effect of development idiosyncratic deals on recipient employees' turnover intention ［J］. Fron-tiers in Psychology, 2021 （12）: 696309.

［572］Zhang X，Wu W，Zhang Y，et al. The effects of coworkers' development idiosyncratic deals on employees' cooperation intention ［J］. Social Behavior and Per-sonality, 2021, 49 （11）: 1-12.

［573］Zhang Z，Liang Q，Li J，et al. Understanding managerial response to em-ployee voice: A social persuasion perspective ［J］. International Journal of Manpower, 2019, 41 （3）: 273-288.

［574］Zitek E M，Schlund R J. Psychological entitlement predicts noncompliance with the health guidelines of the COVID-19 pandemic ［J］. Personality and Individual Differences, 2021 （171）: 110491.

［575］Zou W C，Tian Q，Liu J. The role of work group context and information seeking in newcomer socialization: An interactionist perspective ［J］. Journal of Man-agement & Organization, 2015, 21 （2）: 159-175.

［576］白新文，王二平，李永娟. 大五人格与绩效：团队水平的研究 ［J］. 心理科学进展, 2006 （1）: 120-125.

［577］蔡建红，黄玉纤，王玲. 青少年对父亲认同结构模型研究 ［J］. 心理学探新, 2017, 37 （3）: 283-288.

［578］曾圣钧. 团队凝聚力对团队绩效影响机制的实证研究 ［J］. 生产力研究, 2010 （9）: 197-199.

［579］陈诚，文鹏. 新生代员工学习意愿与企业导师知识共享行为 ［J］. 经济管理, 2011, 33 （10）: 87-93.

［580］陈芳. 个性化契约感知匹配度对员工工作绩效的影响研究 ［D］. 郑州：郑州大学, 2015.

［581］陈国权，赵慧群，蒋璐. 团队心理安全、团队学习能力与团队绩效关

系的实证研究［J］．科学学研究，2008，26（6）：1283-1292.

　　［582］陈璐．CEO 家长式领导行为对高管团队决策效果的影响机制研究［D］．成都：电子科技大学，2011.

　　［583］陈武，李董平，鲍振宙，等．亲子依恋与青少年的问题性网络使用：一个有调节的中介模型［J］．心理学报，2015，47（5）：611-623.

　　［584］陈晓红，赵可．团队冲突、冲突管理与绩效关系的实证研究［J］．南开管理评论，2010，13（5）：31-35+52.

　　［585］陈晓萍，徐淑英，樊景立．组织与管理研究的实证方法［M］．北京：北京大学出版社，2008.

　　［586］陈洋，刘平青．"瓷饭碗"员工信息搜寻行为与组织社会化：有调节的中介模型［J］．预测，2019，38（2）：31-37.

　　［587］邓今朝，马颖楠，余绍忠．组织变革背景下员工建言行为的结构模型［J］．经济与管理，2013（5）：50-54.

　　［588］丁秀秀．团队建言的负面影响［D］．苏州：苏州大学，2019.

　　［589］段锦云，古晓花，孙露莹．外显自尊、内隐自尊及其分离对建议采纳的影响［J］．心理学报，2016，48（4）：371.

　　［590］段锦云，王重鸣，钟建安．大五和组织公平感对进谏行为的影响研究［J］．心理科学，2007，30（1）：19-22.

　　［591］段锦云，方俊燕，任小云．建议距离和线索丰富性对建议采纳的影响［J］．心理科学，2021，44（4）：968-974.

　　［592］段锦云，凌斌．中国背景下员工建言行为结构及中庸思维对其的影响［J］．心理学报，2011，43（10）：1185-1197.

　　［593］段锦云，孙佚思．建议的表面采纳的测量方法［J］．心理科学，2019，42（2）：402-406.

　　［594］段锦云，王国轩，李斐．自夸对个体建议采纳的影响［J］．心理科学，2020，43（4）：898-903.

　　［595］段锦云，徐婷婷，陈琳．激将对建议采纳的影响：面子意识的调节［J］．应用心理学，2020，26（4）：358-366.

　　［596］樊耘，吕霄，张雨，等．员工与组织双重视角下的心理契约比较差异与个性化交易［J］．西安交通大学学报（社会科学版），2015，35（6）：38-44.

　　［597］方阳春．包容型领导风格对团队绩效的影响——基于员工自我效能感

的中介作用 ［J］. 科研管理, 2014, 35 (5): 152-160.

［598］高凤美. 新员工组织社会化策略、组织认同对工作满意度的影响研究 ［D］. 长春: 吉林大学, 2020.

［599］高颖. 深度访谈方法及其在社会学中的应用评述 ［J］. 社会学研究, 2005 (3): 35-40.

［600］葛建华, 苏雪梅. 员工社会化、组织认同与组织公民行为——基于中国科技制造企业的实证研究 ［J］. 南开管理评论, 2010, 13 (1): 42-49.

［601］顾远东, 彭纪生. 组织创新氛围对员工创新行为的影响: 创新自我效能感的中介作用 ［J］. 南开管理评论, 2010, 13 (1): 30-41.

［602］郭静静. 企业员工组织认同结构维度及其相关研究 ［D］. 广州: 暨南大学, 2007.

［603］郭灵珊. 工作伦理对员工创新行为影响机理研究 ［D］. 太原: 山西大学, 2017.

［604］韩雪松. 影响员工组织认同的组织识别特征因素及作用研究 ［D］. 成都: 四川大学, 2007.

［605］郝逸斐. 资质过剩对新生代员工积极组织行为的影响路径研究 ［D］. 哈尔滨: 哈尔滨工业大学, 2020.

［606］何洁雅. 员工低质量建言不被采纳对其后续建言意愿影响研究 ［D］. 北京: 北京交通大学, 2021.

［607］胡冬梅, 陈维政. 组织社会化策略对高绩效工作系统的跨层次作用研究 ［J］. 软科学, 2016, 30 (5): 104-107.

［608］胡玮玮, 丁一志, 罗佳, 等. 个性化契约、组织自尊与知识共享行为研究 ［J］. 科研管理, 2018, 39 (4): 134-143.

［609］胡文安, 罗瑾琏. 双元领导如何激发新员工创新行为? ——一项中国情境下基于认知—情感复合视角的模型构建 ［J］. 科学学与科学技术管理, 2020, 41 (1): 99-113.

［610］胡晓娣. 知识型员工建言行为的影响机制研究 ［D］. 上海: 复旦大学, 2011.

［611］胡玉婷. 资质过剩感对任务性个别协议的影响机制研究 ［D］. 无锡: 江南大学, 2021.

［612］华培. 个性化契约对核心员工知识隐藏行为的影响研究 ［D］. 南

京：南京财经大学，2021.

［613］黄昱方，陈欣．个性化协议如何激活研发人员创新绩效？——被调节的中介效应［J］．软科学，2021，35（11）：79-85.

［614］姜秀丽，齐蕾．包容型领导对新员工创新行为的作用机制研究［J］．理论学刊，2018（5）：63-71.

［615］金玉笑，王晨曦，周禹．个性化契约视角下员工越轨创新的诱因［J］．中国人力资源开发，2018，35（8）：151-163.

［616］景保峰．家长式领导对员工建言行为影响的实证研究［D］．广州：华南理工大学，2012.

［617］郎淳刚，曹瑄玮．团队反思对创新项目团队绩效的作用研究［J］．科学学与科学技术管理，2007（9）：145-148.

［618］李超平，毛凯贤．变革型领导对新员工敬业度的影响：认同视角下的研究［J］．管理评论，2018，30（7）：136-147.

［619］李超平，苏琴，宋照礼．互动视角的组织社会化动态跟踪研究［J］．心理科学进展，2014，22（3）：409-417.

［620］李方君，陈晨．员工建言发生和领导者建言采纳：权力感的视角［J］．中国人力资源开发，2020，37（7）：119-134.

［621］李方君，魏珍珍，郑粉芳．建言类型对管理者建言采纳的影响：上下级关系的间接调节作用［J］．心理科学，2021，44（4）：896-903.

［622］李怀祖．管理研究方法论［M］．西安：西安交通大学出版社，2004.

［623］李嘉，李野，郑倩姝．建言习惯的双刃剑效应机制及边界条件的概念模型［J］．管理学报，2021，18（9）：1317-1324.

［624］李楠，葛宝山．创业团队认知多样性对团队绩效的影响——一个有调节的双中介模型［J］．经济管理，2018，40（12）：123-137.

［625］李锐，凌文辁，柳士顺．上司不当督导对下属建言行为的影响及其作用机制［J］．心理学报，2009，41（12）：1189-1202.

［626］李锐，凌文辁．上司支持感对员工工作态度和沉默行为的影响［J］．商业经济与管理，2010（5）：31-39.

［627］李顺．个性化工作协议对员工创新行为的影响机制研究［D］．大连：东北财经大学，2020.

［628］李洋，方平．父母教养方式与中学生自我调节学习的关系［J］．心理学探新，2005（3）：40-45.

［629］李怡然，彭贺．员工建言策略的 VOICE 模型——基于访谈数据的探索性研究［J］．经济与管理研究，2021，42（3）：128-144.

［630］厉杰，鲁宁宁，韩雪．新员工反馈寻求会促进角色外行为的产生吗？自我效能与正向框架的作用［J］．中国人力资源开发，2019，36（2）：47-62.

［631］梁建，唐京．员工合理化建议的多层次分析：来自本土连锁超市的证据［J］．南开管理评论，2009，12（3）：125-134.

［632］梁建．道德领导与员工建言：一个调节—中介模型的构建与检验［J］．心理学报，2013，46（1）：1-13.

［633］梁亮，田谷旸，米亚平，等．从坐而言到起而行：企业驱动员工自主落实建言的案例研究［J］．中国人力资源开发，2021，38（12）：68-85.

［634］凌茜．公仆型领导的塑造与培养［J］．中国人力资源开发，2007（9）：42-44.

［635］凌茜．领导者的发展理论研究述评［J］．科学与管理，2012，32（3）：16-21.

［636］刘冰，谢凤涛，孟庆春．团队氛围对团队绩效影响机制的实证分析［J］．中国软科学，2011（11）：133-140.

［637］刘瀚．领导幽默对新员工社会化的作用效果及影响机制研究［D］．武汉：华中科技大学，2020.

［638］刘佳思．个别协议对员工创新行为的影响机制研究［D］．武汉：中南财经政法大学，2019.

［639］刘剑锋，何立．企业文化对员工组织认同与关联绩效研究［J］．北方经贸，2008（8）：127-129.

［640］刘晶晶，孙晓琳，廖辉．组织社会化过程研究整合新视角——螺旋上升机制［J］．经济视角，2012（4）：36-38.

［641］刘鹏，马丽，杜艺珊，等．基于社会网络视角的依恋方式与领导成长关系研究［J］．软科学，2017，31（9）：84-87.

［642］刘道．个性化契约对组织公民行为的影响研究［D］．广州：广东财经大学，2018.

［643］刘雪洁．个别协议对年长员工工作繁荣的影响机制研究［D］．无

锡：江南大学，2021.

[644] 刘迎春．个性化契约与亲社会违规行为的关系［D］．长沙：湖南师范大学，2020.

[645] 刘宇宇．个性化契约对组织公民行为的影响［D］．重庆：西南大学，2021.

[646] 刘争光，孙丽萍，边玉芳．个体领导力早期发展及家庭因素的作用［J］．北京师范大学学报（社会科学版），2016（5）：64-72.

[647] 陆昌勤，方俐洛，凌文辁．管理者的管理自我效能感［J］．心理学动态，2001（2）：179-185.

[648] 陆昌勤，凌文辁，方俐洛．管理自我效能感与管理者工作态度和绩效的关系［J］．北京大学学报（自然科学版），2006（2）：276-280.

[649] 陆昌勤，凌文辁，方俐洛．管理自我效能感与一般自我效能感的关系［J］．心理学报，2004（5）：586-592.

[650] 陆文杰．知觉领导支持、主动社会化行为对组织社会化结果的影响研究［D］．南京：南京邮电大学，2016.

[651] 罗佳．个性化契约对创新行为的影响机制研究［D］．杭州：浙江工商大学，2019.

[652] 罗萍，施俊琦，朱燕妮，等．个性化工作协议对员工主动性职业行为和创造力的影响［J］．心理学报，2020，52（1）：81-92.

[653] 吕霄，樊耘，马贵梅，等．内在职业目标与个性化交易及对员工创新行为的影响机制——基于社会认知理论的研究［J］．管理评论，2020，32（3）：203-214.

[654] 吕霄，樊耘，张婕，等．前摄型人格对角色内绩效的影响：个性化交易和员工创新行为的作用［J］．科学学与科学技术管理，2016，37（8）：170-180.

[655] 吕霄，樊耘，张婕，等．授权型领导视角下个性化交易形成及对员工创新行为的影响［J］．科学学与科学技术管理，2018，39（4）：139-149.

[656] 马君，樊子立，闫嘉妮．个性化工作协议如何影响创造力？——基于自我归类理论的被调节中介模型［J］．商业经济与管理，2020（5）：22-33.

[657] 马君，王慧平，闫嘉妮．跳一跳够得着：妒忌公司明星何时引发阻抑何时催人奋进？［J］．管理工程学报，2022，36（3）：40-50.

［658］马永强，邱煜，金智．CEO贫困出身与企业创新：人穷志短抑或穷则思变？［J］．经济管理，2019，41（12）：88-104.

［659］毛凯贤，李超平．互动视角下道德领导与主动性人格影响新员工敬业度的作用机制［J］．科学学与科学技术管理，2018，39（12）：156-170.

［660］毛凯贤，李超平．新员工主动行为及其在组织社会化中的作用［J］．心理科学进展，2015，23（12）：2167-2176.

［661］莫申江，谢小云．团队学习、交互记忆系统与团队绩效：基于IMOI范式的纵向追踪研究［J］．心理学报，2009，41（7）：639-648.

［662］潘林玉．个性化契约对员工创造力的影响机制研究［D］．哈尔滨：哈尔滨工业大学，2021.

［663］饶静．个性化契约对员工创新行为的影响研究［D］．南京：南京理工大学，2020.

［664］任辰舟．伦理领导与员工建言：基于角色自我效能感的中介机制探究［D］．上海：上海交通大学，2013.

［665］任政．同事个性化契约对沉默行为的影响［D］．广州：暨南大学，2020.

［666］荣泰生．企业研究方法［M］．北京：中国税务出版社，2005：88.

［667］施文婷．观其行而听其言：同事工作绩效对建议采纳的影响研究［D］．武汉：武汉理工大学，2017.

［668］石金涛，王庆燕．组织社会化过程中的新员工信息寻找行为实证分析［J］．管理科学，2007（2）：54-61.

［669］舒睿．员工建言策略与领导采纳：一项双路径模型研究［D］．上海：上海交通大学，2018.

［670］苏晓艳．组织社会化策略、工作嵌入及新员工离职意向研究［J］．软科学，2014，28（5）：48-52.

［671］苏永荣．权威民主型教养方式：学理分析、价值探赜及实践策略［J］．平顶山学院学报，2016，31（4）：108-111.

［672］孙健敏，王碧英．国有企业新员工组织社会化内容的维度研究［J］．心理学探新，2009，29（1）：93-96.

［673］孙露莹，陈琳，段锦云．决策过程中的建议采纳：策略，影响及未来展望［J］．心理科学进展，2017，25（1）：169-179.

［674］孙宁，孔海燕．个性化契约对中国员工工作满意度及情感承诺的影响［J］．软科学，2016，30（1）：95-99．

［675］孙宁．个性化契约对组织公民行为的影响研究［D］．济南：山东大学，2016．

［676］孙卫，尚磊，程根莲，等．研发团队领导、团队反思与研发团队绩效关系研究［J］．管理工程学报，2011，25（3）：15-18．

［677］孙佚思，段锦云．时间压力对建议采纳的影响［J］．心理研究，2019，12（2）：136-143．

［678］唐春勇，潘妍．领导情绪智力对员工组织认同、组织公民行为影响的跨层分析［J］．南开管理评论，2010（13）：115-124．

［679］涂乙冬，李燕萍，领导—部属交换、双重认同与员工行为探析［J］．武汉大学学报，2012（6）：128-132．

［680］汪纯孝，凌茜，张秀娟．我国企业公仆型领导量表的设计与检验［J］．南开管理评论，2009（3）：94-103．

［681］王国猛，刘迎春．个性化契约对核心员工建设性偏差行为的影响机制研究［J］．管理学报，2020，17（5）：680-687+733．

［682］王国猛，张梦思，赵曙明，等．个性化契约与核心员工亲组织不道德行为：社会认知理论的视角［J］．管理工程学报，2020，34（4）：44-51．

［683］王国猛，赵曙明，郑全全，等．团队心理授权、组织公民行为与团队绩效的关系［J］．管理工程学报，2011，25（2）：1-7．

［684］王林琳，龙立荣，张勇．新员工个别协议对同事职场排斥和自我完善的影响：妒忌与整体公正感的作用［J］．管理评论，2021，33（8）：234-244．

［685］王明辉，陈萍．共享型领导对新员工组织社会化的影响机制：基于团队视角的分析［J］．河南大学学报（社会科学版），2019，59（4）：110-117．

［686］王明辉，凌文轻，李贺伟．员工组织社会化内容学习的影响因素研究［J］．心理研究，2009，2（1）：54-57．

［687］王明辉，凌文轻．员工组织社会化研究的概况［J］．心理科学进展，2006，14（5）：722-728．

［688］王秋英．个性化契约对新产品开发绩效的影响研究［D］．无锡：江南大学，2021．

［689］王石磊，彭正龙．新员工反馈寻求行为对其创新行为的影响研究

［J］．管理评论，2013，25（12）：156-164.

［690］王小健，唐方成，田予涵．个别协议对员工创新绩效的影响：面向通信企业的实证研究［J］．管理评论，2020，32（9）：220-228+265.

［691］王啸天．管理者促进性与防御性心理所有权对建言采纳的影响［D］．苏州：苏州大学，2020.

［692］王星勇．个性化契约、组织自尊与员工知识共享行为：情感性关系的调节作用［D］．杭州：浙江工商大学，2018.

［693］王彦斌．管理中的组织认同［M］．北京：人民出版社，2004.

［694］王雁飞，朱瑜．组织社会化理论及其研究评介［J］．外国经济与管理，2006（5）：31-38.

［695］王瑶．个性化契约视角下居家办公与工作—家庭冲突的关系研究［D］．哈尔滨：哈尔滨工业大学，2021.

［696］王乙妃．个性化契约对员工越轨创新的影响［D］．兰州：西北师范大学，2020.

［697］王永丽，邓静怡，任荣伟．授权型领导、团队沟通对团队绩效的影响［J］．管理世界，2009（4）：119-127.

［698］王雨田．心理资本和组织社会化策略对酒店新员工社会化近端结果的影响研究［D］．海口：海南大学，2017.

［699］王震，明晓东，杨轶清．本性使然还是环境塑造？——CEO道德领导行为的影响因素及其传递效应［J］．经济管理，2017，39（1）：100-113.

［700］卫旭华，王傲晨，江楠．团队断层前因及其对团队过程与结果影响的元分析［J］．南开管理评论，2018，21（5）：139-149+187.

［701］魏巍，华斌，彭纪生．团队成员视角下个体地位获得事件对同事行为的影响：基于事件系统理论和社会比较理论［J］．商业经济与管理，2022（1）：46-58.

［702］魏昕，张志学．上级何时采纳促进性或抑制性进言？——上级地位和下属专业度的影响［J］．管理世界，2014（1）：132-143+175.

［703］魏昕，张志学．组织中为什么缺乏抑制性进言？［J］．管理世界，2010（10）：99-108.

［704］魏珍珍．员工建言类型与管理者调节焦点对管理者建言采纳的交互影响［D］．广州：暨南大学，2020.

［705］吴尘．个性化契约对创业型企业核心员工保留的影响研究［D］．南京：南京理工大学，2019．

［706］吴隆增，刘军，梁淑美，等．辱虐管理与团队绩效：团队沟通与集体效能的中介效应［J］．管理评论，2013，25（8）：151-159．

［707］吴隆增，曹昆鹏，陈苑仪，等．变革型领导行为对建言行为的影响研究［J］．管理学报，2011，8（1）：61-80．

［708］吴明隆．SPSS统计应用实务——问卷分析与应用统计［M］．北京：科学出版社，2003：41-222．

［709］武文，张明玉，邬文兵，等．同事信息分享对新员工社会化结果的影响机理探究［J］．中国软科学，2020（8）：110-121．

［710］夏宇寰，张明玉，李爽．建言采纳与工作投入：领导—成员交换与权力距离的作用［J］．山东大学学报（哲学社会科学版），2020（6）：113-121．

［711］肖素芳．员工谏言对领导纳谏的影响研究［D］．武汉：中南财经政法大学，2020．

［712］熊静，叶茂林，陈宇帅．同事个性化契约对员工工作退缩行为的影响：基于公平理论的视角［J］．心理科学，2018，41（4）：929-935．

［713］熊明良，张志坚，熊国良．员工满意感与认同感关系研究［J］．华东交通大学学报，2008，25（3）：111-116．

［714］徐惊蛰，谢晓非．决策过程中的建议采纳［J］．心理科学进展，2009，17（5）：1016-1025．

［715］徐玮伶，郑伯埙．组织认同：理论与本质之初步探索分析［J］．中山管理评论，2002，10（1）：45-64．

［716］徐向龙，黄玉文，伍致杭．组织社会化策略对新员工个人—组织匹配的影响——主动社会化行为的中介效应［J］．华南师范大学学报（社会科学版），2018（3）：65-73．

［717］严丹．辱虐管理对员工建言行为影响的实证研究［D］．广州：华南理工大学，2011．

［718］严鸣，涂红伟，李骥．认同理论视角下新员工组织社会化的定义及结构维度［J］．心理科学进展，2011，19（5）：624-632．

［719］颜爱民，高莹．辱虐管理对员工职场偏差行为的影响：组织认同的中介作用［J］．首都经济贸易大学学报，2010（6）：55-61．

［720］杨国枢．华人自我的理论分析与实证研究：社会取向与个人取向的观点［J］．本土心理学研究，2004（22）：11-80.

［721］杨健婷．员工获得个性化契约对同事离职倾向的影响机制研究［D］．北京：北京交通大学，2021.

［722］杨凯，马剑虹．变革型领导力和交易型领导力：团队绩效的预测指标［J］．心理学探新，2009，29（3）：82-88.

［723］杨廷钫，凌文铨．服务型领导理论综述［J］．科技管理研究，2008（3）：204-207.

［724］姚俊巧．个性化工作协议对家庭角色表现的影响［D］．武汉：华中师范大学，2021.

［725］易洋，朱蕾．下属建言与领导纳言——基于ELM理论一个被中介的调节模型［J］．南方经济，2015（7）：93-107.

［726］余璇，袁月，张印轩，等．科技企业组织社会化策略对新生代员工组织承诺的影响——一个有调节的中介模型［J］．科技进步与对策，2020（12）：1-8.

［727］詹小慧，苏晓艳．建言者个人声誉对领导纳言的影响：权力距离的跨层次调节作用［J］．科学学与科学技术管理，2019，40（8）：126-140.

［728］张光磊，彭娟，陈丝露．组织社会化策略对研发人员离职意愿的影响——团队导向人力资源实践的作用［J］．科学学与科学技术管理，2016，37（1）：142-151.

［729］张龙，李想．管理者为什么纳言？——基于说服理论的研究［J］．外国经济与管理，2016，38（9）：80-92.

［730］张明玉，李代珩，武文，张熠华．父母权威教养方式对子女领导者涌现的影响机制［J］．经济管理，2020，42（7）：141-157.

［731］张明玉，刘攀，武文，张熠华．同事嘲讽式幽默对新员工组织社会化结果的影响研究［J］．管理评论，2020，32（9）：182-192.

［732］张润虹．个性化契约对员工创新行为影响的差异研究［D］．杭州：浙江工商大学，2020.

［733］张伟伟．资质过剩感知对员工工作投入的影响研究［D］．大连：东北财经大学，2016.

［734］张新安，何惠，顾锋．家长式领导行为对团队绩效的影响：团队冲突

管理方式的中介作用 [J]. 管理世界, 2009 (3): 121-133.

[735] 张燕, 章振. 性别多样性对团队绩效和创造力影响的研究 [J]. 科研管理, 2012, 33 (3): 81-88.

[736] 张燕红, 廖建桥. 团队真实型领导、新员工反馈寻求行为与社会化结果 [J]. 管理科学, 2015, 28 (2): 126-136.

[737] 张玉利, 田新. 创业者风险承担行为透析——基于多案例深度访谈的探索性研究 [J]. 管理学报, 2010, 7 (1): 82-90.

[738] 章凯, 时金京, 罗文豪. 建言采纳如何促进员工建言: 基于目标自组织视角的整合机制 [J]. 心理学报, 2020, 52 (2): 229-239.

[739] 赵海星. 下级建言行为对上级建言采纳的影响机制研究 [D's]. 北京: 首都经济贸易大学, 2019.

[740] 赵西萍, 杨扬, 辛欣. 团队能力、组织信任与团队绩效的"关系研究 [J]. 科学学与科学技术管理, 2008 (3): 155-159.

[741] 郑伯埙, 黄敏萍. 实地研究中的案例研究. 组织与管理研究的实证方法 [M]. 北京: 北京大学出版社, 2008.

[742] 郑鸿, 徐勇. 创业团队信任的维持机制及其对团队绩效的影响研究 [J]. 南开管理评论, 2017, 20 (5): 29-40.

[743] 周浩. 建言方式、建言场合、权力距离对管理者采纳建言的影响 [J]. 经济与管理研究, 2021, 42 (2): 111-121.

[744] 周浩. 管理者权力对采纳建言的影响: 管理者自我效能与权力距离的作用 [J]. 四川大学学报 (哲学社会科学版), 2016 (3): 123-131.

[745] 周建涛, 廖建桥. 权力距离导向与员工建言: 组织地位感知的影响 [J]. 管理科学, 2012, 25 (1): 35-44.

[746] 朱彩玲. 资质过剩感影响员工行为的情绪路径研究 [D]. 杭州: 浙江工商大学, 2020.